Friends, Lovers, and the Big Terrible Thing

A Memoir

MATTHEW PERRY

給這世上所有受苦的人。
你們也知道，我說的就是你們。

For all of the sufferers out there.
You know who you are.

逃脫的最佳方法，必然是穿透問題。
The best way out is always through.
——羅伯特・佛洛斯特 Robert Frost

請你帶著我走過又一天。
You've just got to see me through another day.
——詹姆士・泰勒 James Taylor

38歲的我

正在餵食嬰兒的嬰兒

即使在年紀還小的時候，我就知道：無論做什麼事，先來一杯就對了。

|左| 小男孩和他的爸爸。我一直很喜歡這張照片。你瞧，以前也發生過不少好事嘛！

我從小就擅長和小孩子相處。唉，如果我也有個孩子，那該有多好。

簡而言之，這就是我的童年。

這也是我，不知道我要接的是什麼東西，希望我真的接到了。

|右|這是我和我優秀的妹妹瑪麗亞，她後來成了精神科醫師和兩個孩子的媽媽。她應該長大後就把那件毛衣扔了吧。

|中|我妹妹瑪德蓮、弟弟威爾，還有我，我在努力不露出牙齒。

|下|這些小孩子長大後救了我一命。

我帥得掉渣的父親，還有一個滿頭問號的兒子，我不懂父親為什麼和另一個女人結婚了。我才10歲。我那個蘑菇頭很酷吧。

你可以想像一下，照片中的我在想什麼呢？這是我母親和基思．莫里森（Keith Morrison）的婚禮。（還有我外公、外婆，以及基思的兒子。）

這是我，我在「把媽媽交給新郎」。

|左|我媽和加拿大總理皮耶・杜魯道（Pierre Trudeau）(Photo by Boris Spremo/ *Toronto Star* via Getty Images)

|下|為了幫我慶祝14歲生日，我爸找了個名叫「巴莉・桃頓」（Polly Darton）的舞者來表演。這真的不是我瞎掰就能掰出來的東西。

開喝囉

｜左｜我太快太快長大的妹妹。另外提醒讀者：如果你看到我留了山羊鬍，那就表示我當下在使用維柯汀（Vicodin）或其他的阿片類（opiate）藥物。

｜下｜我和我爸在波士頓花園打明星曲棍球，我爸樂不可支。我其實是支持洛杉磯國王隊，但你千萬別告訴任何人。

｜上｜我和超棒的祖母。我總是那樣微笑，不想露出有點歪斜的門牙。你去看《傻愛成真》（*Fools Rush In*）就能看到我的歪門牙。但在那之後，我就為了拍片被某家片商抓去矯正牙齒了。

｜右｜我和妹妹瑪德蓮在《性愛三人行》（*Three to Tango*）的片場上，我們兩個都很懊惱，這部電影怎麼這麼爛呢。

|上|我和瑪德蓮顯然處得很自在

|右|這張是瑪德蓮沒趴在我身上的照片(Steve Granitz/WireImage)

|左|你看吧？我的腿生來就是跳舞用的。

|左上|2002年，我被提名艾美獎喜劇類最佳男主角。我帶我媽一起去頒獎典禮。(Vince Bucci/Getty Images)

|右上|我演了《熱血教師》（*The Ron Clark Story*），被提名所有獎項，結果全都輸給了勞勃·杜瓦（Robert Duvall）。搞什麼鬼啊。(©TNT/Courtesy Everett Collection)

|左|我拍的第一部電視劇《第二次機會》（*Second Chance*）。爛得要命。(Copyright©20th Century Fox Licensing/Merchandising/Everett Collection)

|下|這是差點害我錯失《六人行》（*Friends*）的劇 (©YouTube)

|上|我和絕美的瑞凡·費尼克斯（River Phoenix）
(Courtesy Everett Collection)

|中|我和前女友瑞秋。老天啊，這世上還有更漂亮的人嗎？(Gregg DeGuire/WireImage)

|下|我和瑞秋所有的合照中，這是我唯一沒盯著她看的一張。(Chris Weeks/WireImage)

|左上| 我和全世界最搞笑的女人
(Photo by Ron Galella, Ltd./Ron Galella Collection via Getty Images)

|右上| 我和莎瑪・海耶克（Salma Hayek）與喬恩・坦尼（Jon Tenney）在《傻愛成真》。這是我第一次演電影主角。
(Photo by Getty Images)

|右中| 我和全宇宙最酷的男人
(©2000 Warner Photo by Pierre Vinet/MPTVImages.com)

|右下| 《洛杉磯時報》（*LA Times*）說我在《回到十七歲》（*Seventeen Again*）中「表現得了無新意」。可是這就是整部電影的重點啊——我就是該表現得像行屍走肉一樣嘛。(©2009 New Line Cinema/Photo by Chuck Zlotnick)

|上|我和美麗的蘿倫·葛拉漢(Lauren Graham)(AP Photo/Dan Steinberg)

|中|假裝自己沒愛上凡萊麗·柏帝內(Valerie Bertinelli)的我(Photo by Jim Smeal/Ron Galella Collection via Getty Images)

|下|我和好朋友布萊德利·惠特福(Bradley Whitford)談笑風生(MPTVImages.com)

全世界最棒的工作
(Neil Munns/PA Wire/Press Association Images)

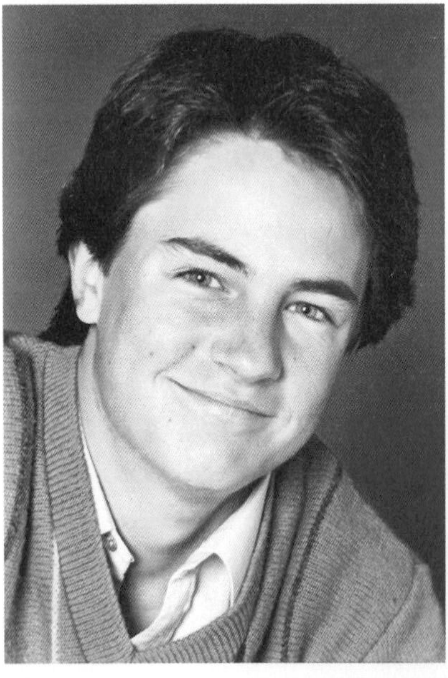

我的第一張和最後一張8x10照片

目次

Friends, Lovers, and the Big Terrible Thing

推薦序

｜麗莎・庫卓 Lisa Kudrow｜

「馬修・派瑞最近過得怎麼樣？」

第一次被人這麼問已經是很多年前的事了，這許多年來幾個不同的時期，我最常聽到的問句也都是這一句。我知道大家為什麼提問，他們都愛馬修，希望他過得好好的。我自己也一樣，但是每當報章媒體提出這個問題，我卻總是怒髮衝冠，恨不得把心底話說出口：「這是他本人的故事，我哪有資格到處講！」可以的話，我還想接著說：「這是關乎個人隱私的事情，你如果不是聽本人說的，那在我看來你就是在傳播他的八卦，我才不打算跟你聊馬修的八卦呢。」我知道不回答可能會造成更大的傷害，所以我有時候只會簡單說一句：「他應該過得還不錯。」至少這句回覆不會加強打在他身上的聚光燈，或許也能給他那麼一點隱私，給他一些面對疾病的空間。但其實，我並不真正瞭解馬修的狀況。就如他在這本書中所說的，他過去一直守著這個祕密，過了好一段時間後，他才終於感到足夠自在，能夠將自己經歷的一些事情告訴我們。那些年，我也沒試圖插手干預或直接對他說什麼，因為就我對成癮症的認知，我無論說什麼、做什麼都無法讓他戒癮。儘管如此，我有時也會自我懷疑，想著自己是不是錯了，我是不是該多做點什麼，至少該採取某種行動吧。後來我明白了，成癮症這種疾病會不斷自我助長，實在很難根治。

所以，我只把注意力放在馬修身上——馬修天天都能惹得我大笑，笑得眼淚直流、無法呼吸的情形每週都會上演。他就是機敏過人的馬修．派瑞，他就在我們身邊……魅力十足、溫柔體貼、心思細膩，又十分理性且理智。那傢伙雖然和各種問題搏鬥，卻仍然在我們身邊。馬修打從一開始就能帶來歡樂，當初我們在噴泉裡拍攝節目片頭，夜裡拍戲拍得精疲力竭，是馬修鼓舞了我們。「我已經不記得進噴泉以前的人生了！」「我們現在是怎樣，溼了嗎？」「不溼的時候是什麼感覺，我已經想不起來了……我！」（片頭中的我們在噴泉裡哈哈大笑，就是多虧了馬修。）

《六人行》（*Friends*）完結後，我不再天天和馬修見面，你要我臆測他的身心狀態，我根本就猜不出來。

讀完這本書，我才真正瞭解了他因成癮症所受的苦楚，以及他與疾病奮鬥的生活。其中一些情節我聽馬修說過，卻沒有這麼詳細。如今，馬修敞開了自己的心扉，誠實地將自己腦中所想、心中所感詳盡地說了出來。這下，大家終於不必再向我或其他人打聽馬修的狀況，而是可以從他本人的敘述中得知詳情了。

他曾在不可思議的逆境中存活下來，我到現在才得知，他有好幾次都和死亡擦肩而過。馬蒂，還好有你在，你做得很好喔。我愛你。

——麗莎 Lisa

Prologue

Friends, Lovers, and the Big Terrible Thing

序言

嗨，我是馬修，不過你看到我可能會聯想到另一個名字。朋友都叫我馬蒂（Matty）。

還有，我早就該死了。

你也可以把接下來的文字當作來自下一個世界的訊息——就當作是來世的我在寫這些。

這是我痛苦的第七天。這裡的痛苦並不是撞到腳趾或《殺手不眨眼2》（*The Whole Ten Yards*），之所以特別強調「痛苦」這個詞，是因為這是我此生經歷過最恐怖的痛苦——它是最理想的痛苦，是所有痛苦中的典範。聽說人在生產時會經歷最嚴重的痛楚，那好，我體驗到了人類想像中最極限的疼痛，只不過最後少了懷抱新生兒的喜悅。

另外，這雖然是痛苦的第七天，卻已經是

「毫無動靜」的第十天了。我這樣說，你應該知道我的意思吧？我已經十天沒拉屎了——我就是這個意思，這下你應該懂了吧。我出了很大很大的問題，感覺不是頭痛那般陣陣悶痛，甚至不像我三十歲得胰臟炎時的刺痛，而是一種全然不同的痛。我感覺身體即將爆開，感覺五臟六腑都試圖從體內鑽出來。這是認真的痛苦，容不得你胡鬧。

除此之外，還有聲音。老天啊，那個聲音真的很恐怖。我這個人平常都安靜低調，今晚卻扯著嗓子放聲尖叫。有時在夜裡，如果所有人的汽車都停到車位上不動了，風向又剛剛好，你可以聽到好萊塢山（Hollywood Hills）傳來的恐怖聲音，那是動物被郊狼撕咬時的號叫聲。乍聽之下，你會以為那是遠方傳來的孩童笑鬧聲，但你很快就會意識到那絕不是什麼小孩子發出的聲音——那地方可是死亡丘陵地。當然，最可怕的還不是叫聲，而是號叫聲消失的時刻，這時候你就知道那隻被郊狼攻擊的動物已經死透了。這就是地獄。

沒錯，地獄真的存在，你別聽其他人在那邊瞎說。它真的存在，我也去過。就這樣。

這天夜裡，連連慘號的動物就是我。我還在尖叫，還在拚命掙扎，要是沉默就表示我的人生走到終點了。當時的我還不曉得，我的終點差那麼一點，就要提前到來了。

我那時住在南加州一間戒癮所（sober living house），這點毫不意外——畢竟我在各種不同形式的治療中心與戒癮所待了大半輩子。對二十四歲的年輕人來說，這沒什麼了不起的，可是一個四十二歲的傢伙頻頻進出戒癮所，那問題就大了。此時的我已經四十九歲了，還是沒能搞定這個問題。

到了這時候，我對於毒癮與酗酒的理解，已經遠遠超越了我在這些設施遇過的所有戒癮教練，甚至超越了我遇過的大多數醫師。只可惜這種自知之明根本就毫無幫助，你要想戒癮成功、恢復清醒，那就得投入大量精力和學習各種知識，相比之下，我的自知之明不過是一段模糊不清又令人不快的回憶罷了。我光是為了活下去，就不得不成為職業病人。場面話就免了吧——我都四十九歲了，卻還是害怕獨處。只要自己一個人待著，我瘋瘋癲癲的腦袋（我先說了，它只有在這方面瘋癲而已）就會開始找藉口幹些不該幹的事情：喝酒吸毒。我已經這樣毀了自己好幾十年的人生，生怕自己會重蹈覆轍。要我在兩萬人面前發言，那完全沒問題，可是我只要晚間獨自坐在沙發上、面對著電視，恐懼就油然而生。這是我對自己內心的恐懼，我怕自己的想法，怕自己的腦子會像過去一樣，慫恿我向藥物尋求慰藉。我的腦子想要我的命，這我再清楚不過。我心裡時時刻刻充滿了潛藏的孤獨與渴望，一直幻想著自己被外在的什麼東西治癒。問題是，外在的一切都已經是我囊中之物了啊！

我的女友是茱莉亞．羅勃茲（Julia Roberts）。這不重要，你必須喝酒。

我剛買下了夢幻的新家——我可以在家中俯瞰整座城市！沒辦法，你得找到毒販才能享受生活。

我每週賺進百萬美元——我已經是人生勝利組了吧？要不要喝酒啊？好啊，我喝。謝謝你囉。

我已經坐擁一切，但這全是一場騙局，沒有任何事物能解決問題。直到多年以後，我才終於觸及了解決問題的方法。話雖這麼說，你可千萬別誤會，剛剛說的那些——茱莉亞、夢幻新家、每週一百萬美元——當然都很好，我也為這些好事感激不盡。我絕對是地球上最幸運的男人之一，當然也不缺乏樂趣與享受。

儘管如此，那些都不能解決問題。如果從頭來過，我還會參加《六人行》的試鏡嗎？廢話，當然會。那我還會喝酒嗎？廢話，當然會。要不是酒精平復了我緊張的情緒、讓我得以玩樂，那我早在二十幾歲時就從高樓跳下來了。我祖父——優秀的奧頓．L．派瑞（Alton L. Perry）——從小在他酒鬼父親的陰影下長大，因此畢生滴酒不沾，整整九十六年都過著無酒精的美好生活。

但我不是祖父。

我寫這些不是為了博取任何人的同情，而是因為這每一字、每一句都是真話。之所以寫這些，是因為也許還有別人對自己的處境困惑又懊惱不已，明知自己該戒酒，明明和我一樣掌握了所有資訊，也和我一樣瞭解酗酒的後果，卻還是無法戒酒。各位兄弟姊妹，你們並不孤單。（我覺得，字典裡的「癮君子」一詞底下，應該貼上我一頭霧水地環顧四周的照片。）

在南加州那間戒癮所，我在窗前可以把洛杉磯西部的風景盡收眼底，房裡還有兩張雙人加大尺寸的大床。另一張床是我的助理兼好友艾琳（Erin）用的，我很珍惜這位女同志的友誼，因為我可以自在地和作為女性的她相處，不必擔心兩人之間產生戀愛張力——這種張力不知毀了我和多少異性戀女性的友情。（另一個好處是，我可以和艾琳聊正妹。）我們是在兩年前認識的，當時她在另一間康復中心工作，我住在那間康復中心時沒能成功戒癮，倒是見識到了艾琳各方各面的優點，於是我把她從康復中心挖角過來當助理，她也成了我最好的朋友。她同樣深知成癮症的本質，在我身邊工作一段時間後，她比任何一位醫師都瞭解我的困境。

艾琳帶給我不少安慰，但我在南加州還是度過了許多輾轉難眠的夜晚。睡眠對我來說是一大障礙，我在戒癮所這種地方更是睡不著……話雖如此，我這輩子可能從來沒有連續睡超過四個小時。更要命的是，我們那陣子天天看監獄紀錄片，我體內又殘留了大量贊安諾（Xanax），大腦差不多報銷了，以致我深信自己就是受刑人，也深信這間戒癮所就是監獄。我的精神科醫師有一句口頭禪：「現實是一種後天培養的品味」——這麼說來，我在那時已經同時失去了對現實的味覺與嗅覺，可說是患了認知方面的Covid，腦袋開始大肆妄想了。

不過呢，那個痛苦可不是我妄想出來的，我甚至痛得不再抽菸了。你要是知道我每天抽多少根菸，就能猜到問題的嚴重性了。戒癮所其中一名員工——我們就假定這個人的名牌上寫的是「幹你媽護士」好了——建議我泡個瀉利鹽（Epsom salts）澡緩解「不適」，這種做法簡直像是用OK繃去救助車禍傷者。我都已經身受劇痛了，怎麼可以讓我泡在滿是自己「產物」的水裡？但你別忘了，現實可是後天培養的品味呢，所以我還真的泡了瀉利鹽澡。

我全身赤裸地坐在那裡，在劇痛作用下高聲號叫，簡直像一條正被郊狼粉身碎骨的狗。艾琳聽見我的慘叫聲——媽的，應該連遠在聖地牙哥的人都聽到了——只見她出現在浴室門口，低頭看著我赤裸、可悲的身體，看著我痛得掙扎打滾。她簡單地說道：「要去醫院嗎？」

既然艾琳覺得事情嚴重到該就醫了，那就表示事情真的嚴重到該就醫了。況且，她早就注意到我沒在抽菸了。

「我覺得妳這個主意他媽太讚了。」我一面呼號，一面努力擠出這一句。

艾琳設法扶著我出了浴缸，幫我擦乾身體。我正要穿衣服時，一名輔導員也出現在門口，想必是聽到所內的屠狗聲，前來一探究竟。

「我要帶他去醫院。」艾琳說。

輔導員凱瑟琳（Catherine）正巧是個美麗的金髮女人，據說我來戒癮所當天就向她求婚了，所以她大概稱不上我的頭號粉絲。（我沒在跟你開玩笑，剛來那天我整個人神智不清，一見面就請她和我結婚，接著馬上又摔下了樓梯。）

「這不過是尋藥行為（drug-seeking behavior）而已。」我穿衣的同時，凱瑟琳對艾琳說道。「到了醫院以後，他就會請人給他藥物。」

好啊，看來這場婚是結不成了。我心想。

到了此時，其他人也都聽到號叫聲，認定浴室地上滿是狗內臟了，不然就是有人處於真真確確的痛苦之中。輔導長查爾斯（Charles）——你可以把他想像成男模和女街友的小孩——同樣來到了門口，和凱瑟琳一起擋住我們的去路。

擋住我們的去路？他們難道把我們當十二歲小孩了嗎？

「他是我們的病人。」凱瑟琳說。「妳無權帶他離開。」

「我很瞭解馬蒂。」艾琳堅持道。「他並不是為了弄到藥物而作戲。」

然後，艾琳轉向我。

「馬蒂，你需要去醫院嗎？」我點點頭，又尖叫幾聲。

「我帶他去醫院。」艾琳說。

我們不知怎地推開了凱瑟琳和查爾斯，出了那幢建築後來到停車場。這裡說「不知怎地」，並不是因為凱瑟琳和查爾斯花了多大的力氣阻止我們，而是因為我雙腳每一次接觸地面，痛苦就變得更加難熬。

天上有顆明亮的黃球，它嫌惡地俯視著我，對我的苦痛毫不關心。

那是什麼？我在陣陣劇痛中心想。**喔，對吼，是太陽……**我很少外出。

「我們這邊有個高知名度病人，他嚴重腹痛，準備去你們那邊。」艾琳邊開車鎖邊對著手機說道。汽車這種東西平時都顯得平凡又蠢笨，但當你失去開車的自由時，它們就會瞬間變為神奇的自由箱子，象徵你人生過往的成就。艾琳抱著我坐上副駕駛座，我癱靠著椅背，肚子疼得不住扭動。

艾琳坐上駕駛座，轉頭對我說：「你想快點到醫院，還是要我避開洛杉磯路面上的凹坑？」

「娘們，妳把我弄到醫院就是了！」我勉強擠出一句。

這時查爾斯和凱瑟琳決定進一步阻撓我們，兩人都站在車前擋住我們。查爾斯舉起雙手，手心朝向我們，彷彿在說：「不行！」他難道以為自己僅憑一雙連指手套，就能阻擋重達三千磅的汽車嗎？

更要命的是，艾琳一直無法發動車子。這輛車的點火開關與眾不同，它的作用方式是用聲音指示車子發動——為什麼呢？還不是因為我演過《六人行》。凱瑟琳與「手心」都不動如山。終於搞清楚怎麼發動該死的引擎後，艾琳只剩最後一道難關了：她踩下油門，換到前進檔，方向盤一轉就爬上了人行道——光是那個突如其來的震動竄遍全身上下的感覺，就差點讓我當場斃命。艾琳開著兩輪在路面、兩輪在人行道上的車子，從凱瑟琳與查爾斯身邊衝了過去，駛上街道。他們兩個只能默默看著我們揚長而去，但如果他們還有什麼動作，我一定會叫艾琳直接輾過去——「無法停止尖叫」這種狀態真的非常非常可怕。

假如這是為了弄到藥物而上演的戲碼，那我早就該是奧斯卡影帝了。

「妳是故意去撞減速丘的嗎？妳可能沒注意到，我現在有那麼一點點難受，拜託開慢一點。」我哀求道。我們兩個都已淚流滿面。

「我不能慢下來。」艾琳說，那雙棕色眼眸盈滿了同情，同時也擔憂又害怕地看向我。「我們得盡快把你送到醫院。」

我差不多是在這時候失去了意識。（順帶一提，疼痛量表上的十分就是痛得失去意識。）

〔請注意：在接下來幾個段落，這本書會暫時從回憶錄變成傳記，因為我本人已經不在場了。〕

離戒癮所最近的醫院是聖約翰醫療中心（Saint John's Health Center）。由於艾琳提前致電，通知他們有VIP在送醫路上，醫院特地派人到緊急停車處迎接我們。艾琳在撥電話的當下還不曉得我病得有多誇張，所以想到要保護我的隱私，不過醫院的工作人員一眼就看出我出了大問題，匆匆把我弄進了診療間。進了診療間，他們聽到我說：「艾琳，沙發上怎麼有乒乓球啊？」

房間裡沒有沙發，也沒有乒乓球——可見我已經產生各種幻覺了。（在此之前，我還不知道人會因為疼痛而產生幻覺，這下我們長知識了。）後來第勞第拖*（Dilaudid，我在這全世界上最喜歡的一種藥物）對大腦起了作用，我短暫地恢復意識。

他們說我急需動手術，忽然間，全加州的護士似乎都湧進我的病房了，其中一人轉向艾琳說：「準備跑起來！」艾琳準備好了，我們全員開始狂奔——應該說，他們開始狂奔，我則躺在輪床上被人高速推進手術室。我才剛對艾琳說「拜託別走」，沒過幾秒就有人請她出去，接下來我閉上了眼睛，下一次睜眼已經是兩週後了。

是的，你沒看錯：各位先生、各位女士，我昏迷了！（想當初，戒癮所那兩個混蛋竟然還想攔我們的車？）

我陷入昏迷後，馬上嘔吐在呼吸道插管裡，十天份的毒物全都直接吐進我的肺。我的肺自然老大不樂意——它們立刻得了肺炎——然後就在這時，我的結腸炸裂了。後排的觀眾可能沒聽清楚，我再重複一次：我的結腸炸裂了！以前有人罵我滿肚子屎話，這次我還真的「滿肚子屎」了。

---

* 譯註：即二氫嗎啡酮（hydromorphone）。

幸好我的意識當時不在場。

在那一刻，我幾乎是必死無疑。我的結腸炸裂了，這算是運氣太差嗎？還是說，我剛好在整個南加州最有辦法處理這個問題的房間裡炸裂，其實運氣很好？無論如何，我都得接受長達七小時的手術，至少這段時間夠我的親友們趕到醫院了。他們前前後後到場，得知：「馬修撐到明早的機率只有百分之二。」

所有人聽了都激動崩潰，甚至有人當場癱軟在醫院大廳地上。我母親和其他親友聽了那句話——我後半輩子都得背負這份罪惡感走下去了。

我那場手術得花上至少七小時，親友確信醫院會盡可能救治我，他們晚上就先回家休息了。而我呢，我處在手術刀、導管與鮮血的世界，潛意識還在努力求活。

先劇透一下：我還**真的**撐過那一晚了。問題是，我還沒脫離險境。醫院告訴我的家人朋友，讓我短期內維持生命的辦法只有一個——用葉克膜（ＥＣＭＯ，這是體外膜氧合〔Extracorporeal Membrane Oxygenation〕機器的俗稱）。通常會用到葉克膜時，病人已經到最後走投無路的絕境了——舉個例子吧，那週ＵＣＬＡ（加州大學洛杉磯分校）醫院有四個病人用葉克膜，後來那四個人都不治死亡。

更要命的是，聖約翰醫院沒有葉克膜可用。他們撥了電話給西達塞奈醫療中心（Cedars-Sinai）——據說對方只看了我的病歷一眼，就說：「不能讓馬修．派瑞過來死在我們醫院裡。」

謝囉。

UCLA附屬醫院也不肯收我——他們是不是也怕我死在那裡呢？這我就不曉得了——但他們至少願意分一台葉克膜和一支團隊到聖約翰醫治我。我接上葉克膜幾個鐘頭，情況似乎好轉了！那之後，我被轉到UCLA附醫繼續治療，醫院還派了一輛擠滿醫護的救護車送我過去。（再讓我坐艾琳的車開十五分鐘過去，我大概就一命嗚呼了。）

到了UCLA，我被送進心肺加護病房，一住就是六個禮拜。雖然還處於昏迷狀態，不過老實說，那時候的我應該過得很爽——我可以舒舒服服地躺著，還有人往我體內灌藥，多好啊。

聽說我昏迷期間，病房裡總有親友陪著，沒有片刻的孤獨。他們為我點燭守夜，為我集體祈禱，用愛圍繞著我。

最終，我奇蹟般睜開了眼睛。

〔回到回憶錄模式。〕

我一睜眼就看見母親。

「現在是什麼狀況？」我啞著嗓子擠出這句話。「這是什麼鬼地方？」

回憶出現了斷點，我只記得自己和艾琳坐在車上。

「你的結腸炸裂了。」媽說。

接收到資訊後，我遵照喜劇演員的套路，翻了個白眼繼續睡大覺。

／

我聽過一種說法，當人**真的**病重時，會出現一種斷線狀況——可以說是「上帝只會讓你承擔你能承受的負擔」。我呢，甦醒過後那幾週，我一直不讓別人把事情的確切經過告訴我。我生怕這是我的錯，生怕這是我自己闖下的大禍。所以我沒有談論這件事，只做了我覺得自己「做得到」的唯一一件事——住院那段期間，我把所有心思都放在家人身上，和三個美麗可愛的妹妹——愛蜜莉（Emily）、瑪麗亞（Maria）與瑪德蓮（Madeline）——共度好幾個鐘頭的時光，她們幽默好笑，非常關心我、照顧我，**也一直陪在我身邊**。到夜裡換成艾琳來陪我，我又度過了片刻也不孤單的一段時日。

有一天，瑪麗亞做了決定，她認為我該聽聽之前發生的事情了。（瑪麗亞是派瑞家的核心人物，我媽則是莫里森〔Morrison〕親族那邊的核心人物。）我躺在床上，像機器人一樣全身上下接了五十根管線，聽瑪麗亞說明事情的前因後果。我心中的恐懼得到了證實：這真的是我的錯，真的是我闖下的大禍。

我哭了——哭得**亂七八糟**。瑪麗亞用盡全力安慰我，可是再多的安慰也無法讓我平復下來。原來是我差點弄死了自己。我這個人其實不太喜歡狂歡，之前嗑那麼多藥（真的是**非常多**）不過是妄想讓自己感覺好些而已。結果我不愧是我，就連「讓自己感覺好些」都能做到最極限，甚至一隻腳踩進了棺材。我竟然還活著。**為什麼**？我怎麼沒死？

康復的路還很長，我的病情先是惡化才開始好轉。

似乎每天早上都會有醫師走進病房，捎來一波又一波壞消息，能出錯的部分都出錯了。我已經打了結腸造口、貼了便袋（colostomy bag）——還好這據說是可逆的狀況，謝天謝地——可是禍不單行，醫師還說我有腸瘻管（fistula）的問題，意思是腸子某一處破洞了。問題是，他們找不到破洞的位置。為了緩解問題，他們又在我身上裝了**另一個**袋子，一些噁心的綠色東西會從體內流進袋子裡，而在他們找到瘻管位置之前，我完全不准吃喝。他們天天找瘻管，我也變得越來越渴，開始苦苦哀求他們讓我喝無糖可樂，甚至夢到自己被一罐巨大的無糖雪碧追著跑。整整一個月過後——整整一個月喔！——他們終於找到瘻管了，那東西就在我結腸後面的某條管道裡。那時候我心想：**我說你們啊，既然要找出我腸子裡的破洞，那何不從他媽爆開的東西後面開始找？**找到破洞以後，他們就能著手修補破洞，我也終於能重新學走路了。

當我意識到自己受醫院指派的心理諮商師吸引時，就知道自己已經走在康復的路上了。我肚子上是多了一道巨大的疤沒錯，但反正我也很少脫上衣嘛。我又不是馬修．麥康納（Matthew McConaughey）。總之洗澡時閉著眼睛不去看就是了。

／

我前面也說過，在那幾間醫院住院時，我片刻也沒有獨處過——一次都沒有。所以說，即使在最深的黑暗之中，還是找得到一絲光明的。它就在那裡——你只要仔細去找，一定能找到它。

漫長無比的五個月後，我終於可以出院了。他們告訴我，我體內的傷都會在一年內逐漸癒合，過一陣子我就能動第二次手術把結腸造口接回去，不用再貼便袋了。總之，我們收拾了我住院五個月的行李，踏上了回家的旅程。

對了，我是蝙蝠俠。

Chapter 1

The View

景色

你平常沒事不會覺得自己大難臨頭，直到事情真的發生才意識到自己大難臨頭了。平常也不會有人腸穿孔、吸入性肺炎和用了葉克膜以後還能恢復過來，但還是有人做到了。

那個人就是我。

我現在人在瞭望太平洋的租屋處，在屋子裡寫書。（我自己的房子在同一條街上，目前還在翻修——他們估計要花六個月施工，所以我猜大概要花上一年。）下方峽谷連接了帕利薩德區與海洋，一對紅尾鵟在谷裡盤旋。洛杉磯現在是春季，今天天氣明媚，我早上忙著把畫掛到牆上（應該說，我指揮別人把畫掛到牆上——我這個人有點笨手笨腳的）。我從前幾年開始喜歡上藝術，仔細去看，你還能在我家找到一兩幅班克西（Banksy）作品。我最近也在寫腳本，這份腳本已經寫到第二稿了。我的杯子裡裝著剛倒好的健怡可樂，口袋裡放了滿滿一盒萬寶路（Marlboro）菸，有時候，人生有這些東西就足矣。

有時候。

我一直繞不開這一個想法：我活著。面對所有要命的機率與存活率，「我活著」這句話顯得更像奇蹟了，這三個字在我眼裡多了一種奇特的閃亮特質，像是從遙遠星球帶回來的外星石頭。大家都對這件事感到驚奇。說來奇怪，我竟然生活在這樣的世界上：我要是死了，人們也許會大受震撼，卻絲毫不會感到意外。

想到「我活著」這三個字，我心中就產生一種深深的感激。你要是和我一樣差點上天堂，就會發現你在感激這方面別無選擇，它像茶几小書一樣靜靜躺在你客廳桌上，雖然平時不太會注意到它，但它就是在那裡。感激深埋在隱約帶著西洋茴香與洋甘草味的健怡可樂之中，像每一根香菸的每一口煙似地填滿我的肺，然而還有另一種東西潛藏在感激之後，那是一種揮之不去的痛苦。

我不禁對自己提出了令人崩潰的問題：為什麼？我為什麼活著？我掌握了尋求

解答的線索，答案卻還沒完全成形。我知道答案和幫助他人有關，卻不清楚這件事和幫助他人有什麼關係。我這個人最大的優點（沒有之一）就是，如果有個同樣是酒鬼的傢伙來找我，請我幫助他停止酗酒，那我不但會答應對方，還會實際採取行動去幫他。我可以協助走投無路的人戒酒——我相信「我為什麼活著？」這個問題的答案，就和這件事有關。畢竟說到底，我發現這是唯一能讓我真正感到滿意的事，這之中無疑能找到上帝的安排。

但事情沒這麼簡單，當我對自己不滿意時，我實在無法對「為什麼？」那個問題給出正面回答。人不可能送出自己未擁有的東西。很多時候，我腦中都縈繞著這類想法：**我不夠好、我不重要、我太黏人了**。這些想法令我非常不自在。我需要愛，卻不相信愛。如果我拋開我的角色，拋開我的錢德（Chandler），讓你看見真正的我，那你也許會注意到我——但你可能注意到我之後，就會選擇離我而去。我無法接受這種事，我承受不了，再也承受不了了。我會因此化為一粒塵埃，就此灰飛煙滅。

所以呢，我會搶先離你而去。我會在腦中幻想出你這個人的問題，我會相信自己虛構出來的這套說法，然後離你而去。**可是馬修啊，不可能每個人都出問題啊**。你想想看，這所有的關係中，有什麼共同點呢？

現在，我肚子上多了這些疤痕。我身後留下了一連串破碎的戀情。我離開了瑞秋（Rachel；不是你想的那位，而是真實世界中的瑞秋，我的夢中前女友瑞秋）。當我凌晨四點躺在太平洋帕利薩德區的景觀宅中，輾轉難眠之時，這些想法就糾纏著我不放。我都已經五十二歲了，這種事情發生在我身上已經稱不上可愛了。

／

我從小到大住過的每一棟房子，窗外景色都不錯。對我來說，這是選房子的一大重點。

我五歲時和媽媽住在加拿大蒙特婁，每每去加州洛杉磯看我爸，都是自己搭飛機。我就是所謂「無成人陪同未成年旅客」（unaccompanied minor；我曾想把這個當作本書的書名），過去常有家長讓兒童自己搭飛機，就算是五歲小孩獨自搭機也不奇怪。雖然這樣做不好，他們還是照做不誤。我可能有那麼一瞬間覺得自己展開了刺激的冒險之旅，結果又馬上意識到自己年紀太小了，不該單獨旅行，這樣真的太恐怖了（而且根本就不應該）。你們誰快來接我啦！我才五歲而已，難道所有人都瘋了嗎？

當時的這個選擇，後來可是害我花了好幾十萬美元去做心理諮商，這些錢能不能還給我啊？

不得不說，當你作為無成人陪同未成年旅客坐飛機，還真的能得到不少好康，例如脖子上掛一塊寫著「無成人陪同未成年旅客」的小牌子，我還可以提前登機、使用兒童專用的候機室、享用吃不完的零食，還有人陪我登機……這些理論上都很棒沒錯（我長大後成了名人，在機場除了這些以外還得到更多的特殊待遇，但每一次都讓我回想起第一次坐飛機的經歷，討厭死了）。空服員理論上應該顧著我，不過他們忙著幫經濟艙乘客倒香檳，沒空照顧我（沒錯，在無奇不有的一九七〇年代，經濟艙乘客也有香檳喝）。當時飛機上只能喝兩杯酒的限制剛被取消，那趟旅程感覺像是在所多瑪與蛾摩拉*度過了荒唐的六小時。飛機上到處飄著酒臭，我隔壁的傢伙大概喝了十杯古典調酒。（兩個小時過後，我直接放棄計數了。）當時的我只覺得一頭霧水，怎麼會有大人想一直喝同樣的飲料呢……唉，當時的我還真是天真無邪。

我偶爾會鼓起勇氣按下小小的服務鈴，穿著一九七〇年代性感長靴和超短褲的空

* 譯註：所多瑪與蛾摩拉是《聖經》中記載的兩座罪惡城市。

服員就會走過來，摸摸我的頭髮之後繼續去忙他們的。

我他媽怕得要命，雖然手裡有一本《Highlights》兒童雜誌，卻怎麼也讀不下去。每當飛機在空中搖晃一下，我就深信自己必死無疑。身邊沒有人跟我說不會有事的，我也無從尋求安慰，我那雙短短的腿甚至都碰不到地板。我害怕得不敢把椅子往後躺、不敢小睡，只能一直保持清醒，等著下一次搖晃，滿腦子想著從三萬五千英尺高空墜落會是什麼感覺。

我沒有墜落——至少沒有字面意義上的墜落。最後，飛機終於在加州美麗的傍晚天空中降落，我看見下方閃爍的燈光，街道如閃閃發亮的魔毯般鋪展開來，還有大塊大塊的黑暗地區，我後來才得知那些是丘陵地帶。整座城市在陣陣閃爍中朝我迎上來，我整張小臉貼著飛機小窗，一個想法深深烙印在腦海裡：那些燈光、那些美景，代表馬上就會有家長來到我身邊了。

那次搭機沒有家長陪同，再加上許多其他的事件，令我從小到大都擺脫不了被人遺棄的感覺……如果我夠好，他們就不會把我丟著自己搭飛機了，對不對？難道不是這樣的嗎？其他小孩都有爸媽陪在身邊，我卻只拿到一塊牌子和一本雜誌。

所以呢，後來我每次買新房子——我還真買了很多房子（千萬別小看地理大遷移的力量）——都非得買景觀宅不可。我要的是一種感覺，我希望自己俯瞰美景就能獲得安全感，彷彿在那幅美景中有人思念著我，有人愛著我。在下方的峽谷之中，或者在太平洋海岸公路之外的遼闊大海中，在紅尾鵟雙翼的基本色調、羽毛反射的陽光之中，存在著親情。那就是愛之所在。我的家就在那裡。我終於可以安心了。

當初那個小孩子為什麼得獨自搭飛機呢？媽的，那孩子的家長就不能飛去加拿大，把他接到洛杉磯嗎？我腦子裡時常冒出這個問題，卻從來不敢發問。

我這個人不太喜歡和別人起衝突，所以雖然滿腦子都是疑問，卻從不問出口。

／

過去很長一段時間，我看著自己一而再、再而三闖禍，一直想把罪咎推到別的事物或其他人頭上。

我大半輩子都是在醫院裡度過的。即使是完人，進了醫院也不禁會開始自憐，而我更是花了好一番功夫可憐自己。每當我躺在病床上，就會不由自主地回顧自己的人生，從不同角度檢視每一個片段。我彷彿挖到了怪東西的考古學者，試圖理解自己為什麼無法掙脫身體上的不適，以及情緒上的痛苦。其實，我一直都知道真正的痛苦源自何處。（我一直都很清楚，自己當下肢體疼痛的來源——答案就是：**白痴，你不能喝那麼多啦。**）

首先，我想怪罪滿懷好意、深情慈愛的爸媽……他們滿懷好意，深情慈愛，而且還好看得令人著迷。

讓我們回到一九六六年一月二十八日星期五，加拿大安大略省的滑鐵盧路德宗大學（Waterloo Lutheran University）。

我們來到第五屆年度加拿大大學雪后小姐（Miss Canadian University Snow Queen，Miss CUSQ）競賽會場（「評選依據除了相貌之外，包括智慧、學生活動參與度與人格」）。加拿大人可是下了重本迎來新一屆雪后小姐，他們準備了「花車、樂隊與參賽者的火炬遊行」，還有「露天野炊與冰上曲棍球賽」。

雪后小姐候選人之一是蘇珊．朗福（Suzanne Langford），她編號十一，代表多倫多大學出賽。和她同台的，還有一些姓名奇特的美女：英屬哥倫比亞的盧絲．薛佛

(Ruth Shaver)、渥太華的瑪莎・奎爾(Martha Quail),以及麥基爾大學的海倫・「小雞」・福爾(Helen “Chickie” Fuhrer)——我猜她在名稱中加上「小雞」這個綽號,是為了減輕姓氏所引起的反感,畢竟當時二戰才剛結束二十年而已。*

結果呢,那幾位年輕女性根本不敵朗福小姐的美貌,於是在那個天寒地凍的一月晚間,前一年的冠軍為第五屆加拿大大學雪后小姐戴上了后冠。隨著冠軍之位與得獎肩帶而來的,還有一份責任:明年就輪到這位朗福小姐把后冠交給下一屆贏家了。

一九六七年的選美比賽也同樣刺激,這年選美活動特別邀請了「機緣歌手」(Serendipity Singers)到場演唱,這是一支「媽媽與爸爸合唱團」(Mamas & the Papas)類型的樂團,樂團剛好有個名叫約翰・貝內特・派瑞(John Bennett Perry)的主唱。即使在民謠音樂盛行的一九六〇年代,機緣歌手也是個異類:他們最紅的曲子(也是唯一的知名歌曲)——〈別讓雨落下〉(Don't Let the Rain Come Down)改編自英國童謠,卻於一九六四年五月登上當代成人歌曲榜的第二名,以及告示牌百大單曲榜(Billboard

---

* 譯註:Shaver 是刮鬍刀,Quail 是鵪鶉,Fuhrer 則有納粹德國元首之意。

Hot 100）第六名。話雖如此，要知道當時榜單上前五名全都被披頭四（Beatles）霸占了——〈買不到我的愛〉（Can't Buy Me Love）、〈搖擺與嘶吼〉（Twist and Shout）、〈她愛你〉（She Loves You）、〈我想牽你的手〉（I Want to Hold Your Hand），以及〈請取悅我〉（Please, Please Me）。但這對約翰・派瑞來說都無所謂，反正他可以作為音樂家巡迴演出，用歌聲換取溫飽，甚至能到安大略省的加拿大大學雪后小姐大賽演出，天底下還有更好的事嗎？他開開心心地在台上唱歌：「這下歪斜的小男人和歪斜的貓與老鼠／一起住在歪斜的小房子裡」，同時還隔著麥克風，和去年的雪后小姐蘇珊・朗福調情。在那時，他們無疑是全地球最養眼的人物之二，你要是看到他們的結婚照必定會驚為天人，恨不得一拳打在他們雕琢完美的臉上。他們除了在一起根本沒別的路可走，兩個長得那麼好看的人擺到一塊，自然會逐漸互相同化、交融。

約翰表演完畢後，調情變成了共舞。原本事情可能到這裡就結束了，沒想到當晚命運降下了暴風雪，機緣歌手樂團無法離開城鎮。總而言之，兩人邂逅的故事是這樣的：一九六七年，在加拿大一座雪封的城鎮上，民謠歌手和選美皇后墜入了愛河……全球最帥的男人遇見了全球最美的女人，現場其他人乾脆回家洗洗睡算了。

約翰・派瑞在城裡住了一晚，蘇珊・朗福對此相當滿意，然後我們快轉一兩年、螢幕上閃過一連串的剪輯畫面，蘇珊來到了約翰的故鄉，美國麻州威廉斯敦鎮。她體內的細胞正在分裂與征戰，也不知道看似簡單的細胞分裂過程是否出了問題——我只能告訴你，成癮是一種疾病，而我就和一見鍾情的父母一樣，根本沒別的路可走。

我出生在一九六九年八月十九日星期二，父親是離開了機緣歌手樂團的約翰·貝內特·派瑞，母親是前加拿大大學雪后小姐蘇珊·瑪麗·朗福。我在一個風暴來襲的夜晚誕生（當然有風暴囉），當時大家都在玩大富翁，等著我登場（當然要玩大富翁囉）。我大約在人類登陸月球的一個月後來到地球，出生前一天胡士托音樂節（Woodstock）才剛落幕——由此可見，在各個天體完美的運行，以及耶斯格牧場（Yasgur's Farm）那片狼藉亂象之間，我成了世界上的新生命，還毀了某人在濱海木板道（Boardwalk）蓋飯店的良機。

我尖叫著問世，叫起來就沒完沒了，連續叫了好幾個禮拜。我是個患有腸絞痛的孩子——打出生起，我的胃就是個問題。爸媽快被我的哭鬧逼瘋。他們是瘋了嗎？兩人憂心忡忡地把我抓去看醫生——那是在一九六九年的相對史前時代，但我覺得無論文明處於多麼原始的狀態，醫師都該明白，一個小嬰兒才剛生下來、剛開始呼吸上帝創造的空氣沒兩個月，對他施用苯巴比妥（phenobarbital）*這種藥物並不明智，至少可以說是非常有趣的小兒科療方。話是這麼說啦，不過在一九六〇年代，當孩子腸絞痛哭鬧的時候，醫師開個藥效重一點的巴比妥類藥物讓家長帶回家，其實也是常有的事。一些年紀較大的醫師甚至把巴比妥藥物當成萬靈丹，我這裡的意思就是，他們會「給一個剛出生沒多久哭個不停的小孩開重量級巴比妥」。

我想在這裡強調一點：這件事我不怪罪爸媽。你看到小孩整天哭鬧，顯然是哪裡出了問題，醫師開藥給你，除了他還有好多醫師都覺得這種藥沒問題，於是你把藥餵給小孩，小孩果然就不哭了。那畢竟是和現在截然不同的時代嘛。

我被心力交瘁的媽媽抱在懷裡，她那時才二十一歲，只能抱著我讓我靠在肩頭尖叫哭鬧。與此同時，坐在寬大橡木辦公桌後方的古稀老朽幾乎頭也不抬，只見身穿白袍的他張開滿是口臭的嘴，嘀咕一句「這年頭的家長啊」，低頭潦草地寫下藥方，開了容易致癮的巴比妥藥物給我。

面對我的吵鬧與種種需求，他們選擇用藥丸解決問題。（仔細想想，這聽起來他媽

＊ 譯註：一種巴比妥類的鎮靜劑與安眠藥。

跟我二十幾歲的人生差不多嘛。）

聽說我出生第二個月就在服用苯巴比妥，從第三十天一路吃到第六十天，而這段時期對嬰兒的發育非常重要，尤其會影響嬰兒的睡眠習慣。（即使過了五十年，我還是無法好好睡覺。）苯巴比妥下肚後，我直接整個人睡死；聽說我前一刻還哭得很厲害，下一刻藥物生效，我就會直接昏睡過去，我爸看到還會哈哈大笑。他不是殘忍的爸爸，小嬰兒吃了藥的醉相本來就很好笑。回去翻我從前的嬰兒照，你還能找到幾張一看就是精神恍惚的照片，早在七週大時就像毒蟲一樣連連點頭了。對一個胡士托音樂節結束隔日出生的孩子來說，這應該很應景吧。

是我需求太多、太黏人了，是我不如大家的預期，沒有一生下來就露出可愛的笑容。**好啊，那我吃這個藥之後他媽閉嘴就是了。**

說來奇怪，這些年來我和巴比妥類藥物一直有種微妙的關係。我說了你可能不信，但我從二〇〇一年過後大部分時間都處於清醒狀態……這些年來只發生過大概六、七十次小小的差錯。發生差錯時，你要想保持清醒（我每次都是這麼想的），醫師就會給你藥物，幫助你撐下去。那麼，他們會開什麼藥給你呢？沒錯，答案就是**苯巴**

比妥！在你努力排出體內其他奇奇怪怪的東西時，巴比妥類藥物可以讓你鎮定下來；而且我早在三十天大的時候就開始用這種藥物了，現在也只是和它再續前緣而已。在排毒過程中，我會產生各種需求，也會感到非常不舒服——不好意思，我可以說是全世界最糟的病人。

排毒是地獄酷刑。排毒就等於整天躺在床上，看著時間一分一秒過去，而且這時你心裡還很清楚，你得等很長一段時間才會感覺「OK」一點。在排毒時，我感覺自己快死了，感覺自己永遠都無法走到這條路的盡頭。我的五臟六腑彷彿爭先恐後想從我體內鑽出來，我全身顫抖、汗流浹背，和沒吃藥的嬰兒差不多。當初是我自己選擇「嗨」四個小時，但早在嗨之前我就明白，接下來得面對連續七天的排毒地獄了。（我不是說過嗎？我腦袋的這一部分是真的瘋瘋癲癲的。）有時我還得被監禁長達好幾個月，才有辦法斷開成癮症的惡性循環。

在排毒期間，「OK」已經成了虛無縹緲的回憶，像是只有在合瑪克（Hallmark）慰問卡片上才會出現的空洞字句。這時我會像孩子一樣苦苦哀求，滿腦子想著要弄到一些能緩解症狀的藥物——我明明是成年人了，帥照可能還登上了《時人》（*People*）雜誌封面，這時卻在**苦苦哀求**誰來讓我好受一些。如果能讓痛苦消停，那我願意犧牲自己擁有的一切，每一輛車、每一棟房子、每一分錢全都送出去也不成問題。而當排毒終於結束時，你大大鬆一口氣，賭咒發誓你再也不會讓自己經歷那種酷刑了……結果短短三個禮拜過後，你又會回到那個地獄。

真是瘋了。我真是瘋了。

我和嬰兒的另一個共同點是，我不想花太多時間精力整理心思和情緒，能用一顆藥丸解決的問題，我就懶得下功夫去找其他解法了。況且，我從小學到的就是這個方法嘛。

／

大約在我九個月大時，爸媽對彼此已經忍無可忍了，於是他們把我放上兒童座椅、放上車，我們三個人從威廉斯敦出發，一路北上到美加邊境。那是段五個半小時的車程，一路上車內想必都瀰漫著難熬的死寂吧，我當然沒有說話，前座那兩個前任愛侶也早已受夠了彼此的言語。話雖如此，車上的沉默想必震耳欲聾，很明顯是出了什麼大事。在尼加拉大瀑布遠遠傳來的隆隆水聲中，我外公——軍人一般的華倫．朗福（Warren Langford）——就在那裡等著我們，他來回踱步的同時也連連跺腳，也許是為了讓雙腳暖起來，也許是為了發洩滿腔無奈，也許兩者皆是。我們的車子開到他面前時，他應該揮了揮手，彷彿我們即將展開歡樂的假期旅遊。我看到外公，應該很興奮吧……然後呢，據說父親把我從嬰兒安全座椅上抱起來，交給了外公，就這麼默默拋下了我和母親。這時我媽才終於下車，我、我媽和外公一起站在原處，聽著瀑布洪流在隆隆巨響中沖入尼加拉峽谷，目送父親揚長而去，永遠離開我們。

看來我們不會像我爸那首歌裡的人物一樣，一起住在歪斜的小房子裡了。在我的想像中，大人們應該告訴了年幼的我，爸爸很快就會回來了。

「小馬修，別擔心，」母親可能是這麼告訴我的，「他只是去工作而已，很快就會回來的。」

「來吧，小傢伙，」外公當時也許這麼說，「我們去找外婆，她做了你最愛吃的義大利麵，我們晚餐吃麵麵喔。」

大家的父母都會外出工作，工作結束了也都會回家，這不是天經地義嗎？這沒什麼好擔心的，當然也不會令人腹痛如絞，不會導致成癮症，不會令人一輩子擺脫不了被遺棄的感受，不會害我覺得自己不夠好，不會讓我時時刻刻感到身心不適，不會令我迫切渴望被愛，不會讓我覺得自己絲毫不重要。

父親揚長而去，不知去哪了。他去工作了，當天沒有回來，第二天也沒有回來。我滿心希望他在三天後回來，一週後回來，不然一個月後總該回來了吧？可是過了大概六週，我心裡已經不抱任何希望了。那時的我年紀太小，還不曉得加州在什麼地方，也不知道「他追夢當演員去了」是什麼意思——演員是什麼鬼東西啊？媽的，爸爸到底跑哪去了？

我爸會在日後成為好父親，但在那個時間點，他明知那個二十一歲的女人還太年輕，還無法獨自扶養小孩，他卻還是把自己的小嬰兒丟給了那個女人扶養。我媽是非常好的人，也相當情緒化，而且她真的太年輕了。她和我同樣被拋棄了，被遺棄在美加邊境那片停車場。我媽在二十歲時懷了我，二十一歲成了單親媽媽。我要是二十一歲生了小孩，應該會誤把嬰兒當成酒，試圖把孩子喝掉吧。我媽已經盡力了，她願意努力照顧我就已經很了不起了，但她當時實在還沒做好為人父母的準備，無法承擔這份重任。至於我呢，我才剛出生沒多久，當然無法承擔任何重任了。

我只能說，早在我和媽媽開始互相認識之前，我們就雙雙被遺棄了。

爸爸消失後，我很快就明白一件事：我在家裡必須扮演特定的角色。我的任務就是娛樂、撒嬌、取悅、搞笑、安慰、討好，並且為全宮廷演好小丑的角色。

就連我失去了身體的一部分，也無法擺脫小丑的命運。應該說，在失去身體一部分時，我更是得好好扮演小丑的角色。

我不再服用苯巴比妥，藥物就隨著我對父親面容的回憶逐漸消散了。那之後，我一頭栽進了幼童的生活，學到照顧者的種種技能。

我在讀幼稚園時，某個笨小孩用力關門夾到了我的手，我頓時血流如注，鮮血如煙火的火星般到處噴飛。血不再亂噴後，終於有人想到要幫我包紮，然後帶我去就醫。到了醫院，他們發現我中指指尖缺了一塊肉。有人打給我媽，她飛速來到醫院，哭著進來（這也是無可厚非）。沒想到她進來就看見我站在輪床上，一隻手裹著厚厚的繃帶，然後我搶在她開口前說道：「妳不用哭——我都沒哭了。」

你看看我，早在小時候我就開始譁眾取寵，開始努力取悅別人了。（搞不好我還表演了錢德．賓那個愣住又恍然大悟的招牌動作，一次就演個徹底呢。）我才三歲大，就學到自己得成為一家之主，即使手指少了一截，還是得照顧母親。這麼想來，我可能是在三十天大的時候就學到了教訓，知道自己一哭就會被藥物弄暈，所以還是別哭比較好。或者，我知道自己得讓包括母親在內的所有人感到鎮定，讓他們產生安全感。又或者，身為幼兒的我不過是想到了一句超帥的台詞，就是想大剌剌地站在輪床上唸出來。

那之後，我一直處於這種狀態。只要在可容忍範圍內把我全身灌滿疼始康定（OxyContin）*，我就會感覺自己備受呵護，而當我備受呵護時，我就可以照顧其他所有人，可以關心外界發生的事，可以為他人服務。但是沒有藥物的時候，我總覺得自己會化為烏有，沉入虛無的汪洋。這當然就表示，我在和別人建立關係時，基本上不可能當個有用的人，也不可能服務別人，因為我只能努力撐到下一分鐘、下一個鐘頭、下一天。這就是名為恐懼的不安，是名為不足的洋甘草苦味。這個藥物給我一

＊ 譯註：羥考酮，可緩解疼痛的口服鴉片類藥物，具高度成癮性。

點，那個藥物給我一滴，我就沒問題了——當你嗨到神智不清時，自然嚐不到任何令人不快的味道了。

（在九一一事件發生前的時代，機組人員偶爾會讓小孩子和好奇的大人進駕駛艙參觀。在我大約九歲時，他們帶我進到駕駛艙，我被駕駛艙裡無數個按鈕、機長和新學到的所有資訊沖昏了頭，六年來第一次忘了要把手塞進口袋裡。在那之前，我一直都為自己少了一截的手指感到羞恥，從不在別人面前伸出那隻手。結果機長注意到了，他說：「我看看你的手。」我難為情地伸出手。他看了看，對我說：「來，你看這個。」他的右手中指竟然同樣缺了一截，受傷的位置和我一模一樣。

這個男人可以駕駛一整架飛機，他知道那許多個按鈕是做什麼用的，腦子裡還裝著關於駕駛艙的有趣資訊，而他竟然和我一樣，手指斷了一截。從那天開始，一直到五十二歲的今天，我都再也沒有藏過受傷的手了。我甚至因為抽了多年的菸而經常被人注意到手指，常有人問我發生了什麼事。

至少那次關門事件讓我多了一句笑話可說——這許多年來，我常抱怨自己在失去半根手指以後，對別人比中指也只能說「幹ㄋ——」了。）

我雖然沒有父親，十指也不完全健在，但即使在小時候我也是腦子轉得快，嘴巴動得快。我媽是個很重要的大忙人，同樣腦子和嘴巴都很快……所以呢，有些時候我樂呵呵地對母親嘮叨，怪她不夠關心我，然後我當然沒有好下場。我在這裡要特別強調，媽媽給我再怎麼多的關心，我都嫌不夠——無論她做了什麼，都無法滿足我被人關注的需求。而且你別忘了，老爸忙著在洛杉磯面對自己心中的惡魔與慾望時，她可是一個人扛下了兩人份的工作。

蘇珊．派瑞（她在工作時還是用我爸的姓氏）基本上就像《白宮風雲》（*The West Wing*）裡艾莉森．珍妮（Allison Janney）演的角色，是個輿論導向專家。她曾經是加拿大前總理兼花邊新聞產生機——皮耶．杜魯道（Pierre Trudeau）——的新聞祕書。（《多倫多星報》〔*Toronto Star*〕刊登了兩人的合照，圖說寫著：「新聞助理蘇珊．派瑞在加拿大最知名的男人之一——皮耶．杜魯道總理——手下工作，自己卻僅僅因為在他身邊亮相而逐漸成名。」）你想像一下：你光是站在皮耶．杜魯道身邊，就成了名人。杜魯道是個圓融又頗有人緣的總理，過去交往的對象包括芭芭拉．史翠珊（Barbra Streisand）、金．凱特羅（Kim Cattrall）、瑪格．基德（Margot Kidder）等人……他的駐華府大使曾抱怨道，杜魯道有次同時邀請三個女友共赴晚餐。一個男人如此受女人喜愛，自然需要請專家來幫他做輿論導向工作了。這就表示我媽通常都忙著在外工作，我要想獲得媽媽的關心，還得先贏過西方一大民主國家發生的種種事件，以及該國魅力四射的劍客領袖。（當時的說法是「鑰匙兒童」〔latchkey kid〕——媽的，人們都用這個輕描淡寫的詞語，描述被丟著不管的小孩。）在這樣的情境下，我不得不學會搞笑（跌倒鬧笑話、俏皮話這些，你應該知道我在說什麼吧）。我媽本來就是高度情緒化（而且還被丈夫拋棄）的人，又被工作壓力壓得喘不過氣來，我搞笑時她才能稍微平靜下來，煮點吃的、和我在餐桌前坐下來、聽我說說話——當然，我得先聽她說完她想說的話。我不是怪她忙於工作——這個家總得有人賺錢餬口嘛——我想說的是，我小時候很多時候都是獨自一個人度過的。（我聽人說過「獨生子」〔only child〕這種東西，卻聽成了「孤獨子」〔lonely child〕，還動不動對人說自己就是「孤獨子」。）

總而言之，我是個腦筋轉得快、嘴巴動得更快的小孩子，但我前面也說過，我媽同樣腦筋轉得快、嘴巴動得快。（果然是她遺傳給我的吧？）我們經常吵架，每次吵起來，我都非得逞口舌之快。有一回，我在樓梯間和我媽爭吵，她讓我產生了有生以來最猛烈的狂怒。（我那時十二歲，又不能打媽媽，所以怒火只能往內心發洩——我長大後也一樣，至少我是自己酗酒吸毒，而不是把責任推卸到別人頭上。）

我從小被大人遺棄，有次看見一架飛機掠過渥太華的家上空時，我甚至問外婆：「我媽媽在那架飛機上嗎？」之所以這麼問，是因為我怕媽媽會和我爸一樣，有天突然人間蒸發（但她一直都沒有消失）。我母親貌美無雙，去到哪都能散發明星的光輝，我這一身幽默與搞笑也是拜她所賜。

我爸在加州時，美麗、聰明、有魅力又有明星光輝的媽媽就會和男人交往，他們也樂得和她交往，而我當然會在心中將這些男人都當成我爸。又有飛機從我們家上空飛過去時，我問外婆：「那個〔麥克〕〔比爾〕〔約翰〕〔這裡插入我媽最新一位男友的名字〕是不是要飛走了？」我一次又一次失去父親，一次又一次被載到國界丟著，耳畔時時刻刻迴響著尼加拉河的隆隆水聲，就連苯巴比妥也無法讓它靜音。聽到我的發問，外婆總是柔聲安慰我，開一罐健怡可樂，淡淡的西洋茴香與洋甘草味觸及我的味蕾，捎來滿滿的失落感。

至於我真正的爸爸呢，他每週日打一通電話過來，其實還算不錯啦。離開機緣歌手樂團後，他將演唱技能轉而塑造成了演藝技能，先是在紐約工作，接著去了好萊塢。他雖是所謂的短工，但工作相當穩定，最終還會成為歐仕派（Old Spice）的品牌形象人物。我在現實中很少見到他，倒是頻頻在電視或雜誌上看到他的臉。（也許我也是受他影響，後來才選擇當演員的吧。）「**什麼樣的男人吹口哨吹的是歐仕派歌呢？就是我爹地！**」一九八六年的電視廣告上，旁白唸出這段話的同時，一名頂著蘑菇頭的金髮小男孩便會伸手環住我父親的脖子。「**我幾乎完美的老公。**」電視上那個笑容可掬的金髮妻子跟著說道。這算是笑話吧，但我從不覺得好笑。「**他最可靠了，是很好的朋友……**」

然後，過了好一段時間，情況開始變得尷尬時，大人在我脖子上掛了「無成人陪同未成年旅客」的牌子，我被送到了機場，即將搭機飛往洛杉磯。每次去洛杉磯看我爸，我就會重新認知到他的魅力、幽默、喜感與極端的帥氣。

他實在是完美無瑕，而即使在幼年，我也偏偏要喜歡一些遙不可及的東西。

總之，結論就是：我把爸爸當成了大英雄，甚至是超級英雄。一同散步時，我都會說：「你當超人，我當蝙蝠俠。」（聰明的心理學家聽了，可能會說我們不扮演爸爸與馬修的角色，而是玩其他的角色扮演，這是因為我們真正的角色對我來說太複雜難懂了。這種事情我不是很懂，這邊就不予置評了。）

又回到加拿大時，他的樣貌、他公寓裡的氣味等等回憶，就會在幾個月的時間內逐漸消散、淡忘。然後又到我的生日，我媽會儘量為我彌補爸爸不在身邊的遺憾，當大得離譜的蛋糕與不停滴蠟的一大堆蠟燭出現時，我每年都會在心中悄悄許下相同的願望：**我想要爸媽復合**。假如我的家庭生活穩定一些，或者有爸爸陪在身邊，或者他若不是超人，或者我若不是心思和嘴巴動得太快，或者皮耶·杜魯道怎樣怎樣……那我就不會天天這麼難過了。

若是如此，我就會變得快樂了。若是如此，健怡可樂就不會僅僅是生命必備的東西，而會變得好喝了。

少了適當的藥劑，我這一輩子都過得難受至極，對於愛情的觀念更是**超**——級扭曲。就如偉大的蘭迪·紐曼（Randy Newman）所說：「我得用上一大堆藥物，才能假裝自己是別人。」看來，這麼想的不只有我一個人。

／

「嗨，蘇珊在嗎？」

「我媽媽在，請問是哪位？」

「是皮耶……」

電話鈴響時，我和媽媽正過著有史以來**最棒**的一天。我們玩了一整天的遊戲，甚至試著玩大富翁，不過只有兩個人實在很難玩。然後在入夜時，我們在小電視上的某一台找到了《安妮霍爾》（*Annie Hall*），看到伍迪．艾倫（Woody Allen）在雲霄飛車下的房子，我們笑得前仰後合。（性愛和戀愛相關的笑話我有聽沒有懂，不過即使是八歲的我，看到一個人打噴嚏把某種價值兩千美元的白粉吹飛，也覺得非常好笑。）

這絕對是我最寶貝的一段童年回憶──和我媽坐在一起看那部電影的回憶。但加拿大總理一通電話打來，我又要失去媽媽了。她接過電話，我聽見她開啟輿論導向專家的專業音調，那是別人的聲音，是蘇珊．派瑞的聲音，根本就不是我媽。

我關了電視爬上床，自己蓋好被子，也沒用巴比妥──這時還不用──就輾轉睡到天明，睜眼就看見清晨光線透進渥太華那間臥房的窗戶。

記得在那一陣子，我看見媽媽在廚房裡哭泣，心中暗想：**她怎麼不喝酒就好了？**

我也不知道自己怎麼會產生這種想法，認為酒精能讓人停止哭泣。那時候的我才八歲，絕對沒碰過酒（第一次喝酒是那之後六年的事！），然而我從周遭環境與文化學到的是，喝酒就等於歡笑玩樂，喝酒就能逃避痛苦。媽媽在哭，那不是喝酒就好了嗎？只要喝醉，她就不會感覺到這麼多不快了，不是嗎？

也許她哭泣，是因為我們時常搬家——蒙特婁、渥太華、多倫多——不過我童年大部分時間都是在渥太華度過的。我很多時候都獨自一人，雖然有保母照顧，但他們沒有任何一個人在我身邊停留太久，於是也一個個被我加到棄我不顧的名單之上……我只能繼續搞笑、繼續轉動腦筋、繼續耍嘴皮子，想盡辦法活下去。

母親光是站在皮耶．杜魯道身邊，讓美麗的樣貌上鏡頭，就能夠一夕成名，多倫多的環球電視（Global Television）甚至想挖角她去當全國新聞的節目主播。

這是天大的好機會，她絕不能讓機會白白溜走。我媽當主播當得不錯，直到有一天電視台在為選美比賽做宣傳時，我媽說：「相信我們所有人都會目不轉睛地盯著那個看吧。」這句笑話還滿好笑的，從曾經的選美冠軍口中說出來更是有些不真實——結果，她竟然當晚就被開除了。

當初搬到多倫多，我其實不怎麼高興——第一個原因是，根本沒有人問我要不要搬家；第二個原因是，我再也見不到原本的朋友了。此外，我媽那時候懷孕九個月——她已經和《加拿大AM》（*Canada AM*）的主持人基思·莫里森（Keith Morrison）結了婚，沒錯，就是他，就是NBC《日界線》（*Dateline*）電視節目上那個一頭白髮的男人。我甚至被選為在婚禮上負責把新娘交給新郎的人，這不管在字面上或象徵意義上都很詭異。

可是不久過後，我就多了一個漂亮的妹妹！凱特琳（Caitlin）可愛得不得了，我一見到她就愛她如命。問題是，我身邊多了一個成長中的家庭，我卻不覺得自己是這個家庭的一部分。差不多在這個時間點，我有意識地下定了決心：**幹，算了——人只能自己照顧自己**。這就是各種不良行為的開端了，我成績一落千丈，開始抽菸，還痛揍了皮耶的兒子（也就是日後同樣成了加拿大總理的賈斯汀·杜魯道〔Justin Trudeau〕，當他獲得掌控一國軍隊的職權後，我決定終結我們兩人之間的紛爭）。我下定決心要將生活重心放在頭腦，而不是內心，畢竟頭腦裡安全得多——一個人也許會心碎，腦卻不會碎，至少那時候還不會。

我改變了。伶牙俐齒成了我的招牌，再也沒有人能接近我死守的內心了。再也沒有人能碰到我的心。

當時的我才十歲。

七年級那年，我們搬回渥太華，那才是我們該在的地方。在這個階段，我逐漸認知到了逗人發笑的力量。我在渥太華就讀阿什伯里學院（Ashbury College），除了在這間男校扮演班級丑角之外，我還不知怎地加入了校內的戲劇演出，被戲劇老師葛瑞．辛普森（Greg Simpson）選為《鬼祟費奇的死與生》（*The Death and Life of Sneaky Fitch*）中的拉克漢（Rackham），號稱「西部最快的槍手」。這是劇中的重要角色，我演得不亦樂乎——我看見觀眾被我逗得哈哈大笑，頓時就感到心滿意足了。漣漪化成了波濤，台下家長原本只是假裝對孩子們的表演感興趣，結果——登登！——那個派瑞家的孩子還真的惹得觀眾忍俊不禁。（和其他所有藥物相比，笑聲還是最有效的靈藥，總是能帶給我喜悅。）對我而言，擔任《鬼祟費奇的死與生》主演之一是非常重要的體驗，我在表演時找到了自己的特長。

無論是過去或現在，我都深深在意陌生人對我的看法，這其實是貫穿我一生的關鍵之一。我還記得從前苦苦央求媽媽把後院漆成藍色，如此一來搭飛機從上方飛過的人低頭一看，就會以為我們家有游泳池了。飛機上或許有個無成年人陪同的未成年旅客，低頭看到狀似泳池的藍色院子，就能從中尋得某種安慰。

我已經作哥哥了，但我也是家中的壞小孩。有一年，我在聖誕節前搜遍家中所有櫥櫃，想看看別人準備送我什麼禮物；我還開始偷錢，抽菸抽得越來越凶，成績也越來越差。有一回，我上課時間說個不停、整天想方設法在同學面前搞笑，終於把老師惹毛了，老師只得把我的桌椅轉過去面向教室後面的牆壁。其中一位老師——韋伯博士（Dr. Webb）——告訴我：「你要是不改變自己，就永遠不可能成器。」（我是不是該跟你承認一件事呢？當我的臉登上《時人》雜誌封面時，我寄了一份雜誌給韋伯博士，還附上一張字條：「看來你錯囉？」還是別說好了，聽起來太機車了。）

我還真寄了。

我的學業成績是很差沒錯，但我在每一齣劇都飾演主角，而且還成了全國榜上有名的網球選手。

在我四歲時，外公開始教我打網球，我八歲時就知道自己贏得過他了……不過我等到十歲才真正付諸行動。我每天打八到十個小時網球，還把自己想像成吉米・康諾斯（Jimmy Connors），花好幾個鐘頭對著牆板練球。我在想像中和牆板打了一局又一局、一盤又一盤，我打出去的每一球都是康諾斯打出去的球，牆板彈回來的每一球都是約翰・馬克安諾（John McEnroe）打回來的一球。我在球近身前揮拍擊球，用球拍線掃過去，還會把球拍握在背後，作勢把球拍收回背包裡。我滿心幻想著未來踏入溫布頓網球賽的球場，親切又謙虛地對著熱愛我的球迷點頭致意，暖身後和馬克安諾連打個五盤，耐心地等著他責罵古板的英國人裁判，最後擊出一顆反拍斜線穿越球，奪得冠軍。這時我會親吻金色獎盃，啜一口羅賓森牌（Robinsons）大麥水——這和胡椒博士（Dr Pepper）汽水相差十萬八千里，我喝了一定喜歡。到那時，我一定能得到母親的關注了吧？

（我最愛的一場球賽，是一九八二年的溫布頓網球決賽，當時吉米・康諾斯險險擊敗了萬眾矚目的約翰・馬克安諾，得勝後登上《運動畫刊》〔*Sports Illustrated*〕的封面。時至今日，我牆上還掛著那張裱框的雜誌封面。我就是他，或者他就是我——無論如何，那天我們兩個都贏了。）

至於現實世界中真實發生過的比賽呢，我是在渥太華的石崖草地網球俱樂部（Rockcliffe Lawn Tennis Club）打球。這間俱樂部規定球員要穿全白服裝，他們甚至一度在俱樂部門外貼了「限白」（WHITES ONLY）告示，後來才有人意識到這張告示容易讓人誤會。（他們很快就把告示改成「限白色服裝」，大家也就不再議論這件事了。）俱樂部有八個球場，主要是老人家在那邊打球，我通常整天在俱樂部室內等著，運氣好的話可能會有人臨時不來、出現三缺一的情況，這時候我就可以上場了。那裡的老人家都很愛我，因為我每一球都接得到，但我的脾氣也很火爆。我打球的時候會摔球拍、罵髒話，整個人火冒三丈，而且輸球輸得很慘時，我還會直接哭出來。通常我哭完以後就會反敗為勝——可能是輸一盤、5比1、0比40，大哭，然後再振作起來，三局內得勝。過程中我一直哭，腦子裡卻也想著：**我會贏，我知道一定會贏**。「贏」這件事對別人來說不是必要，對我來說卻無比重要。

到了十四歲，我登上加拿大全國排行榜……但同樣在十四歲那年，我踏上了另一條路。

／

我第一次喝酒是十四歲的事。其實我已經儘量把這一天往後推遲了。

那段時期，我經常和克利斯與布萊恩．穆瑞（Chris and Brian Murray）兩兄弟來往，我們三個從三年級就養成了一種說話的默契，說出口的話聽起來像是：「天氣還能**更**熱嗎？」或是：「老師還能**再**凶一點嗎？」或是：「我們還能被罰得**更**慘嗎？」你如果是《六人行》粉絲，想必認得這種說話的調調……就算你沒在看《六人行》，想必也注意到了近二十年來美國人說話方式的變化。（我覺得是錢德．賓改變了美國人的說話方式。我是說真的，沒在跟你誇張。）我想在這裡對讀者聲明：這種口語習慣的改變，直接源自馬修．派瑞、克利斯．穆瑞與布萊恩．穆瑞一九八〇年代在加拿大糊裡糊塗度過的時光。雖然是我們三個人一起創造的調調，卻只有我一個人因此致富——幸好克利斯和布萊恩沒有揭發我，到現在還願意做我幽默搞笑的好朋友。

一天夜裡，我們三個人在我家後院消磨時間，家裡除了我們以外沒有人，天上的陽光*穿透雲層灑了下來，我們當時都不知道，一件極具標誌性的事件即將發生。我躺在加拿大的草地與泥土上，還什麼都不知道。

我還能更後知後覺嗎？

---

* 編註：原文如此。應為加拿大位處高緯度，夏季日照時間較長，日落時刻已為夜晚時分。

我們決定喝酒。我已經不記得最初提議的人是誰了，我們三人都不曉得自己將闖出多麼嚴重的大禍。我們手邊有一手百威啤酒（Budweiser），還有一瓶名叫「安迪斯小鴨」（Andrès Baby Duck）的白酒。我選了白酒，穆瑞兄弟選了啤酒。順帶一提，我們絲毫沒有要掩飾行跡的意思，這一切都在我家後院光明正大地上演。我的家長都不在家——這也沒什麼稀奇的——我們直接喝了起來。

短短十五分鐘過後，酒全被我們喝光了，穆瑞兄弟忙著在旁邊嘔吐，我則靜靜躺在草地上。這時候，我身上發生了某件事情，我發生了某種變化，身心都變得和同儕不同了。我平躺在青草和泥土上，看著上空的月亮，周圍盡是熱騰騰的穆瑞嘔吐物，我意識到自己這輩子首次不為任何事物操心。世界在我眼裡變得合情合理，不再扭曲瘋狂了。我變得完整了，身心都得到了安寧，體驗到了前所未有的幸福。**這就是答案**。我心想。**這就是我缺少的東西。正常人平時一定都是這個感覺。我沒有任何問題，問題全都消失了。我不需要別人的關注，我被照顧得好好的，我很好。**

我體驗到了**極樂**。我度過了無憂無慮的三個小時，那段期間我沒被人拋棄、沒和我媽吵架、學業成績優良、人生一點也不迷茫，我甚至很清楚自己在生命中的定位。酒精消去了一切的煩惱。

我現在具備關於成癮症的知識，知道這種疾病會越來越嚴重。如此說來，我對自己的表現有點意外——我竟然沒在第一次喝酒的隔天馬上再喝一波，沒在隔天的隔天再大醉一場。我並沒有馬上再喝酒，而是等了一段時間。畢竟那時的我還未受困於酒精成癮症。第一次喝酒沒有立刻演變成經常性飲酒，但很可能已經種下了酒癮的種子。

我後來認知到，問題的關鍵在於，我不僅缺乏心靈上的引導，還缺乏享受任何事物的能力。可是我明明缺乏這兩樣東西，同時卻也對刺激事物上癮。這個組合真的是毒得要命，我都不曉得該從何吐槽起了。

當時的我還不明白一件事：只有在尋求刺激、正在被刺激，或是醉酒時，我才有辦法享受，除此之外我完全無法享受任何事物。有人用「失樂」（anhedonia）這個聽起來很有學問的詞語形容我這種狀況，我後來會花好幾百萬美元接受心理治療、入住治療中心，才得以逐漸發現與瞭解自己失樂的問題。也許，這就是為什麼我只有在輸了一盤、只差幾分就要完全被擊敗時，才有辦法在網球賽中得勝。也許，這就是我所有行為的根源。順帶一提，「失樂」是我最愛的那部電影的暫定名稱——也就是後來我和我媽一起觀看、讓我們笑得前仰後合的《安妮霍爾》。伍迪也懂。伍迪懂我。

／

家裡的情況越來越走下坡了。我媽和基思組建了美好的新家庭，他們接著生下愛蜜莉，這個新妹妹生了一頭金髮，無比可愛。她就和凱特琳一樣，瞬間成了我的心肝寶貝。然而，我很多時候都感覺自己成了家中的局外人，仍然身處高空雲層中的飛機上，身邊仍然沒有家長陪同。我和我媽天天吵架，我只有在打網球時才能高興起來，但即使在打網球之時、即使我贏了，我還是動不動就發脾氣或大哭。我還能怎麼辦呢？

就在這時，我父親粉墨登場了。我本就很想多多認識他，是時候來個大遷移了。

／

沒錯，洛杉磯、我爸和全新的人生都在呼喚我，只不過那時我才十五歲，我要是離開加拿大，勢必會對我的家庭生活造成巨大的損害，也會令我媽心碎。可是她當初決定跟基思結婚、搬去多倫多、生兩個小孩……這些她也沒問過我的意見啊。而且我在加拿大只能整天發脾氣、哭泣和喝酒，而且我和媽媽忙著爭吵，而且我不完全算是家庭的一部分，而且我在學校成績墊底，而且搞不好我們沒過多久又要搬家了，總之有這許多許多理由。而且，靠，小孩就是想和父親多多相處、多多認識嘛。

我決定去洛杉磯。我爸媽討論過這件事，想說我去洛杉磯比較有機會發展網球事業。（殊不知，我去了南加州頂多算是有點實力的俱樂部網球玩家而已。南加州人一年三百六十五天都可以練球，平均水準自然高得多。而在加拿大，你運氣好一點也只能打兩、三個月的球，天氣一冷大地就結凍了。）但即使考慮到我的網球前途，當我決定前去洛杉磯時，這個家還是被生生撕裂了。

臨行前那晚，我睡在家裡的地下室。我只在地下室睡過那麼一晚，沒想到那成了我這輩子最難熬的夜晚之一。樓上的地獄逐漸沸騰，有人用力摔門，有人嘶嘶交談，偶爾還傳來叫喊、踱步、其中一個小孩子哭鬧的聲響，沒有人止得住這一切。外公外婆不時會下來大聲罵我，母親在樓上尖叫、哭喊，然後小孩子們哭了起來，然後外公外婆也開始叫喊，然後小孩子們也開始大叫，而我則無聲地待在地下室，我被拋棄卻又意志堅定，同時也害怕、無人陪同又滿心畏懼。這三個手握大權的大人一再下樓，一遍又一遍告訴我，我離開這個家就會讓他們心碎。但是我別無選擇，情況已經惡化到難以收拾的地步，我已經成了破碎的人。

破碎嗎？也可能是鐵了心吧。

隔天清早，我媽好意開車送我到機場，在對她而言想必十分痛苦的車程過後，她眼睜睜看著我飛離她的人生，從此不屬於她生活的一部分。我實在不知道自己是哪來的勇氣，怎麼敢踏上這趟旅程。時至今日，我仍然不確定當時是否做了正確的選擇。

仍無成人陪同、仍是未成年旅客的我，此時已經是專業的未成年旅客了，我搭機飛到了洛杉磯，準備好好認識我的父親。我怕得要命，擔心就連好萊塢的熱鬧喧囂也無法令我安心……但再過不久，我就會看見都市的燈火，我將再次擁有家長與親情。

Friends, Lovers, and the Big Terrible Thing

插曲／紐約 New York

在醫院住了五個月以後，我終於可以回家了，回到家第一件事就是點菸。我深深呼吸，滿口煙霧吸進肺裡——過了漫長的幾個月，我彷彿又吸了這輩子第一口菸，彷彿第二度歸家。

我不再受劇痛折磨，腹部大規模手術留了疤，以致我一週七天、一天二十四小時都感覺像在用力做仰臥起坐，但其實不會痛，只是有點煩而已。

話雖如此，我也不覺得這有必要告訴別人，於是我逢人就說自己很痛，想方設法把疼始康定弄到手。我從他們那邊騙到每天八十毫克的疼始康定，可是沒過多久，這一點劑量對我來說已經不夠了，我需要更多。我請醫師開更多藥給我，他們拒絕了；我撥電話給毒販，他答應了。這下，我只要想辦法從價值兩千萬美元、位在四十樓的頂樓豪華公寓下到一樓，過程中不被艾琳抓到，就可以弄到我的藥物了。（我對天發誓，當初之所以買下這間公寓，是因為電影《黑暗騎士》〔*The Dark Knight*〕裡的布魯斯・韋恩〔Bruce Wayne〕就是住在這種公寓。）

那之後一個月，我四度試圖溜下樓，然後呢——你猜對了，我四次都被逮個正著。我真的很不擅長這種偷雞摸狗的事。結果不出所料，上頭傳來了旨意，說這個男人又得進康復中心了。於是乎——

在我的腸子炸裂後，我經歷了第一次手術，被迫使用頗為「好看」的結腸造口便袋——可惜就連我也無法駕馭這種打扮。那之後還得動第二次手術，移除結腸造口，而在兩次手術之間我都不准抽菸（吸菸者往往會留下更醜的疤痕，所以他們才不准我抽菸）。況且我缺了兩顆門牙——之前一口咬在花生醬吐司上，磕斷了兩顆牙齒，我到現在還沒能抽空去修補牙齒。

我來整理一下結論喔：你要我戒藥，同時還要戒菸？誰他媽管那什麼疤痕啊，我可是老菸槍耶，要我戒菸可是要了我的老命。綜上所述，我得住進紐約的康復中心，停用疼始康定，同時還得戒菸。想到這裡，我就怕得要死。

來到康復中心後，他們給了我排毒用的速百騰（Subutex）*，所以排毒過程應該不會那麼慘。我住進房間，開始計時。待到第四天，我已經開始崩潰了，我每次都覺得第四天最痛苦。另外，我也發現他們非常認真看待戒菸這件事，在排毒期間我可以抽菸，但一旦我搬到三樓的房間，香菸就得全數扔掉了。

他們非常堅持要我戒菸，甚至把我鎖在這幢建築裡不讓我出去。我住在三樓，周圍盡是紐約的隱隱噪音，都市裡的人們照常工作生活，全然不知他們最愛的情境喜劇演員、這個老愛諷刺人的名人，又再次進到了地獄。如果仔細傾聽，我可以勉強聽見地下深處的地鐵聲——F線、R線，四、五、六線——不過那也可能是別種東西發出的震顫聲，也許是某種不請自來、令人生畏且無人可擋的恐怖事物。

我深信，康復中心就是監獄，並且不是我之前憑空想像出來的東西，而是貨真價實的監獄。紅磚、黑鐵柵。我不知怎地來到了牢裡。我這輩子從沒犯過法——應該

* 譯註：治療阿片類物質成癮與急性、慢性疼痛的藥物。

說，我從沒被抓過——此時我卻被關進監獄，深鎖大牢，身陷囹圄。缺了兩顆門牙的我，就連樣貌也像極了受刑人，而康復中心內每一位輔導員都是獄卒。既然都這麼像了，他們何不乾脆把我的房門釘死，開一道縫把我的食物塞進來就好呢？

我痛恨那間康復中心——他們根本就無法教我任何事情。我可是從十八歲開始做心理治療，老實說，我這時已經不需要什麼治療了，只需要兩顆完好無缺的門牙，還有不會破掉的腸造口便袋。我跟你說，我曾經睜眼醒轉，發現滿身都是自己的屎……而且，這種事已經發生五、六十次了。如果我一早醒來看到便袋沒破，就會注意到另一種新奇的現象：我一覺醒來，靜靜享受大約三十秒的自由，緩緩揉去眼中的睡意後，自己的處境與殘酷的現實便會排山倒海襲來，然後我會猛然嚎啕大哭，一秒爆哭的技能想必連梅莉．史翠普（Meryl Streep）見了都會嫉妒。

對了，剛剛可能忘了說，我還非常需要抽菸。

總之，排毒第四天，我坐在房裡不曉得在幹什麼，忽然產生了被當頭棒喝的感覺。我也不知道那是怎麼回事，感覺像是有什麼東西在身體裡猛揍我。雖然我已經接受三十多年的治療，已經沒什麼新知可學了，我還是得想辦法轉移注意力、努力不去想尼古丁。於是我離開牢房，沿著走廊走去。我漫無目的地行走，壓根不知道自己在幹什麼，也不曉得自己要往哪去。

可能是想走出自己的身體吧。

我知道所有的治療師都在樓下，卻決定不搭電梯，朝樓梯走去。當時的我不太確定那究竟是什麼狀況——甚至到了今天，我也無法形容那時的情況，我只知道自己陷入驚慌、徬徨與類似漫遊狀態的身心境況，而且又再次感受到極端的痛楚——還不到劇痛的程度，但也很接近了。我陷入全然的迷茫，滿心想著要抽菸。於是，我在樓梯間停下腳步，回想起過去這許多年的痛苦，想到一直沒漆成藍色的後院、他媽的皮耶·杜魯道，想到自己過去是、現在也依然是無成人陪同的未成年旅客。

我生命中所有的不幸，似乎一股腦兒地湧上了心頭。

時至今日，我還是無法充分說明接下來發生的事，我只能告訴你，下一刻我突然開始拿頭用力撞牆，用盡了全身的力氣大力撞牆。15比0。砰！30比0。砰！40比0。砰！這一局結束了。一次又一次發球得分，一次又一次截擊，我的頭就是球，牆壁就是水泥球場，所有痛楚都成了高吊球，我撲上去卻沒能接到，我努力向上伸手，頭重重砸在牆上，鮮血濺在水泥與牆壁上、濺得我滿臉，完成了大滿貫，裁判高聲吶喊：「比賽結束！無成人陪同的未成年旅客獲勝，60比0，需要愛，六個愛。害怕愛。」*

到處都是血。

麻痺神智的八次撞擊過後，想必是有誰聽到我的聲音，那人阻止了我，提出了唯一合乎邏輯的疑問：

「你為什麼要這樣？」

我注視著她，此刻的我狼狽不堪，看上去就如每一部《洛基》（*Rocky Balboa*）電影最後一幕的洛基．巴波亞。我說：「因為我想不到更好的做法了。」

樓梯啊。

---

* 譯註：網球的「零分」（love）也有「愛」的意思。

Chapter 2

Another Generation Shot to Hell

又是被消磨殆盡的一代人

那年夏天，感覺全世界都來到了洛杉磯國際機場的入境休息室。

世界級業餘體操選手、短跑選手、擲鐵餅選手、撐竿跳高選手、籃球員、舉重選手、障礙超越騎手與馬匹、游泳選手、擊劍選手、足球員、水上芭蕾選手、來自全球各地的媒體記者、官員與贊助商與經紀人……對了，還有一位來自加拿大的十五歲業餘網球選手。這許多人全都在一九八四年夏季被沖上了洛杉磯海岸，不過其中只有一個人在進行大遷移。

那年由洛杉磯舉辦奧林匹克運動會，人們得以在豔陽下展現肌肉與技藝。那年，十萬觀眾擠進了洛杉磯紀念體育競技場（Coliseum）與玫瑰碗（Rose Bowl）。那年，瑪莉・盧・雷頓（Mary Lou Retton）非得拿到十分才能奪得體操全能賽的冠軍，結果她成功奪冠了。那年，卡爾．路易斯（Carl Lewis）跑得很快、跳得很遠，贏了四面金牌。

那年，我一個迷失了方向、胯下似乎沒有功能的加拿大男孩，移民到了美國，到浮華的好萊塢和父親同住。

離開渥太華以前，曾有個女孩試著和我發生性關係，可是我緊張得要命，事前灌了六罐啤酒下肚，結果時候到了竟無法上陣。那時我已經喝了好幾年的酒——我把母親交給基思那個好男人過後不久，就養成了喝酒的習慣。

這裡的「好男人」不是說假的，基思可說是為了我媽而活，唯一的惱人之處就是，發生糾紛時，基思總是站在我媽那邊，擔任她的守護者。每當我媽做了什麼我看不順眼的事情，基思就告訴我，那件事從沒發生過。這種狀況發生了無數次。有些人會把他的做法稱為煤氣燈操縱（gaslighting），另一些人會把他的做法稱為煤氣燈操縱——反正就是煤氣燈操縱啦。儘管如此，我的家庭之所以沒支離破碎，完全是一個人的功勞，那個人就是基思．莫里森。

這不是重點，我們把話題拉回我的老二吧。

我沒能發覺老二無用和酒精之間的關聯，也打死不願意讓世界上任何一個人——任何人喔——知道這件事。所以呢，我只能茫然生活在地球上，滿心以為性愛是只有**其他人**才能體驗的活動。我抱持這樣的信念過了很長一段時間，應該有好幾年吧。性愛聽起來真的很好玩，對我來說卻遙不可及，因此至少在腦子裡和褲子裡，我這個人是先天（性）無能了。

只要去到洛杉磯，我就能變得幸福快樂了……我心裡是這麼想的。我是說真的——早在我知道大遷移是什麼意思之前，我就認定了大遷移能帶給我幸福。站在輸送帶旁等著托運行李送到的這群運動員，一個個身材健美、訓練有素，我和他們完全是同一類人。我們不都是將各自瘋狂的夢想，帶到了這座瘋狂的城市嗎？假如短跑選手共有一百人，每一個競賽項目則只有三面獎牌，那你說，這些人的腦子究竟比我清醒多少？老實說，我在自己的領域成功的機會，可能比他們在各自領域奪牌的機會來得高——我爸畢竟是演員，我也想當演員，他只需要幫我推開已經微開的門就好了，不是嗎？即使我表現平平，那又如何？我可能拿不到獎牌沒錯，但至少可以離渥太華遠遠的，可以順便逃避我這根不想上工的老二，還可以遠離一個不真正屬於我的家庭，等等等等。

我最初的計畫也和體育脫不了關係，因為我網球實力到了一定的程度，我們還認真考慮過要不要去佛羅里達州的尼克．波利泰尼網球訓練營（Nick Bollettieri's Tennis Academy）。波利泰尼可是首屈一指的網球教練，指導過的選手包括莎莉絲（Monica Seles）、阿格西（Andre Agassi）、莎拉波娃（Maria Sharapova）、大威廉絲（Venus Williams）與小威廉絲（Serena Williams）等許多人。可是來到洛杉磯之後，我很快就明白了，自己頂多算是網球俱樂部裡還算厲害的業餘網球員，這已經是我實力的極限了。還記得我報名參加了一場衛星賽，我爸和新家人在觀眾席看我比賽（他在一九八〇年再婚了，對象是名叫黛比〔Debbie〕的好女人，可說是百年難得一見的好對象。在我參加網球比賽當時，他們有了個年紀很小的女兒，取名叫瑪麗亞），結果我第一場比賽連一分也沒拿下。

南加州網球界的平均水準實在高得誇張——這地方外頭天天都華氏七十二度，幾乎每個人後院、每一處街角都有球場，你天天都能練球。至於我呢，我是來自加拿大冰封荒原的小屁孩，加拿大十二月到三月的氣溫都不到華氏零度，運氣差一點的話就連秋季、春季也沒什麼機會練球——我這樣的孩子當然很難躋身南加州網球界。這就像一個住在加州柏本克的曲棍球好手，這樣的人去了熱衷曲棍球的地區，也很難成為同儕的對手。結果呢，面對年僅十一歲、名叫查德（踔得不得了的查德）、晒得一身古銅色肌膚的加州神人們，面對他們時速一百英里的發球，我成為新世代吉米．康諾斯的夢想很快就煙消雲散了。

是時候尋一門新的職業了。

儘管一瞬間被打回原形，我還是立刻愛上了洛杉磯。我熱愛這地方的廣闊與無限機會，以及重新來過的機會——而且這邊天天都是華氏七十二度，比渥太華舒適多了。況且，當我發現自己無法靠網球混飯吃的時候，有人告訴我，這世上竟然有拿錢演戲這種好差事。聽到這裡，我迅速下定了決心，開始轉換跑道。這並沒有你想像中那麼離譜，因為我爸已經是演藝界的人了，而且我可以想見，自己在萬眾矚目下肯定會開心得像聖誕樹那樣放光。我在家裡受過紮實的訓練，每當情勢變得緊張，或者當我需要他人的關注時，我就會一再磨練自己道出絕妙台詞的技藝。如果表演得好，一切都安全無恙，我也能獲得關愛。我雖然是無成人陪同的未成年旅客，但當我惹人發笑時，全體觀眾——我媽、我的弟弟妹妹、穆瑞兄弟、同學們——都會為我起身鼓掌。更何況，我才剛轉到一間非常著名且學費高昂的新學校（謝囉，老爸）大概三個禮拜，就被選為高中戲劇表演的主角。各位先生、各位女士，你們沒有聽錯——本人就是桑頓・懷爾德（Thornton Wilder）戲劇作品《我們的小鎮》（*Our Town*）中的主人公，喬治・基卜斯（George Gibbs）。對我來說，演戲是再自然不過的事，我當然很樂意假扮成別人囉。

老天啊……

我爸似乎料到事情會往這個方向發展，在我加入《我們的小鎮》演員陣容後，我興沖沖地跑回家，等不及把這大好消息告訴爸爸，卻發現我的床上放了一本書——《風格表演》（*Acting with Style*）。內頁寫了一行字：

又是被消磨殆盡的一代人。愛你的，爸爸。

演戲對我來說也是一種藥物，只不過它不像酒精那樣傷身。這個時候的我有時會徹夜狂飲，隔天就越來越下不了床了。至少我不會在平日要上學時喝酒——事情還沒演變得那麼嚴重——但每個週末絕對少不了喝酒這項活動。

在踏入演藝界之前，我得先接受一般教育。

我是學校新來的加拿大男孩，皮膚蒼白、伶牙俐齒，而青少年見到外來者總是會心生好奇——我們身上有著某種異國風情，特別是帶著加拿大口音說話、列出多倫多楓葉冰球隊（Toronto Maple Leafs）全體成員時，更是能引起同儕注目。況且，我爸就是歐仕派的形象人物，同學們已經在電視上看了他好幾年，看過他打扮成上岸休假的水手（海軍藍水手外套加黑色水手帽），手裡搖晃著那個標誌性的白色瓶子，鼓勵幾個刮了鬍子的小演員：「用歐仕派打理生活！」他演的雖然不是莎劇，但也足夠知名了，而且他又高又帥又超級搞笑，還是我爸。

爸爸和我同樣愛喝酒。他每晚離開了當天的片場——或者沒去某個片場——回到家都會給自己倒上一大杯伏特加通寧，並且宣稱：「這是一整天下來最棒的一件事了。」

他所謂最棒的事情，就是手裡那杯酒。他坐在洛杉磯家中的沙發上，就坐在兒子身邊，誇他手裡那杯酒最棒。然後他又會喝上四杯，第五杯帶回床上喝。

我爸教了我不少好東西，但教我喝酒的人也是他。也難怪我最常喝的飲料是雙倍伏特加通寧，每次喝酒，腦中浮現的想法都是：**這是一整天下來最棒的一件事了。**

然而，我和爸爸之間有個巨大的差異。我爸總是能隔天清晨七點精神抖擻地下床，沖完澡擦上鬍後水（我從沒看過他用歐仕派），然後出門去銀行辦事、去見經紀人，或是去片場——他從不錯過正事，完全是高功能酗酒者的典型。我就不一樣了，我在高中時期就常常睡到起不來，我和幾個酒友也經常惹人非議。

我眼睜睜看著父親喝下六杯伏特加通寧，照常過他的高功能生活，因此我認定這是可能達到的目標。我認定自己也能過這樣的生活。然而，我的陰影與基因之中不知潛藏著什麼東西，那東西宛如躲在暗處的怪物，那是我有、我爸卻沒有的東西。整整十年過後，我們才終於看清那東西的真面目。你可以叫它「酗酒」，你可以叫它「成癮症」，愛怎麼稱呼它都隨你。我呢，我選擇稱它為「最糟糕的事」。

／

但與此同時，我也是喬治．基卜斯。

我一個新同學帶著白皮膚和加拿大口音空降在學校，同學們究竟做何感想，我已經不記得了，反正我不在乎他們對我的想法。根據小說分析網站SparkNotes的描述，基卜斯是「典型的美國男孩，他是當地棒球名人、十二年級的高中學生會長，並且具有無邪與內心纖細的特質。他是好兒子……〔但要〕喬治壓抑自己的情緒，那就十分困難，甚至不可能」。

那不就是我的寫照嗎。

家中各個角落都找得到我爸的伏特加，一天下午，我趁他和黛比外出時，喝了一大口伏特加。熱辣辣的烈酒竄下喉嚨，讓我的五臟六腑都暖了起來，我感受到先前提過的健全與安心，感覺一切都能圓滿落幕。我在渥太華的後院仰頭看著天上雲朵，滿心想著自己來到洛杉磯之後就能走在這片華氏七十二度的樂土上，我這個高中戲劇主演者如同醉酒的奧德賽（Odysseus）一般，搖搖晃晃地走在遍地是明星的洛杉磯街頭。作家克蘭西．西格爾（Clancy Sigal）為倫敦《觀察家報》（*Observer*）撰寫關於一九八四年洛杉磯奧運的報導時表示：每當他走訪這座城市，就會感覺自己「穿透了隔絕洛杉磯與痛苦現實世界的軟膜」。我也同樣來到了這座城市，同樣穿透了那層因伏特加而變得柔軟的薄膜，進入一個不存在痛苦的所在。在這裡，世界是真實的，同時卻也不真實……然而，我在轉角拐彎時，腦中轟然冒出另一串前所未有的想法——死亡、對死亡的恐懼，還有許許多多的疑問：「我們為什麼在這裡？」「這一切到底是什麼意思？」「這一切有什麼意義嗎？」「我們是怎麼來到這裡的？」「人類是什麼？」「空氣是什麼？」一大堆疑問如海潮般湧進我的大腦。

媽的，我只是拐個彎而已耶！

那一口酒、那次散步，在我內心撕開了一道至今仍未填平的溝壑。我心裡充滿了許多煩惱，我整個人都出了問題。一個個疑問像注入杯子的酒水似的，全往我頭上灌了下來。我不就只是做了和西格爾一樣的事嗎？我和一堆體操選手、短跑選手、馬、作家、演員、想成名的人、曾經走紅的人、歐仕派演員一同來到了洛杉磯，而現在呢，我腳下的大地竟然出現了無底裂隙。我站在大火坑邊緣，彷彿來到了土庫曼中部，來到卡拉庫姆沙漠的「地獄深淵」。那一口酒、一次散步，造就了我這個沉思者與尋覓者，卻不是那種朦朧美的佛教哲學——我可是如臨烈火深淵，為百思不得其解的疑問而苦，為**無成人陪同**而苦。我渴望愛，卻生怕被拋棄；我渴望刺激，卻無法好好享受刺激；還有，我的老二就是不肯上工。我眼前出現了萬民四末*，死亡、審判、天堂與地獄和我面面相覷，我還只是個十五歲的小屁孩，就和末世論來了個近距離接觸，近到都能嗅到對方嘴裡的伏特加臭了。

多年後，我父親也會在散步時找到某種真諦：他某天晚上喝得爛醉如泥，跌進了路邊的樹叢之類的。隔天早上對黛比說起這件事時，黛比說：「你真的想這樣過生活嗎？」我爸說他不想——說罷，他出門走了一圈，戒了酒，從此以後滴酒不沾。

這什麼狀況？你出門散個步，回來就直接戒酒了？我可是花了多達七百萬美元，想盡了辦法要戒酒耶。我可是去過六千次匿名戒酒會聚會耶。（這不是誇示，而是粗估。）我可是進出康復中心十五次的人耶。我可是去過精神病院，三十年來每週做兩次心理諮商，甚至走到了死亡大門前。你呢？你他媽去散個步就成功戒酒了？

好啊，我倒是可以推薦幾個「散步」的好去處。

可是我爸不會寫劇本，他不是《六人行》主演，他幫不了無助的可憐人。而且，他也不能隨手拿出七百萬美元到處花。看來人生有得必有失嘛，是不是？

這時候就要問——可以的話，我願意和他交換嗎？

＊譯註：Four Last Things，拉丁文為 quattuor novissimia，基督宗教概念，指人死後面臨的四件事：死亡、審判、天堂、地獄。

這一題還是晚點再來回答好了。

／

我看到點唱機，通常會投幾毛錢，一再重複播彼特・蓋伯瑞（Peter Gabriel）和凱特・布希（Kate Bush）的那首〈別放棄〉（Don't Give Up），偶爾穿插巴布・席格（Bob Seger）的〈大街〉（Mainstreet），或是披頭四的〈太陽出來了〉（Here Comes the Sun）。我們之所以那麼喜歡一〇一咖啡店（101 Coffee Shop），其中一個原因是他們會定期更新點唱機的歌單，而且店內有種舊時好萊塢的風情，你看到店裡的焦糖色皮革雅座，感受那種氛圍，就會覺得隨時可能會有超級名人走進來——超級名人也會想假裝自己成名前後的生活沒有變嘛，你懂的。

到了一九八六年，我差不多確信名聲能改變一切，全地球沒有人比我更渴望成名了。我需要成名，我深信只有名聲才能修補我的種種缺陷。當你住在洛杉磯，偶爾就會在路上撞見明星，或是在即興劇場（Improv）看見比利・克里斯托（Billy Crystal），或是瞥見坐在隔壁桌的尼可拉斯・凱吉（Nicolas Cage）。看到這些人，我打從心底相信他們人生中不存在任何問題——應該說，他們所有的問題都被沖洗乾淨了。他們是名人嘛。

我已經穩定試鏡一段時間了，還接到一兩份工作——其中最值得一提的，是《主管查爾斯》（*Charles in Charge*）第一季的艾德（Ed）這個角色。艾德是個衣著筆挺、一板一眼的傢伙，總是穿著彩格毛衣、繫著領帶，也總是信心滿滿地道出他那句招牌台詞：「我爸是普林斯頓人，還是外科醫師——我想走上他那條路！」但無論這個角色怎麼樣，反正我接到了演電視劇的工作，接著就開始想也不想地蹺課，蹺了課就去餐館和女孩子廝混，她們都很喜歡我的口音、我的喋喋不休、我逐漸萌芽成形的電視演員事業，還有我傾聽的好本事。多虧了從前在加拿大受過的特訓，我變得很擅長傾聽，也擅長幫助遇上難關的女性。（你如果是女的，遇上了什麼麻煩，把那些煩心事編成歌曲唱出來，那我願意一聽再聽。）所以呢，我在一眾年輕女性簇擁下坐在一〇一咖啡店裡，用笑話、壞笑與願意傾聽的耳朵博得她們歡心。走出製片場市（Studio City）的環球（Universal）片場後，我就立刻剝下《主管查爾斯》的古板衣著，換上一九八〇年代中期酷酷的青少年裝扮：牛仔外套、彩格上衣，或者是穿著奇想樂團（Kinks）T恤，準備回家聽空中補給（Air Supply）的歌。

對一個接近十六歲的青少年，特別是忙著在好萊塢廉價餐館和成群女孩子談笑風生的青少年來說，每一天都顯得無比悠長，彷彿無止無盡。我那天想必狀況很好吧，在我對女孩子說說笑笑之時，一個中年男人經過我們的雅座，將一張餐巾紙放到我面前的桌上，便逕自走出餐館。原本聊得很開心的女孩們頓時靜了下來，我看著那個男人離去的背影，然後做了個日後會成為錢德招牌表情的恍然大悟貌，惹得女孩們又笑了起來。

「快看看他寫了什麼啊！」其中一名女孩說。

我小心翼翼地拿起那張餐巾紙，一副上頭沾滿了毒藥的樣子，然後緩緩攤開紙巾。上頭是一段字形細瘦的留言：

我希望你參演我的下一部電影。請撥電話到這支號碼……威廉．理徹特（William Richert）。

「上面寫什麼啊？」另一名女孩問道。

「它寫著：『你還能再更帥、更優秀嗎？』」我正經八百地說。

「最好是啦！」第一個女孩說。「怎麼可能！」

她打死不信的語調，還有我一句「好喔，真的很謝謝妳喔」又惹得眾人一陣嘻笑。但是，笑聲消散後，我說道：「上面寫說：『我希望你參演我的下一部電影。請撥電話到我這支號碼。威廉．理徹特。』」

一個女孩說：「聽起來絕對不是詐騙呢……」

「是吧？」我說。「這部片是不是要在沒窗戶的廂型車裡拍攝啊。」

當晚回家後，我問了我爸的想法。那時他開始喝第三杯伏特加通寧了——表示他腦子裡還有一些些條理，給得出實用的建議。到了這個時間點，我爸看著我的演藝事業逐漸發展起來，內心開始感到那麼點焦躁了。他不是嫉妒我，但他心裡很清楚，我比他年輕，各種機會會主動找上我，只要我做正確的選擇，未來可能會開拓出比他更成功的一條路。話雖如此，他從未表現出支持以外的情緒，這也不是什麼「霹靂上校」（Great Santini）類型的故事。我爸在我心目中是大英雄，他也以我為傲。

「這個啊，馬蒂，」他說道，「打個電話也無妨吧。」

但我心裡很清楚，無論爸爸怎麼說，我最終都會撥那支號碼的。早在最初攤開那張餐巾紙時，我就知道自己一定會打給那個人了。這裡畢竟是好萊塢——好萊塢不就是這樣運作的嗎？

／

結果呢，威廉・理徹特並不打算在可疑的廂型車裡拍片。

那天在一〇一咖啡店裡，理徹特默默觀察我為女孩們上演的「馬修・派瑞秀」，打定了主意要邀我去跟他拍電影，電影改編自他寫的小說《熱夜狂歡》（*A Night in the Life of Jimmy Reardon*）。原著小說和電影的背景都設定在一九六〇年代早期的芝加哥，主角吉米・李爾登（Jimmy Reardon）是個被迫就讀商學院的青少年，但他的夢想其實是賺錢買一張飛往夏威夷的機票，因為他女友就住在夏威夷。我飾演的角色是李爾登的好朋友弗瑞德・羅伯茲（Fred Roberts），弗瑞德和《主管查爾斯》裡的艾德一樣家境富裕、有點勢利，並且罹患了慢性處男症。（這部分我非常可以感同身受。）我再次拋開了富家子弟的學院風形象，這位弗瑞德的服裝包括灰色毛氈鴨舌帽、皮外套、正裝襯衫、領帶，喔對了，還有黑色皮手套。電影裡，李爾登這個角色會和我女朋友上床，不過沒關係，因為飾演李爾登的演員真的很了不起，要是你女朋友和他劈腿，你應該會覺得很榮幸。

世界上總是有一些超前時代的天才，名單實在太長了，這邊就不跟你贅述——簡而言之，這張名單前幾名一定會出現《熱夜狂歡》的另一位主演：瑞凡．費尼克斯（River Phoenix）。我還是第一次演電影，我也知道如果這部片非常賣座，我的生平故事必然會變得精采許多。但這裡的重點不是電影賣不賣座，而是我學到了拍電影的技巧，也認識了各方各面都堪稱絕美的瑞凡。那傢伙周身籠罩著某種氣場，你和他相處就會覺得非常自在，甚至忘了要嫉妒他。當時《站在我這邊》（*Stand by Me*）才剛上映——他在那部電影的表現實在是**無可挑剔**——每當你走進他所在的房間，他耀眼的魅力便會讓你瞬間黯然失色，成為房裡的家具。

《熱夜狂歡》要在芝加哥拍攝，所以才剛滿十七歲的我出發前往風城（Windy City），身邊沒有家長，什麼都沒有。我再度成為無成人陪同的未成年旅客，不過這回感覺很自由，我感覺自己生來就該這樣旅行，這輩子還是頭一次感到如此興奮。我去芝加哥，拍了這部電影，而且還是和瑞凡．費尼克斯拍對手戲——這段過程中，我深深愛上了演戲，甚至在魔幻的拍片期間和瑞凡成了好友。我們兩個結伴到北拉許街

（North Rush Street）喝啤酒、打撞球（那時《金錢本色》〔*The Color of Money*〕才剛上映，撞球成了最流行的消遣）。我們每天都會拿到一筆零用錢；我們到處找女孩子調情，但是我就也只能走到調情這一步了，因為……嗯，你知道的。

瑞凡不論內外都是風華絕代的美男子——唉，果然藍顏薄命啊。作為演員，瑞凡比我優秀得多，我則比他幽默一些，但在拍對手戲時，我並沒有被他的光環蓋過——過了這幾十年，回想起當時拍戲的情景，我覺得自己其實滿厲害的。更重要的是，瑞凡看世界的眼光和我們其餘人不同，他也因此令人好奇、富有魅力，而且美得不可方物，但不是蓋璞（Gap）服飾廣告的那種美（好啦，其實這種美他也具備），而是一種「世界獨一無二」的美。更何況，他當時可是在成名路上扶搖直上，卻還是平易近人。

總之，在這魔法般不可思議的環境中，我和瑞凡．費尼克斯竟然成功合拍了一部電影。

瑞凡在日後表示，他對自己在《熱夜狂歡》中的表現不太滿意，並主張自己並不適合那個角色。可是在我眼中，要他演什麼角色都沒問題，什麼事情都難不倒他。還記得以前看過他演的電影《神鬼尖兵》（*Sneakers*）——他可是做了好多新奇的選擇，換作是其他演員肯定不會這麼演。即使和勞勃．瑞福（Robert Redford）、優秀的薛尼．鮑迪（Sidney Poitier）等巨星同框，他也能夠發光發熱。（你如果沒看過那部電影，那趕快去看——它的娛樂效果非常棒。）

我們那年拍的電影最終票房極差，但這不重要，因為我們經歷了美麗又魔幻的一段旅程，即使只是北拉許街與天寒地凍的芝加哥，那也足夠美妙了。那絕對是我此生最棒的一段經歷——這我自己也很清楚。我這部分的工作大概三個禮拜就完成了，不過他們（其實應該是瑞凡）很喜歡我，所以讓我在片場一路待到殺青。這世上沒有比這更棒的體驗了。

一天夜裡，我獨自待在特雷蒙飯店（Tremont Hotel）小小的房間裡，眼見美好時光即將落幕，我跪了下來，對宇宙說道：「你千萬別忘記這一切。」

我一直沒忘。

儘管如此，魔法終有解除的一天，你看似填滿的空洞似乎馬上又空了。（就像打地鼠一樣。）也許是因為我一直試圖以物質世界的東西，強行去填補精神世界的空洞吧……這我實在不曉得。無論如何，到了拍片的最後一天，我坐在芝加哥那間旅館房間的床上，不禁哭了起來。我哭了又哭，因為我心知肚明：再也不可能經歷這樣的時光了——我再也不可能回到第一次拍片的片場，來到離家很遠的城市，自由自在地和女生談情說愛、喝酒，還有和瑞凡．費尼克斯這麼傑出的青年朝夕相處了。

七年後，一九九三年的萬聖節，瑞凡在西好萊塢的毒蛇屋夜店（Viper Room）門口死去時，我再次痛哭失聲。（我在自己的公寓裡聽見尖叫聲，默默回床上睡覺，一覺醒來就收到了噩耗。）他走後，對於濫用藥物這個議題，他媽媽寫道：「（瑞凡）這一代人的心靈逐漸被損耗殆盡了。」那時的我夜夜飲酒，卻還得過好幾年才能真正明白她這句話的意思。

《熱夜狂歡》進入後製階段後，我從芝加哥搭飛機回洛杉磯，回到了地球，也就是高中。我還是頻繁參加試鏡，但一直沒遇到好的工作機會，主要都是做些喜劇演出，到處去客串。我的學業成績還是很差勁，畢業時的平均GPA剛剛好是二．〇。高中畢業時，我唯一的心願就是爸媽同時參加我的畢業典禮，他們也都很配合地出席了。典禮結束後，我們共進一頓尷尬得要命的晚餐，由此可見他們兩人一起生的孩子雖然平時都是在場最搞笑的人，卻命中注定要過得很不自在。然而，那天吃晚餐時，我僅僅是第三搞笑，也僅僅是第三養眼的人。至少我童年的夢想算是成真了，儘管只有一晚，他們兩個還是團圓了——團圓歸團圓，飯桌上還是不時會出現彆扭的沉默，兩人還會你一句、我一句地互嗆，彷彿輪流吸著命運的憤怒大麻。

爸媽願意和我一起吃晚餐，我非常感激——他們完全不必這麼做，這也完全是他們善意的表現。我沒料到的是，和他們共進晚餐時，我赫然意識到一件事：他們分開是對的。他們本就不適合，分手才是正確的選擇。分手以後，他們各自找到了命中注定的伴侶，我也為他們高興。小馬蒂不再需要許願，不再需要爸媽復合了。

爸媽下一次同時出現在同一個房間，會是數十年以後的事了。那又將是和畢業典禮迥然不同的情境。

／

接了演戲工作、充分發揮靈光的腦袋和嘴皮子、結識瑞凡，還有穿上牛仔外套與彩格襯衫後，我交了個貌美如花的女朋友，她名叫翠莎．費雪（Tricia Fisher）。（艾迪．費雪〔Eddie Fisher〕和康妮．史蒂文斯〔Connie Stevens〕的女兒——沒錯，她是嘉莉．費雪〔Carrie Fisher〕同父異母的妹妹。這個女孩子對魅力一點也不陌生。）

她的姓名唸起來還真好聽，光是這一點就令我著迷，更何況我這時已經十八歲了，我相當確定自己全身上下的功能都沒問題，只有其他人類也在場時除外。「不舉」被我當成不可告人的大祕密藏在心底，我天天背負著醜惡的祕密過活。隨著我和翠莎．費雪的感情加深，我們自然開始考慮肢體上的親密行為，這時我卻像虔誠的天主教徒那樣，鏗鏘有力地宣布要再等等——順帶一提，天底下沒幾個十八歲男性說得出這種話來，這種話他們也不該說。翠莎．費雪自然對我的宣言感到好奇，她問我為什麼，我就開始扯些「承諾」、「未來」、「地球現在的狀態」、「我的前途」之類的鬼話，反正打死都不肯告訴她，在該上陣時，我會變得比一〇一咖啡店的焦糖色雅座沙發還要軟。我還得想方設法避免這所謂「該上陣」的狀況，否則祕密就要曝光了。

我這份強硬……的態度，這份非得再等一下的堅持，維持了兩個月。但後來河川還是潰堤了，沒有終點的親熱行為令我們雙方喘不過氣來。翠莎．費雪下定了決心。

「馬蒂，」她說，「我受夠了。我們來吧。」

西木區那間小小的套房公寓裡，她牽起我的手，把我拉到我的床上。

我驚懼萬分，同時卻也興奮不已，同時內心還迴響著恐懼所致的自我對話：

說不定這一次，對方是我深深在乎的人，以前那種無能的狀況就會溶解消失了……

溶解消失啊——這個詞不吉利。

我是不是該先來一杯猛一點的飲料？兄弟啊，你的問題不就是「猛」這部分嗎？

說不定事情沒有我想像中那麼費力。你不想費力？馬蒂，你別再詛咒自己了……

這段對話還來不及演變成狗血劇，翠莎就已經把我們全身上下的衣物都扒光，拉著我滾上床了。我深刻地記得，做愛的「小丘陵」階段完全是極致的快樂，但我像個新手登山客，擔心自己在越過不知哪一片營地後，給我再多的氧氣我也無法爬得更高了。事實證明，我的確該擔心。該怎麼說呢？——我就是沒辦法讓那根東西乖乖幹活。我想了各種方法，強逼著昏昏沉沉的腦子想一些複雜又色情的畫面，只希望能找到任何一個有效的想法——**只要一個就好了！**——只要找到一個有效的想法，我就能對未來的快樂產生「堅硬」的「承諾」了。可惜沒有效，我想什麼都沒用。我再次感到驚恐萬分，脫離翠莎·費雪憐愛的臂彎，拖著瘦巴巴的裸體默默走到公寓另一邊，在一張椅子上坐了下來。（我真的很慘，感覺可以從中折成兩半。）我軟趴趴地坐在那邊，難過得要命，雙手捧著空氣放在大腿上，樣子有點像認真進行晚禱的修女。我竭盡全力掩飾自己的不堪，可能還努力掩飾了一兩滴眼淚。

翠莎．費雪又受夠了。

「馬蒂！」她說。「這到底是怎麼回事？你覺得我不夠吸引人嗎？」

「不是不是，我當然覺得妳很吸引人！」我說。生理上的問題就已經夠可悲了，但更慘的是，被拋棄的感覺悄悄從窗戶溜了進來，逐漸升溫。要是翠莎離我而去怎麼辦？要是我不夠好，從小到大都不夠好，那怎麼辦？我是不是注定要再次成為無人陪同的可憐蟲？

我走投無路了。我真的很喜歡她，我真的很想相信愛情能成為我的救贖。

我只剩最後一個選項，這下不得不把實情告訴她了。

「翠莎，」我說，「以前在渥太華的時候，我想到要跟女孩子親密接觸就緊張得要死要活，喝了六罐啤酒……」我把事情鉅細靡遺地說了出來，令人羞愧難當的故事全都說給翠莎聽。最後，我承認自己不舉，永遠都會不舉，我沒救了，沒用了，我對她的慾望永遠無法具體表現出來，永遠配不上「慾望」之名。但我也生怕她真的對我棄之不顧，所以我一再強調，如果有任何挽留她的方法，她可以儘管說出來，諸如此類，總之我像春天的小河似地滔滔說個不停。

翠莎．費雪還真是個大好人，她任由我語無倫次地嘮叨了老半天。我竭力想說服她，她長得多美——她真的好美——都無法改變既定的事實，我這輩子是注定要一再重複渥太華那一夜的糗事了。

說了好一段時間過後，我漸漸安靜下來，深深呼吸。翠莎非常鎮定、非常簡潔地說：「跟我來。那種事再也不會發生了。」

說完，她走到我身邊，拉起我的手，領著我回到床前，讓我躺下來，然後果不其然……整整兩分鐘的美妙狂喜！當晚，在宇宙奇蹟的作用下，在我配不上的美麗少女的努力下，我終於先是遺落、接著完全擺脫了處男身分。自此之後，就如她對我的那句承諾，我再也沒有不舉的問題了。我全身上下——至少物理上——都功能正常。

那麼，派瑞先生，這個女人以意義深重的方式救了你的小命，對你恩重如山，你又是如何報答她的呢？

親愛的讀者，我報答翠莎的方法，就是和南加州幾乎所有女人滾上床。

（其中一次，我和另一名十八歲女性約會，晚餐才吃到一半，對方就停下來說：

「我們回你家上床吧。」

對當時的我而言，上床還是件新奇的事，所以我馬上就同意了。我們回到我的公寓，就在進門那一刻，她忽然阻止了我，說道：「等等等等！我做不到！你帶我回家。」

我當然乖乖送她回家了。

到隔天我還對此耿耿於懷，既然已經在諮商了，我乾脆把故事分享給心理諮商師聽。

「我跟你說一個故事，你聽了應該會有幫助。」他說。「當一個女人來你家，如果她脫了鞋，就表示你等等有得玩了。如果她沒脫鞋，那就表示你沒戲了。」

那時我才十八歲，現在我五十二歲了，我可以告訴你，那位諮商師百分之百說對了。有幾次我偷偷作弊，故意擺一雙鞋在門邊，暗示訪客在這裡脫鞋。然而，我每一次帶女人回家，都只印證了諮商師的見解——如果女人沒脫鞋，那我頂多也只能親親抱抱而已。）

多年後，在《六人行》的人氣達到巔峰那段時日，我和翠莎又交往了一陣子。她沒有棄我而去，但從以前就藏在我內心的恐懼再度冒了出來，最後是我主動結束那段關係。我只希望自己能真正感受到她對我的不離不棄，只希望自己能真心相信她對我的感情，也許這麼一來，一切都會好得多。也許這麼一來，伏特加通寧就不會是我最愛喝的飲料了。

也許這麼一來，一切都會變得不同了。但也可能沒有任何改變。

可是，我想謝謝翠莎，還有她之後的多位女友。我離開了好多好多女人，原因單純是因為我怕她們會先離我而去——對這些女性，我致上由衷的歉意。我現在知道了，如果我當初也明白這些道理，那該有多好……

Interlude

Friends, Lovers, and the Big Terrible Thing

插曲／瘋子馬修Matman

「我要把絕妙計畫告訴你了，」我說，「準備好了沒？」

亞當（Adam）說：「好啊！說來聽聽！」

我長長吸了一口萬寶路，把電話緊緊貼在臉頰上，長長呼出滿腔的焦油、尼古丁與沉痛，然後開始推銷自己的計畫。

「好喔。」我說。「故事主角是個男的，這傢伙你認得，他名叫馬特（Matt），大概五十歲，幾年前出演熱門電視節目的時候走紅了。可是現在啊，在電影開始的時候，我們看到男主角，發現他頂著啤酒肚——他的公寓裡到處是堆積如山的空披薩盒，像《第三類接觸》（*Close Encounters of the Third Kind*）的圖騰柱一樣，堆成一疊一疊的。你應該知道我在說什麼吧？就是他們用馬鈴薯泥做的那根柱子……總之，主角的生活有點亂七八糟的，他很迷惘。然後有一天，某個遠親突然去世，留了二十億美元遺產給他，他用這筆錢成為超級英雄。」

「我喜歡！」亞當說。

他又說道：「你真的繼承二十億了喔？」

亞當這傢伙還真搞笑。

「不是，不是啦！」我說。「是故事主角繼承了這筆錢。你聽我說了這麼多，有沒有什麼靈感啊？有的話，我們下一步怎麼走？你說了算。」

「哪裡是我說了算啊。」亞當說，但我們彼此都心知肚明，當然是他說了算。他這份謙遜自然是令人欽佩，可是在好萊塢，謙遜可是連一聲「幹」都換不來。

「你說什麼啊？」我說。「當然是你說的算了……」

人家可是亞當．麥凱（Adam McKay），導演了《銀幕大角頭》（*Anchorman*）、《爛兄爛弟》（*Step Brothers*）和另外好幾部大片的傢伙。我們聊天那陣子，他正在拍《千萬別抬頭》（*Don't Look Up*），就是有巨型小行星即將撞地球的那部片——你不會沒聽過吧，就是明星陣容那一部，李奧納多・狄卡皮歐（Leonardo DiCaprio）、珍妮佛・勞倫斯（Jennifer Lawrence）、提摩西・夏勒梅（Timothée Chalamet）、馬克・勞倫斯（Mark Rylance）、凱特・布蘭琪（Cate Blanchett）、泰勒・派瑞（Tyler Perry）、喬納・希爾（Jonah Hill），甚至還有亞莉安娜・格蘭德（Ariana Grande），還有梅莉・史翠普呢。

我原本也要演《千萬別抬頭》，雖然已經安排好要住進瑞士的康復中心了，我還是去波士頓把我那部分的戲拍完。在波士頓時，我對亞當提議加一句台詞，他聽了非常喜歡，那句台詞就成了整場戲的重點，令我好生得意（但他後來沒用上那場戲——唉，世上總會發生一些鳥事，沒什麼大不了的）。重點是，我和亞當・麥凱相處得很愉快，他現在聽了我提出的計畫，跟我說他很喜歡。

那時我因為傷疤組織和先後兩次手術的緣故疼痛難耐，所以需要止痛的藥物，可是一旦用了這些藥，我當然就會對它們成癮，對自己的器官造成更多傷害……當我感覺好一些些時，亞當打電話給我，我心情也就好了許多。我們只是在閒聊而已，不過好萊塢可沒有單純閒聊這回事，所以我開始動腦筋了——他為什麼打給我呢？見他一直沒有要講重點的意思，我抓緊機會把自己的想法推銷給他。

「所以呢，你說了算先生，」我無視他做做樣子的謙遜，接著說，「你覺得怎麼樣？」

不知道你有沒有過這種經驗：對話中出現斷點，事後回想起來，你只希望那段沉默能永遠延續下去，這樣你就不必把後半段對話聽完了。

「你好像把我當成別人了。」「亞當」說。

「什麼？那不然你是誰？」我說。

「我是亞當．麥林（Adam McLean），我們六年前見過面。我是賣電腦的。」

你要是看過《千萬別抬頭》，就知道在電影結局……嗯，這樣說吧，當我發現對方是亞當．麥林，而不是亞當．麥凱時，一顆幹他媽的巨無霸小行星直接砸在了我的腦袋上。

我已經不是第一次幹這種蠢事了。好幾年前，布魯斯．威利作為《靈異第六感》（*The Sixth Sense*）主演之一，拿下全美民選獎（People's Choice）最佳男演員，請我幫他頒獎。那晚，我在後台遇到海利．喬．奧斯蒙（Haley Joel Osment）和奈．沙馬蘭

（M. Night Shyamalan），和他們兩人聊了十分鐘左右。

六個月後，我和幾個朋友在日落侯爵飯店（Sunset Marquis Hotel）喝酒，竟見奈・沙馬蘭走來。

「嗨，馬修，」他說，「好久不見！我可以跟你們坐嗎？」

他可以跟我們坐嗎？拜託，他可是不久前因《靈異第六感》而備受關注的大編劇、大導演，堪稱新一代的史蒂芬・史匹柏（Steven Spielberg），當然可以跟我們坐了！我已經喝了幾杯，心情很不錯（在這個時期，我光喝酒就能滿足了）。

我那幾個朋友陸陸續續先離開了，在場只剩我和奈邊喝邊聊。我記得自己暗暗注意到，我們兩個絲毫沒聊到演藝工作，只談到了愛情、傷痛、女孩子、洛杉磯，總之就是一般人在酒吧會聊的那些話題。他似乎也聊得很開心——聽了我這些白痴笑話，他都捧場地大笑——我心裡萌生一個念頭：哇，這傢伙挺喜歡我的耶！他一定是《六人行》的超級粉絲，不管我說什麼，他好像都聚精會神盯著我。

我平常都不幹這種事——這種想法已經讓我受傷太多次了——可是我聊著聊著，

腦中不由自主地冒出不可思議的幻想，想著自己從此一路亨通了。他告訴我，城裡開了一間新的酒吧，我要不要和他一起去。我要不要和他一起去？幹，他可是奈・沙馬蘭耶！我當然要去了。

我們去停車場取車，我跟著他的車開到了城市另一頭的新酒吧，一路上都確信自己將成為他下一部巨片的主演——嗯，他很快就會再拍一部曲折離奇、劇情精妙的新片，而令人驚奇的結局必定是我！

我的腦子開始連連翻筋斗。這到底是什麼狀況，我自己也說不上來——他感覺就很愛我，很愛我的作品，我也醉得認定今晚會是我人生的轉捩點。我們在新開的酒吧坐了下來，這時我已經感到足夠自在（就是足夠醉的意思），便開口提議我們下次一起幹轟轟烈烈的事業。忽然間，對方臉上蒙上一絲古怪，我記得自己馬上就為脫口而出的話後悔了。奈離座去洗手間，他不在時，我的一個熟人走過來，問我今晚還好嗎。

我說：「我告訴你，我這一整晚都在和奈・沙馬蘭喝酒，那傢伙愛死我了。」我朋友聽了很是欽佩……直到奈從洗手間回到座位上為止。

「馬蒂，」朋友仔細端詳著奈，對我說道，「跟我來一下，我有話要跟你說。」

情況真他媽詭異，但只要黃湯下肚之後，什麼事情都解釋得通，於是我暫時離開了和奈共度的奇妙夜晚。

「馬蒂，」朋友悄聲說，「那個人不是奈．沙馬蘭。」

聽到這句驚世發言，我試圖聚焦被伏特加熏得無法專注的雙眼，在昏暗的酒吧中瞇眼盯著那位沙馬蘭先生。

一點。

也。

不像。

原來，「奈」就是個長得有那麼一點點像奈．沙馬蘭的印度男人（會不會是「賴」．沙馬蘭呢？），他實際上是洛杉磯比佛利山高級中餐廳Mr. Chow的服務生領班，我以前經常光顧那間時髦的餐廳……但後來我不再去那邊吃飯了。為什麼呢？因為我對他們家領班說過要一起幹轟轟烈烈的事業。**在他眼裡，這不知是多麼狂野的一晚呢？**我暗想。

Chapter 3

Baggage

包袱

我的生活就像永無止境的《今天暫時停止》（*Groundhog Day*），也難怪它會成為我最愛的一部電影。

每天晚間，我都和朋友們光顧西好萊塢聖莫尼卡大道的福爾摩沙咖啡廳（Formosa Café）。咖啡廳的吧檯上方有兩張告示牌，一張貼在所有的大頭照下面，寫的是「**明星御用餐廳**」，另一張告示則寫著「**紅白酒按杯計價**」。然而，我們並不是按杯喝酒——我們喝的是一品脫一品脫、一夸脫一夸脫、一加侖一加侖……而且我們喝的也不是紅白酒，而是伏特加。

這裡的「我們」，指的是漢克．阿扎里亞（Hank Azaria）、大衛．普萊斯曼（David Pressman）、克雷格．比爾科（Craig Bierko），還有我，我們自己組成了縮小版的鼠黨（Rat Pack）。

我最先認識的是漢克，當時我十六歲，我們在CBS（哥倫比亞廣播公司）的片場試鏡，那是由艾倫．格林尼（Ellen Greene，就是演過《異形奇花》〔*Little Shop of Horrors*〕的那位）飾演女主角的電視劇試播集。我和漢克都入選了，他在試播集中演的是我叔叔。我們兩人一拍即合，後來我搬出去自己住，就是搬進他住的那一棟公寓，入住一間獨立套房。漢克本就是個極其搞笑的傢伙，我剛認識他時，他就已經接了一大堆配音工作，日後他也會因此暴富。不過在這一切的開頭，我們都滿腦子想著要成名，反正就是成名、成名、成名。還有女孩子。喔對，還要成名。我們只在乎成名這件事——為什麼呢？因為，至少在我的想像中，成名以後，我內心那個無盡成長的巨大坑洞就能填平了。

可是在成名之前，我只能不停地把酒精往那個坑洞裡灌。

我沒日沒夜地喝酒，大學那幾年都是在福爾摩沙咖啡廳喝酒度日，喝酒學科的GPA是四．〇，還加入了酒精Beta Kappa兄弟會。對酒精的愛已然成為我人生的舵手，我卻遲遲沒發現酒精對我的控制，直到我和當時的女友外出的某一晚。我那時的女友名叫嘉碧（Gaby），她後來會成為《副人之仁》（*Veep*）編劇之一，另外達成許許多多的成就，也會成為伴我一生的朋友。但是在那一晚，我和她還有一群朋友去環球市（Universal City）看魔術表演，我記得自己點了某種滿滿都是酒精的特調，啜著飲料看魔術師從帽子裡變出兔子之類的。後來我們看他從袖子裡拉出好幾條絲巾，總覺得這場表演沒完沒了，於是大家一起轉移陣地，去了嘉碧的公寓。嘉碧家裡沒有酒，這當然也沒有問題，不過二十一歲的我見狀，心底悄悄冒出一種奇怪的感受。我感覺自己渾身的血液似乎都燒了起來，恨不得多喝一點；我真的真的很想再喝一杯，腦子裡只剩下喝酒這一個念頭。

那晚，我首次感受到了對酒精的**執著**。我注意到，其他人看到嘉碧家沒有酒可以喝，似乎都毫不在乎——而我呢，我卻感到一股排山倒海的拉力，自己彷彿化成了好幾片碎鐵，被強力磁鐵吸了過去。面對這種感覺，面對若無其事的其他人，我頓時慌了。所以，我決定當晚不去找更多酒喝……可是我不喝酒，躺上了床卻輾轉難眠，渾身不對勁，彷彿迷失了方向。我坐立難安、脾氣暴躁，總覺得沒有任何一件事讓我滿意，直到旭日終於東昇為止。

我到底怎麼了？我出了什麼問題？為什麼那一晚，全場只有我恨不得再喝一杯？

我沒辦法把這件事告訴任何人，因為連我自己也搞不清楚狀況。過去很多年，我一直守著自己喝酒的祕密——至少，別人都不清楚我喝得有多凶。以前絕對沒有人知情，我就只是個大學生年紀的年輕人，把本該用來讀大學的歲月用來喝酒、找女人，還有逗男性朋友和女人發笑。哪有什麼祕密可言？

但其他人有所不知，我獨處時也會喝酒——這個祕密一直被我藏在心裡。我獨飲時喝多少，完全取決於那一年的狀況，起初可能沒喝太多，後來越喝越多，最後乾脆一個人買那種有把手的派對用酒瓶——我自己兩天就喝光了。話雖如此，但在看魔術表演的那一晚，我還是嚇壞了。這是怎麼回事？我這輩子還是第一次體驗到那種感覺。我怎麼他媽的腦袋一片空白，除了酒以外什麼都沒想？這時候你如果在酒吧，就會直接點下一杯……但如果是三更半夜，你應該不會毫無睡意地躺在床上，滿心希望自己手裡拿著一杯酒吧？這可是全新的感受，感覺很不一樣，也非常恐怖。這是個祕密。

十年後，我在《匿名戒酒會大書》（*Big Book of Alcoholics Anonymous*）中讀到這段文字：「酗酒之人認為自己正試圖逃避，但實際上，他們是在嘗試克服某種他們並不知道自身已然罹患的心理疾病。」

原來如此！——原來有人懂我。閱讀那段文字時，我感到又喜又悲，因為這表示我並不孤單——世上還有和我抱持相同想法的人——但這也表示我是酗酒之人，下半輩子得下功夫一天一天戒酒了。

我是不是再也沒得玩樂了？

／

我到底喜不喜歡人類呢？我自己也答不上來。

人都有需求，他們會撒謊、欺詐、偷竊，甚至想跟你談論他們自己的事。酒精之所以是我最好的朋友，是因為它從沒想過要和我討論它自己的事，它就是默默待在那邊，像隻安安靜靜窩在我腳邊的啞巴狗，抬頭盯著我，隨時願意跟我出門散步。它帶走了好多好多的痛苦，其中一份痛苦是，我獨處時感到孤獨，和人類相處時還是感到孤獨。酒精能讓電影變得好看，讓歌曲變得好聽，還能讓我變好。它能讓我對周遭環境感到自在，不會滿心希望自己身在其他地方——去哪我都不在乎，反正可以遠離當下的環境就行。它能讓我心滿意足地和眼前的女人相處，而不是時時想著：我要是跟別人交往，生活會不會比現在好一些？它能消除我身為家中局外人的感覺。它能短暫拆除我周圍的壁壘，只有一道障壁除外。它能幫助我控制住自己的情緒，進而控制住我的世界。它就像朋友，時時在一旁陪伴我，我確信自己少了它，肯定會發瘋。

我告訴你，這點可是千真萬確——要是沒有它，我一定早就瘋了。

它讓我想要成為全然不同的一個人。你要我放棄它，我會覺得這是不可能的任務。你要我學著拋下它，在沒有它的情況下過活，那就等同於要求一個人不要呼吸，照常過他或她的日常生活。為此，我必須由衷感謝酒精，是它終於把我打磨成了通情達理的狀態。

根據麥爾坎．葛拉威爾（Malcolm Gladwell）的說法，你只要花一萬個小時做一件事情，就可以成為專家。如此說來，我其實是兩個領域的專家：一九八〇年代的網球，還有喝酒。這兩者之中，只有一樣足夠重要，足以拯救人命。

你猜猜看，是哪一樣呢？

當我想和人相處，也希望自己在人群中能感到稍微不孤單一些，那我會選擇和漢克．阿扎里亞、大衛．普萊斯曼，還有後來的克雷格．比爾科消磨時光。

說來奇怪，我曾在《飛越比佛利》（*Beverly Hills, 90210*）飾演一個姓阿扎里安的角色。那部劇的第一季一共有二十二集，我在第十九集客串演出，當時《飛越比佛利》還未達到主流文化現象的地位，但對我而言也是天大的好機會。我作為羅傑・阿扎里安（Roger Azarian）粉墨登場，他是比佛利山高中的明星網球選手，父親則是野心勃勃、態度冷淡的生意人。我出演的那一集，包含青少年憂鬱症、自殺與學習障礙等元素，由此可見這部劇雖是刻劃上流社會人物的生活，卻願意探討一些真實又黑暗的議題。

那一集的標題取自T・S・艾略特（T. S. Eliot）的一首詩（〈四月是最殘酷的月份〉）——竟然是T・S・艾略特，很不可思議吧——一開頭是我猛力打網球的畫面，只見我在鏡頭前展示曾經登上加拿大全國排行榜的體能、勇猛迅捷的正手拍、必勝的凶狠反拍，巴不得讓所有觀眾知道我真的會打網球。我甚至拿了一把比約恩・伯格（Björn Borg）風格的老式木製Donnay網球拍，頭部非常小的那種，結果在拍那場戲時我用力過猛，竟然把球拍打壞了。飾演布蘭登・沃爾什（Brandon Walsh）的傑森・普雷斯利（Jason Priestley）注意到我幾乎沒藏住的怒火，問我一個禮拜打爛多少支球拍。在那戲如人生的一刻，我回答：「那要看情況，看我把球當成誰的臉在打。」

即使在演電視劇，即使在扮演虛構角色時，我也逃不過樓梯。拍到那一集的結尾，我拿了份腳本給布蘭登看，喝得酩酊大醉，舉槍對著自己的臉，最後被關進精神病房——只有拿槍的部分是在演戲，其他都是方法演技。

當時的我還不到二十二歲，已經當了幾年的客串演員，到處去別人的影集客串一下。

重點是，我有在工作。我突破瓶頸的一大良機，就是電視劇《第二次機會》（*Second Chance*），不過我入選的好心情都被另一個人沒有入選的陰影蓋過去了。

時至今日，我還是很喜歡《第二次機會》的故事：四十歲的查爾斯．羅素（Charles Russell）在氣墊船意外中喪生（嗯，這種情況真的很常見耶），去了聖彼得（Saint Peter）的辦公室。接受審判時，如果金光照在他身上，他就會上天堂；如果照在他身上的是紅光，他就會下地獄——但如果你像羅素先生一樣被藍光照耀，那你就是所謂的「藍光魂」（Blue Lighter），意思是祂們不知道該如何判決。於是，聖彼得決定送他回地球，讓他和十五歲的自己見面，引導自己做更好的選擇、過更好的人生。如此一來，他會成為更好的人，當他再次在四十歲時搭上氣墊船，再次死亡，照在他身上的光就會從「我們不曉得要拿你怎麼辦」的藍色，變成「很棒，歡迎光臨永恆天堂」的金色。這部劇是不是很適合父子檔來演啊？我和父親都參加試鏡了，結果災難降臨——他們看到我作為藍光魂的兒子的表現，給了我綠燈；而我爸呢，他什麼燈都沒有。

「他們要你，不要我。」聽到消息時，爸爸說道。我大概是對他投了個難以解讀的眼神——畢竟他雖然沒選上，我可是拿到了大角色，所以我臉上應該混雜了對他的悲傷，還有對我自己的得意——以致他又說：「你要我重複一遍嗎？他們要你，不要我。」

姑且不論父親受傷的心靈，我這是第一次作為主要角色參演電視劇，年僅十七歲就可以每週賺進五千美元。我為此志得意滿，我覺得自己好得呱呱叫，當時大家也覺得《第二次機會》「好」得呱呱叫，那一季有評分的九十三部劇當中，它排第九十三名。《第二次機會》前十三集過後，最後九集都不見聖彼得啊、藍光魂啊那些劇情，只剩下我和朋友們的各種冒險。所以說，這部劇在九十三部劇中持續墊底也不重要——重點是，上頭有個大人物很喜歡我，願意讓整部劇圍繞著我發展，而我的自尊心因此無限膨脹了起來。我日後的成功，很可能就是拜此所賜。

面對這些新聞，我爸選擇每次拍片都缺席，只有最後一次來旁觀。他這麼做，可能也有他自己的道理啦。

總之，我後來又拿下許多客串演出的機會，兩年後再度作為主要角色參演電視劇。這部劇名叫《雪梨》（*Sydney*），主演是凡萊麗．柏帝內（Valerie Bertinelli），主要講述凡萊麗作為私家偵探（！）的大大小小冒險故事，我則是飾演她伶牙俐齒的弟弟——那十三集大概就是這樣了（半季過後，《雪梨》就被腰斬了）。儘管它沒能引起觀眾的共鳴，我還是永遠忘不了《雪梨》，特別是其中兩個部分。

第一，凡萊麗在劇中的律師兼戀愛對象，是由一個名叫克雷格．比爾科的演員飾演的——我在片場和克雷格見面後，幾乎馬上就打電話告訴漢克．阿扎里亞：「他說話的方式跟我們一樣耶！」這是我對人的最高評價。但我還沒機會真正見識到克雷格的幽默，《雪梨》片場上就發生了第二件大事——拍片期間，我瘋狂愛上了凡萊麗．柏帝內。凡萊麗很明顯婚姻不順遂，這時全球最搞笑的兩個男人成天把她捧在手心、對她獻殷勤，她也很明顯樂在其中。

凡萊麗．柏帝內——想當初，這六個字可是能令我靈魂的每一個角落泛起漣漪，還有一些其他部分也會產生某種反應。

一九九〇年代早期，沒有人比凡萊麗更引人注目了。她不僅明豔動人、活潑有朝氣，還總是發出聲音洪亮又可愛的大笑，我和克雷格一整天都盼著她那聲大笑。我和克雷格加入劇組後，凡萊麗身邊彷彿多了兩個供她玩弄的小丑，我們也毫無保留地投入小丑的角色，三個人玩鬧得不亦樂乎。

不過在我心裡，參演《雪梨》和為凡萊麗扮演小丑，都不僅僅是玩鬧那麼簡單——我可是非常認真的。我在工作期間不得不隱藏自己對她的愛（這種事情之後還會發生），這真的有夠困難。我的單戀真的是徹頭徹尾的單戀，對方不但等級遠遠高過我，還已婚，而且她丈夫是全球最知名的搖滾巨星之一，艾迪．范海倫（Eddie Van Halen）。艾迪的樂團叫范．海倫（Van Halen），我們拍《雪梨》時，他們接連推出四張大受歡迎的專輯，四張專輯都登上榜單第一名——他們可說是一九八〇年代晚期、一九九〇年代早期全球最紅的樂團，艾迪也可說是當時最紅的搖滾吉他手。

至於我呢，我有辦法逗女人發笑，所以床上總是有伴，但我知道光顧著搞笑是不可能贏過音樂家的。（另外，音樂界也存在一種階級制度——我認為貝斯手往往最先找到床伴，因為他們又酷又冷淡，手指動作溫柔卻又強勁（只有保羅．麥卡尼除外，他沒有一次先找到床伴）；第二名是鼓手，因為他們充滿了力量和熱忱；然後是吉他手，因為他們可以表演華麗的獨奏段落；說來奇怪，主唱往往排最後一名，他雖然站在最前方，但當他仰頭飆高音、露出後排臼齒時，總是無法展現出全然的性感。）無論正確的排序是什麼，總之我知道自己遠遠不及艾迪．范海倫——他不僅是音樂家，比搞笑的傢伙容易把人拐上床，而且他早就和我暗戀的對象結了婚。

這裡有一個重點，我想特別強調一下：我對凡萊麗的感情是真的。我完全被她迷住了——意思是，我為她痴迷，幻想她哪天離開艾迪．范海倫、和我共度餘生。我當時才十九歲，住在勞雷爾峽谷大道（Laurel Canyon Boulevard）和柏本克大道（Burbank Boulevard）路口的獨立套房（我要聲明，那地方叫加利福尼亞夜店〔Club California〕），可是初戀和幻想才不知道房地產是怎麼回事，它們根本不瞭解現實世界的**任何事物**。

我他媽根本就沒機會成功。這還用說嗎。

話雖如此，有一天晚上……我去凡萊麗和艾迪家，也沒做什麼，就只是在那邊聊天、凝視著凡萊麗、想辦法逗她笑。當她被你逗笑時，你會覺得自己偉大無雙。夜逐漸深了，艾迪顯然又有點太認真享受葡萄飲料了，最終他直接在離我們不到十英尺的位置昏睡過去。雖然他離我們不遠，但我的好機會來了！你要是以為我一點機會也沒有，那親愛的讀者，你就大錯特錯了——我和凡萊麗來了一場悠長又繁複的親熱行動。我們**正在行動耶**——也許她和我產生了同樣的感覺。我告訴她，我從很久以前就想這麼做了，她也把這句話原封不動還給了我。「天堂」最後還是收尾了，我跳上我的黑色本田（Honda）CRX，帶著足以撐起比薩斜塔的硬物，一路開回加利福尼亞夜店。十九歲的我，腦中充斥著形形色色的想像，幻想著和自己喜愛／痴迷的對象白首偕老。

隔天，我把這件事告訴克雷格．比爾科，他給了我一些建議、為我揭示了現實，但我當下實在無法接受他的建議。

「你要小心。」他說。**他只是嫉妒而已**。我心裡這麼想，同時準備面對隔天的工作時間，滿心想著到了隔天，就可以把凡萊麗當成自己的女朋友了。

隔天，我們的工作狀況不如我所預期，凡萊麗絲毫沒提到那晚發生的事，言行舉止都一如往常（這也是應該的）。我很快就明白了，繼續照常扮演我的角色，心裡卻難過得要命。我度過好幾個淚流滿面的夜晚，白天大部分時間都在小拖車裡打盹，設法讓宿醉的身體恢復狀況——我還花好幾個小時眼睜睜看著克雷格的角色變得越來越搶眼，看著他們兩個在鏡頭前談戀愛——總而言之，我成了美夢破碎、傷心不已的青少年。幸好《雪梨》的評價非常差，在那因緣際會的夜晚過後四週，整部劇就被腰斬，我也不必再見到凡萊麗了。

她當然完全沒有錯，但要我天天對著她、假裝自己對之前的事情毫不在意，就讓我聯想到從前在加拿大渥太華和母親度過的每一天。

我這輩子一再深受遙不可及的女性所吸引。你就算沒有心理學學位，應該也看得出這和我的母子關係息息相關。我媽不論走到哪都是萬眾矚目，我至今還深刻記得，六歲左右的某一天，我在某個華美的舞廳裡，媽媽進來時全場每個人都轉向了她。在那種時刻，我好希望她能轉頭朝我這邊看，但她忙著工作，不能看向我——我花了僅僅三十七年的時間就明白了這點。

自此之後，我一直對「轉頭」上癮。一旦女性轉頭看我，我就能開始想辦法逗她笑、讓她對我產生慾望。而在性愛結束後，現實又會浮上水面，我發現自己根本就不認識也不瞭解這些女人。她們對我來說唾手可得，所以我不需要她們。我得再出去，再試圖讓女人轉頭看我。這就是為什麼我睡了這麼多女人，我這是在重現童年的情境，試圖扳回一城。

這些我那時當然都不懂，只以為是她們出了問題。各位是不是一點也不意外啊？加拿大的演員小子有重大的母子關係議題——天底下哪來這麼新奇的事呢？

但反正我十九歲，過去的事情很快就過去了。一年過後，范．海倫樂團推出了標題很貼切的專輯——《非法接觸》（*For Unlawful Carnal Knowledge*）——我則回福爾摩沙咖啡廳釣女人去了。對了，我還想方設法頻頻重演「回頭」的場面。

有時候能成功，但每次我都會在凌晨一點四十分離場，匆匆趕往最近的酒鋪買伏特加，備好一路喝到深夜的儲貨。*買了酒之後，我就坐在那邊一口接著一口，把

＊譯註：根據加州法規，酒鋪只得從上午六點營業至隔日上午兩點。

整瓶喝完（後來升級到那種有提把的酒瓶），有時邊喝邊看《再見女郎》（*The Goodbye Girl*），甚至看米高・基頓（Michael Keaton）演的《義勇先鋒》（*Clean and Sober*；我倒想問你，我邊喝酒邊看這部片，到底是什麼意思？）*，直到最後像艾迪・范海倫那樣醉得不省人事。一個尖銳的想法逐漸刺入我腦海——雖然不占空間，卻也揮之不去：**你每晚都在喝酒**。不過這個念頭才剛浮上水面，就被下一杯酒沖得無影無蹤了。

每到第二天，我就會努力拖著身子去和克雷格・比爾科吃午餐。時至今日，我見過「詼諧腦」（comic mind）最靈光的人還是他；我以為自己腦子已經動得很快了，沒想到克雷格・比爾科還是勝我一籌。我們這群朋友當中，漢克・阿扎里亞後來賺了最多錢，因為他從一九五五年就開始做《辛普森家庭》（*The Simpsons*）的配音工作。我成了朋友中最知名的人物，而大衛・普萊斯曼則和他老爸勞倫斯・普萊斯曼（Lawrence Pressman）一樣成了短工演員，他是我們這群人之中最瘋狂的一個。大衛喜歡幹些莫名其妙的事情，例如光著身子衝進超市，逢人就喊：「我有很恐怖的問題，快來人幫我

---

* 譯註：《義勇先鋒》的英文片名「Clean and Sober」可直譯為乾淨清醒。

剃乾淨！」喊完就又跑出超市。（他直到四十多歲還愛玩這個；我有時會加入他公然脫衣的鬧劇，不過我三十幾歲後就停止了，誰叫我這麼成熟懂事。）

時至今日，我還沒遇過誰能像克雷格．比爾科這樣惹得我捧腹大笑。我、漢克與大衛這個搞笑三人組本該所向披靡，沒想到克雷格竟然比我們還要好笑。就算沒有大衛，我和漢克也是實力強勁的搞笑二人組，但克雷格還是能贏過我們。我們一起出去吃午餐時，克雷格可能會說個什麼笑話，好笑到午餐結束十五分鐘過後、我都在開車回家的路上了，還得臨時把車停在路邊，在車上狂笑不止。這時克雷格的車從我旁邊經過，他看到我在那邊，自然知道我為什麼笑個不停。世界上真的沒有比克雷格更搞笑的人了。真的。

除了絞盡腦汁搶著說出最機智的話、成為搞笑贏家以外，我們這群朋友能湊在一起也是為了名氣——我們都巴不得當上名人。漢克是《辛普森家庭》的配音員，賺的錢最多，但他求的是艾爾．帕西諾（Al Pacino）那樣的事業。至於我呢，我演過不少電視劇，卻沒有任何一部讓我成名……我們唯一在乎的，不就是成名、成名、成名嗎？在搞笑與笑鬧之間，還有在我們分享了最新的試鏡糗事、我們讀過的討厭腳本之後，朋友間稍微安靜一點的時刻都充斥著深深的擔憂，我們默默地渴望成名，卻也生怕自己永遠達不到目標，生怕自己和名聲擦肩而過。我們四個都是要強又搞笑的男人，機智妙語像彈片似地四處亂飛，戰鬥還是沒有停歇：我們這是為**成名**而戰。

我仍然堅信，我內心那個無人陪同的空洞，那個凡萊麗不願填補的空洞，一定可以用名聲填滿。但在那之前，我只能仰賴伏特加，精衛填海般一再嘗試、一再失敗。後來當名聲終於找上門……嗯，我們就快要說到那一段了。

／

我曾經和大衛．普萊斯曼親熱過，或者說我曾試著對他動手動腳，但絕對不是故意的。

我們還二十出頭時，我和他還有另外兩個男的東行去拉斯維加斯，去拉斯維加斯怎麼玩應該不需要我多說吧？我們基本上身無分文，但四個小笨蛋還是偏偏要往罪惡之城跑。當時我口袋裡大概只有兩百塊錢吧，我們四個在離賭城大道一段距離的汽車旅館合租了一間房，房間裡有兩張床，我和大衛睡一張。睡到半夜，我大概是夢到了前女友嘉碧，開始在床上挪向大衛，嘴裡嚷著：「啊呀，寶貝」、「妳好香喔」，還有「我保證很快就好了」。幸好他也熟睡著，不過他的潛意識足夠清醒，一再對我說：

「不要！」、「滾開！」，還有「媽的別碰我！」。後來我開始親吻他的後頸，我們兩個都突然驚醒了——看見他臉上驚恐的神情，我說了句「啊，就當這件事沒發生過吧」，然後灰溜溜地滾回我那半邊床了。

我們顯然都需要宣洩某種東西。

上賭場那第一晚，我就不知怎地走了運，玩二十一點贏了兩千六百美元，我們還是頭一次看到這麼多現金。

是時候來一場不明智的揮霍了。

我像一國君王似地舉起雙手，高呼：「我帶兄弟們去開葷！」

計程車司機載我們到距離市中心很遠的一間店，店名叫「支配」（Dominions），他言之鑿鑿地保證這地方能滿足我們的需求。（我猜他每把一個傻小子扔到支配門前的沙漠裡，就能抽個幾成。）一個看上去沒有脖子的男人告訴我們，要想踏進這間店，我們至少得拿出一千元來。既然之前在賭桌上贏錢的人是我，這份殊榮自然就落到我頭上了，結果我花一千六買了僅僅一瓶香檳，然後我們四人分別被領進不同的小房間，每間方方正正的房裡都有個年輕女人等著我們。

我想說剛才已經花了一千六，應該包含接下來我希望會發生的事了吧？可惜我錯了，他們要我再拿出三百塊，否則就不做我的生意。於是我拿錢出來，但我還來不及進入正題，大衛．普萊斯曼和另外兩個傢伙都出現在我的房間門口，每個人都來跟我要三百塊錢。滿足他們的金錢需求後，我把心思拉回到正事上。（我當時沒想到要算錢，但你有興趣的話，我幫你整理一下：我一開始有兩百塊，贏了兩千六，花了一千六買香檳，然後又幫每個人出了三百塊，一共花了兩千八百塊——也就是我身上所有的錢。）

金錢上的承諾許下後，年輕小姐開始對著我跳舞，不過是在房間另一頭跳舞。她扭擺的姿態有那麼點像《舞翻天》（*A Night at the Roxbury*）裡那種調調，但還是很令人滿意，只是我已經準備好要進入下一個親密階段了。

「這是怎麼回事啊？」我說，說得很委婉。

「什麼？」她說。

「什麼啊？我們不是該上床嗎！」我說。「我已經砸下重金了耶！」

她接著對我解釋，我可以任意擺放房裡的枕頭。我哪知道這是為什麼。

「很棒，我也很期待枕頭的部分——我是說真的——但我們現在不是該做些別的事情嗎？」我提問／哀求道。

「你是警察嗎？」她問。

「不是！」我說，但這時我開始思考要不要報警檢舉他們詐騙了。「我都給你們那麼多錢了，我們說好的——」

「喔！」她打斷我說。「那只是跳舞的費用而已……」

這時候，一陣叩門聲傳來，我得知三個朋友也都大失所望。問題是，我們身上的錢已經花光了，四個上鉤（但沒有「上」）的小廢物含淚踏出店門，面對莫哈韋沙漠漆黑的夜晚，展開了徒步回汽車旅館的長征。

隔天，其中一個朋友——尼克（Nick）——倒是帶他的女友去看了《少壯屠龍陣 2》（*Young Guns II*），可見人生還是有那麼點希望的。而且第一集《少壯屠龍陣》（*Young Guns*）有那麼多未解之謎，去看看續集也好。

——★——

一九九四年，克雷格．比爾科成了當年試播季（pilot season）的大紅人。我們幾個朋友都到處在試鏡，希望能加入最新一波情境喜劇和影集，卻發現最搶手的人是克雷格。他不僅搶手，還比我更擅長說笑話，還比我好看得多，但這部分就點到為止——你應該不想看到作者痛哭流涕吧？我應該恨他入骨才對，不過搞笑總是占上風，所以我還是決定繼續愛他。

我才二十四歲，這時我預計參加的試鏡中，已經有百分之五十都缺席了。我的演藝事業逐漸萎縮，飲酒緩緩地步步進逼，漸漸在對試鏡的戰爭中取得優勢，反正也沒有人想找我去演戲。我沒接到任何演電影的工作，接下的電視劇工作也不怎麼亮眼。我整天下來有大半時間都處於宿醉狀態，剩餘時間不是在吃午餐的路上，就是在前往福爾摩沙咖啡廳的路上。有一天，經理人拉著我坐下來談話，對我說：我心目中的榜樣——米高．基頓、湯姆．漢克斯（Tom Hanks）——都具有良好的工作態度，我朝這個方向努力並沒有錯。問題是，他們兩個都人模人樣的，而我的經理人卻天天收到選角導演和製作人的回饋，說我看上去太邋遢了。

漢克也開始擔心自己在蹉跎光陰，不再來福爾摩沙咖啡廳，不再參加搞笑的午餐聚會了——他一向認真看待自己的身體和事業。

這件事我早就該預料到了，但接到當時的商業經理人那通來電，我還是吃了一驚。

「馬修，你沒錢了。」

「沒錢怎麼不提前說一聲？」我說，整個人已經嚇得半死。「你都沒想過要提前幾個月通知我嗎？你怎麼不早點打電話跟我說：『嗨，馬修，你的資金好像有一點匱乏喔。』而不是等到我已經破產才來告訴我？」

電話另一頭一片沉默，商業經理人彷彿從沒聽過這新穎的想法，沒想過要在客戶破產之前注意他們的收入狀況。

幸好我還剩那麼一點精力，還可以拿下某個超爛試播集的某一個角色。我掛了這位已經是前商業經理人的電話，打給所有合作的經紀人，跟他們說我缺錢、需要工作，不管是什麼工作，只要能立刻上工都行。

可愛的讀者，如果你讀到這裡，以為我就這麼成了《六人行》的主演之一，那你可就錯了。我的確因為那通電話接到了某部劇的工作，但實際上，那部劇差點害我錯過了《六人行》。

／

《L.A.X. 2194》是一部「科幻喜劇」，講的是洛杉磯國際機場行李搬運工的故事。其實介紹到這裡就夠了，不過故事沒那麼簡單：重點是劇名裡那一串數字——故事發生在兩百年後的未來，進出機場的航空旅客都是外星人。由瑞安．斯蒂爾斯（Ryan Stiles）飾演的主角，是個說話帶奇怪口音的機器人辦公室主管（瑞安真的是非常幽默搞笑的演員，可是為什麼非得用奇怪口音說話不可啊？），我則飾演可憐的機場工作人員，負責幫入境的外星人解決亂七八糟的行李問題。順帶一提，外星人一個個都是頭戴誇張假髮的「小人物」（Little People）玩具。

如果你聽了以上介紹，實在無法對《L.A.X. 2194》產生興趣，那我要告訴你，實際情況比你想像中糟糕得多，我拍戲時還得穿上未來風格的上衣呢。儘管我對這部劇沒什麼信心（這裡再重申一次，它是一部關於行李搬運工的「喜劇」，故事設定在兩百年後的未來，還有好多小人物玩具外星人），但光是出演試播集就能賺到兩萬兩千五百美元，所以我至少能用這筆錢在福爾摩沙咖啡廳吃喝好一段時間……問題是，參演這部劇還導致另一個後果：我參演了《L.A.X. 2194》，所以其他電視劇都沒我的份了。

此時，災厄降臨了。這裡的災厄不是上頭決定拍一整季《L.A.X. 2194》的意思——還好沒有人想認真拍這部劇，謝天謝地。事情是這樣的，那一季所有人都在談論《我們這樣的朋友》（*Friends Like Us*）這部即將開拍的熱門新劇，大家讀了腳本就知道這會大受歡迎。我讀了腳本之後，立刻撥電話給當初幫我找到《L.A.X. 2194》這工作的幾個經紀人。

「我想演《我們這樣的朋友》，你們一定要想想辦法。」我說。

「沒可能。」一干經紀人說。「你已經是那個行李搬運工劇集的一員，他們都已經開始幫你量身訂做未來風上衣了。」

我的心碎了一地。讀《我們這樣的朋友》腳本時，我總覺得編劇一定是花了一年時間跟蹤我、抄下我的笑話、模仿我的舉止、影印我世故卻又機智的人生觀。我對劇中一個角色更是印象深刻：我並不認為自己能演「錢德」，我就是錢德。

難就難在，我同時也是《L.A.X. 2194》裡的布雷恩（Blaine）。**幹他媽的，他們在跟我開玩笑吧？我該不會是全地球最倒楣的人吧？**

事情沒有最慘，只有更慘。由於《我們這樣的朋友》是當季最搶手的電視劇，全世界都在讀它的腳本，全世界都想去試鏡，而且全世界似乎都認定我和錢德那個角色一模一樣，因此全世界都來到我的公寓，想請我幫他們練習試鏡。有幾個人甚至因為我的指點——而且單純是因為我的指點——而成功了。漢克・阿扎里亞真的很喜歡這部劇，他甚至兩度參加試鏡，希望能演喬伊（Joey）這個角色。你沒看錯——他去試鏡一次，被拒絕，苦苦哀求劇組再讓他試鏡一次，然後又被拒絕了一次。（後來漢克會作為菲比〔Phoebe〕的戀愛對象客串演出，因為那幾集的表現而贏得艾美獎。我演了兩百三十七集，什麼獎都沒有拿到。）

到後來，我陪朋友們練習試鏡，練到對《我們這樣的朋友》的腳本都已爛熟於胸——我對自己的詮釋信心十足，有些時候乾脆直接把錢德演了出來，叫他們學著我的樣子去演就對了。我幫朋友練習試鏡的同時，還是每三、四天打一通電話給經紀人，求他們給我一次試鏡的機會。

啊，我們提到當季最搶手的新劇，可別忘了當季最搶手的演員，克雷格．比爾科。一天早上，克雷格把我和漢克約出去吃早餐，我們走進餐廳就看到克雷格坐在那邊，桌上攤開擺了兩份腳本。

「兄弟們，」克雷格說，「我拿到了兩個工作機會，兩部都是好萊塢大紅人吉米．波羅斯（Jimmy Burrows）導演的劇。其中一部叫《最好的朋友》（*Best Friends*），另外一部叫……」

等一下，拜託不要，別說出來……

「……《我們這樣的朋友》。」

劇組邀他去演錢德。我的腦袋要炸開了。

「我想來問問你們的意見，你們覺得我該選哪一個？」

我腦子裡冒出的第一個念頭，就是叫他接了他的工作以後幹他媽去死。可是克雷格是我們的好朋友，我和漢克還是認真開始幫他出主意。我們三人花了一個早上讀那兩份腳本，不過《我們這樣的朋友》那一份我已經倒背如流了，我也很清楚他該選哪一個選項。我的心就這麼沉了下去，因為我知道自己就是錢德，但我不是大混蛋。我難過得要命。我們兩個都建議克雷格選《我們這樣的朋友》。

寫到這裡，我回想起從前演的那一集《飛越比佛利》，劇中有一段對白是這樣的：

布蘭登：那朋友呢？

羅傑：朋友？我爸說過，最不能相信的人就是朋友。

布蘭登：他說什麼你都當真嗎？

羅傑：並沒有。

午餐就要結束了，克雷格準備把最終決定告訴他的經紀人。漢克說了再見，動身去健身房了（他成天都泡在健身房），我則陪著克雷格去找公共電話。（各位讀者，那時是一九九四年，我們還沒有手機呢。）離我們最近的公共電話，在福瑞・希格（Fred Segal）服飾店的外面。（說來奇怪，我演的那集《飛越比佛利》，也有在福瑞・希格服飾店的場景。）克雷格投了幾枚硬幣，輸入電話號碼，靜靜等著。一段時間後，電話終於接通了。

然後，距離克雷格僅僅兩英尺的我，竟然聽見他選另一部劇！我他媽不敢相信自己的耳朵。於是，我和《最好的朋友》的新主演分道揚鑣，我匆匆趕回家，再次央求經紀人讓我參加《我們這樣的朋友》的試鏡。

幾週過後，我去了《最好的朋友》試播集片場——劇很搞笑，克雷格很搞笑，而且他如願成了主演。這是一部可愛的好劇，但重點是，一九九四年整個試播季最後一個空懸的角色——《我們這樣的朋友》中的錢德——還是沒找到人演。幹，我怎麼到現在還和那個未來行李搬運工劇掛勾！

／

不知道你是否曾有這種感覺：有些時候，宇宙會為你制定一些不可思議的計畫，就算你已經竭盡全力封死了那條路，世界還是會帶著你走上那個路線。

這，就是我的一九九四年。

NBC（國家廣播公司）製作人潔米．塔塞斯（Jamie Tarses）——親切、神奇又令人懷念的潔米．塔塞斯——忙著為NBC製作《我們這樣的朋友》。一天夜裡，她在床上轉向了當時的丈夫，福斯電視（Fox TV）的製作人丹．麥達莫（Dan McDermott）。

「欸，你覺得《L.A.X. 2194》這部劇會有人要接著拍嗎？」據說潔米這麼問道。

丹說：「不會，那部**超爛**的——它可是二一九四年行李搬運工的故事，而且每個角色都穿著未來風背心……」

「這麼說來，馬修．派瑞有空檔囉？給他選派第二位置（second position）應該不會出問題吧？」潔米說。（這是好萊塢行話，其實就是「有空檔」的意思。說來諷刺，多年後潔米離了婚，我們還交往了幾年。）

幾天後，我接到一通即將改變我人生軌跡的來電。

「你明天和瑪塔．考夫曼（Marta Kauffman）見面，討論《我們這樣的朋友》。」

我不騙你：在那一瞬間，我就知道這將是轟動一時的大事件。

瑪塔．考夫曼和大衛．克雷恩（David Crane）就是日後熱門大作《六人行》的幕後功臣。隔天是星期三，我為她試演了錢德，一口氣違反了所有的規矩——舉例來說，我試演時沒拿著任何一頁腳本（按照規矩，演員試鏡時應該拿著腳本，象徵性地對編劇表示，你知道這不是最終版腳本）。但這時候的我已經把腳本讀得滾瓜爛熟，試演當然順利完成了。星期四，我在整個製作團隊面前試鏡，表現優異。星期五，我在廣播公司的人面前試鏡，同樣表現優異。我用出人意料的方式唸台詞，強調一些別人沒有強調的重點。我彷彿回到了渥太華，回到和穆瑞兄弟耍嘴皮子的日子，在其他人未能引起笑聲之處引得觀眾哈哈大笑。

我在逗媽媽笑。

錢德就此誕生。這現在是我的角色了，再也無人能阻止我走上這條路。

一九九四年試播季，最後一個空懸的角色終於找到了演員：錢德・賓將由馬修・派瑞飾演。

／

福瑞・希格服飾店外的那通電話，以及克雷格想成為電視劇主演、不和其他人共享聚光燈的慾望，最終救了我一命。要是他撥通電話時做了另一個選擇，我還真不曉得自己會變成什麼樣子。我最後或許會流落洛杉磯鬧區的街頭，往手臂注射一針又一針的海洛因，直到英年早逝為止——這也不是不可能。

我猜自己應該會很愛海洛因——它想必像是加強版的阿片類藥物成癮。我常對人說，吃疼始康定的感覺，就彷彿把全身血液置換成暖洋洋的蜂蜜。不過在我的想像中，用了海洛因之後，你本身就會變成蜂蜜。我很愛服用阿片類藥物的感覺，但不知道為什麼，「海洛因」這三個字總是嚇得我半死。我能活到今天，也是多虧了那份恐懼。藥物成癮者分成兩種，一種是想興奮起來，一種則想鎮定下來。我一直不瞭解那些用古柯鹼的傢伙在想什麼——怎麼會有人想加強自己當下的感覺，讓自己覺得更忙碌啊？我這個人喜歡放鬆下來，只想整個人融進沙發，飄飄欲仙地一再重複看同樣幾部電影。我是那種安安靜靜的癮君子，而不是橫衝直撞、到處鬧事的那一類人。

好吧，就算沒有《六人行》，我也許還是能成為情境喜劇編劇，發展出還不錯的事業——我當時已經寫了《馬克士威之家》（*Maxwell's House*）試播集腳本，雖然寫得還行，卻沒有人買單。我是絕對不可能成為短工演員的，我不可能為那種工作保持清醒，相較之下海洛因的誘惑力太強了。《六人行》這份工作真的很棒，也充滿了樂趣，它至少在短時間內壓下了我亂七八糟的想法。我可以說是紐約洋基隊的二壘手，說什麼也不能出事，否則我永遠都無法原諒自己……

當你每週賺進一百萬美元時，真的沒有餘裕喝第十七杯酒了。

／

我去試鏡《六人行》之前大概三週，有天晚上我獨自待在日落大道（Sunset Boulevard）與多恩尼大道（Doheny Drive）路口的十樓公寓裡——那間公寓小得可憐，但既然是我選的公寓，窗外風景當然是一等一。我在報紙上看到關於查理・辛（Charlie Sheen）的新聞，那篇報導說辛又闖禍了。記得當時的我心想：**闖了禍又怎樣？反正他是名人嘛**。

忽然間，我莫名其妙就跪了下來，緊緊閉上眼睛，開始禱告。我還是頭一次做這種事情。

「上帝，祢想對我怎樣都無所謂，拜託讓我成名就好。」

三個禮拜過後，我被正式選為《六人行》的主演之一。上帝忠實地實現了我對祂提出的條件——但全能的主不愧是全能的主，祂自然沒忘記我對祂說的前半句話。

而在許多年後的今天，我可以肯定自己之所以成名，是為了防止自己浪費一輩子的時間試圖成名。只有在成名以後，你才會明白，名氣並不能解決問題。而在成名以前，沒有人能真心相信這個道理。

Friends, Lovers, and the Big Terrible Thing

插曲／死 Dead

我生怕她離我而去，於是買了一枚戒指給她。在Covid疫情期間，我不想要這麼難受、這麼孤獨。

請她和我結婚時，我還沉浸在一千八百毫克氫可酮（hydrocodone）的快感之中。

我甚至先徵求了她家人的祝福，然後在嗨翻天的情況下單膝下跪，向她求婚。她也知道我嗨得要命，但還是答應了。

那時我人在瑞士，又一次的康復治療。這間康復中心位於日內瓦湖（Lake Geneva）畔的鄉村莊園，有自己的管家和大廚，總之就是那種保證你絕不會遇到其他人的豪華場所。（這基本上有違於我聽過的每間康復中心的宗旨。）不過它雖然缺乏受苦受難的同伴，卻備足了藥物，我隨隨便便就能把藥物弄到手——可惜這點和其他高價康復中心沒太大區別。我要是哪天去告這些康復中心，應該能賺好幾百萬美元的賠償金，但這樣只會惹來更多人的眼光，我可不希望大家都眼巴巴地注意我這方面的狀況。

我又上演了慣用的把戲，明明不痛，卻跟他們抱怨說我腹痛如絞（我還是有種隨時在做仰臥起坐的感覺——其實是很不舒服沒錯——不過這算不上劇痛）。所以呢，他們給了我氫可酮——給了我足以讓我感覺到藥效的劑量——結果就是每天一千八百毫克。我這樣說，你可能沒什麼概念，那我換個方式說：假如你今天拇指骨折，醫師又是個大好人，那他或她可能會開給你五顆〇．五毫克的氫可酮藥丸。

這麼點劑量，吃到我體內如同石沉大海。

除此之外，我還天天注射K他命。K他命在一九八〇年代是非常受歡迎的毒品，現在有了人工合成版，主要用來止痛和緩解憂鬱症症狀。這東西可說是為我訂製的藥物，怎麼不乾脆取名叫「馬蒂」呢。用K他命時，我總感覺自己深深呼出了一口氣。他們總是把我帶進一個房間，讓我坐下來，幫我戴上耳機、播音樂，蒙住我的眼睛，然後幫我打點滴。這個任務不太容易完成——我喝的水太少了（不意外吧），總是處於輕微脫水的狀態，所以很難找到靜脈。等他們好不容易把針插好，我已經他媽的像針墊一樣滿手臂都是針孔了。他們往點滴袋裡加一點點安定文（Ativan）*——這東西的作用我就感覺得到了——接著讓我打一個小時的K他命點滴。我躺在那片漆黑中，聽著美好冬季樂團（Bon Iver）的歌，意識逐漸與現實分離，眼前浮現一些奇奇怪怪的畫面——我已經做過太多次心理諮商，面對這種情況都見怪不怪了。喔，那邊怎麼有一匹馬啊？算了，就讓牠待在那邊吧……音樂播著播著，K他命在我體內流著流著，一切的重點都聚焦在自我，以及自我之死。我經常在那一個鐘頭的時間內，產生自己逐漸死去的想法。**喔**，我心想，**原來人死掉就是這種感覺啊**。儘管如此，我還是一次又一次主動請他們幫我注射這個鬼東西，因為這種感覺很不一樣，只要是不一樣的感覺都好。（順帶一提，這也是《今天暫時停止》片尾的幾句台詞之一。）施用K他命，感覺就像是被一把巨大的幸福鎽子猛敲腦袋，可是事後宿醉般的副作用真的很慘，即使能體驗被幸福鎽子敲腦袋的快樂，也實在是不划算。可見K他命不適合我。

*譯註：可治療焦慮症、失眠、積極癲癇發作、酒精戒斷症候群的藥物。

回到我自己的房間，我看到管家又取出一套我不會換上的衣服，大廚又準備了我根本不會碰的健康餐。我又回去繼續看日內瓦湖了，此時的我他媽嗨翻了天，卻不是好的嗨，而是一種醉酒似的瘋瘋癲癲，我不喜歡這種感覺。

而且我現在不知怎地，竟然還和人訂了婚。

一段時間過後，康復中心那群天才想到了舒緩我腹部「疼痛」的辦法，他們打算把某種奇怪的醫療裝置植入我的背，可是這就表示我又要動手術了。我一整晚沒睡，在隔天手術前服用了一千八百毫克的氫可酮。進手術室後，他們給了我丙泊酚（propofol），也就是弄死麥可．傑克森（Michael Jackson）的那種藥。我當下學到一件事：麥可．傑克森並不想嗨，他只想不省人事，讓意識完全關機。又一個青年才俊因這種恐怖的疾病離我們而去了。

我在上午十一點鐘被打了一針丙泊酚，十一個小時過後醒來，發現自己已經來到了另一間醫院。

聽他們的說法，那劑丙泊酚居然讓我的心臟停了五分鐘。那不是心肌梗塞——我還沒死——不過在那五分鐘期間，我體內沒有任何東西在跳動。

我想冒昧請你做一件事——麻煩暫時放下這本書，暫停個五分鐘。看著手機，計時開始：

〔以下是五分鐘的獨處時光〕

這段時間他媽的太長了，對吧？

聽說某個身強體壯的瑞士男人由衷不希望《六人行》演員死在他的手術檯上，於是幫我做了整整五分鐘的心肺復甦術，賣力地敲打和按壓我的胸口。我若沒演過《六人行》，他會不會做三分鐘就收手了？《六人行》是不是又救了我一命？

那個人救了我的小命，但也壓斷了我八根肋骨。隔天我躺在那邊痛不欲生，只見首席醫師趾高氣昂、大步流星地走進來說：「我們醫院不會給你K他命，你如果需要去康復中心，那我們可以推薦一家給你。」

「幹，我已經進康復中心了！」我放聲吶喊，然後少見地用肢體動作發洩怒火，一把撞翻了旁邊擺滿各種醫療工具的桌子。醫師見狀嚇了一跳，速速離開病房。我為散落一地的工具道歉，趕緊逃出了那個鬼地方。

（前面介紹的那家康復中心已經幫我做了快速排毒，只可惜他們挑錯了讓我昏睡不醒的日子——我是在前兩天昏睡，但他們應該選在第三、四天做這些的。當我醒轉時，排毒的副作用迎面襲來，我還從一千八百毫克氫可酮直接歸零，即使是管家和大廚也沒法讓我開心起來。）

順帶一提，二〇二一年十一月，紐奥良聖徒隊（New Orleans Saints）的四分衛德魯．布里斯（Drew Brees）在對坦帕灣海盜隊（Tampa Bay Buccaneers）的球賽中，同樣斷了八根肋骨。隔週，布里斯又斷了三根肋骨，肺部被斷骨刺穿——人家就硬要贏我一籌——不過他後來錯過了四場球賽，所以我覺得我們兩個至少算是平手。想到這裡，我就覺得自己好堅強。

／

這一切瘋狂上演的當下（肋骨斷掉之前），我和亞當．麥凱見面討論他的下一部大片——《千萬別抬頭》。那天錢德沒參與會議——我沒有開機，沒能為了開會擠出幽默搞笑。我們只談了一陣子，然後我在離開時非常平靜地說：「總之，我很樂意盡可能幫你完成這項計畫。」

亞當說：「你好像已經幫到我了。」

隔天我接到電話，他想請我去演戲——這會是我有史以來演過的電影中，規模最大的一部，而且應該會成為風雨中那個寧靜的暴風眼。我演的角色是共和黨記者，預計要和梅莉．史翠普拍三場對手戲。沒錯，你沒看錯，就是梅莉．史翠普。電影主要在波士頓拍攝，我在那裡拍了個團體鏡頭（在場還有喬納．希爾等人）——攝影當下，我其實也服用了一千八百毫克的氫可酮，不過沒有人發現我的異狀。但後來我斷了肋骨，實在沒辦法回去拍片，所以和梅莉的對手戲也只能作罷了。我心疼得要命，可是真的痛得演不下去了。天知道布里斯在受傷後還有辦法丟美式足球是怎麼做到的？但我斷了肋骨就無法和梅莉．史翠普拍片，連微笑一下都他媽痛得要死要活。

我亂七八糟的人生彷彿被一把火燒了起來，我因此錯失了參演《千萬別抬頭》的機會，卻學到重要的一課：即使不刻意表現，也有人願意請我去拍大片。那次會議上，我和亞當就只是兩個尋常男人，雙方就只是普普通通地交談而已。我會永遠珍惜那一刻、那一天、那個男人。他真的是個好人，我由衷希望未來再次和他相遇（下次一定會先確認是他本人的）。

到了離開瑞士的時候，我還是他媽每天服用一千八百毫克的疼始康定*。他們告訴我，回洛杉磯以後，醫師還是會開這麼高的劑量給我——我光是要保持原狀，就需要這麼多藥物了。我的目的並不是嗨起來，而是單純維持平時的狀態、避免痛苦而已。我搭私人飛機回洛杉磯——全世界都認識我這張該死的臉，我是要怎麼搭商用航空——光是這一趟就花了我整整十七萬五千美元。回洛杉磯以後，我跑去看我平常那位醫師。

「我需要每天一千八百毫克。」我說。這時候跟她拐彎抹角也沒意義。

「不行，」她說，「我們絕對不會開那麼多給你——連癌症病人也只能每天吃一百毫克了。」聽她這麼說，我只感激自己沒得癌症。

「可是瑞士的醫師說了，我回家以後也是吃這個劑量。」

「喔，我會聽聽他們的建議，」她說，「不過在這邊是我作主。來，我開三十毫克

---

* 編註：本章前述均為每日服用一千八百毫克之氫可酮，此處則稱 Oxy（即疼始康定）。因無法確認作者原意，保留原文供讀者參考。

給你。」

那可不行，我這樣只會大病一場。

我只剩一個選擇了：才剛回到洛杉磯，我當晚馬上又訂了一趟十七萬五千美元的私人飛機，直接飛回瑞士。

／

「我需要把早上和晚上的劑量合併起來。」

「我不懂英語。」那位瑞士護士用德語說。

這下麻煩大了。我迫切需要更改規則，她卻不會說英語，接下來只能來一場結合德語和英語的比手畫腳了。

我早上六點不需要吃藥，到了可怕的夜晚才需要那顆藥。那份恐懼的核心是什麼，我實在找不著——它是一種普遍性的恐懼。此外，我經常失眠，所以每晚都得和自己談判。我腦子轉得太快，想法來得太快，還會幻聽——我會聽到人聲和對話，有時我甚至會回應那些聲音。也有些時候，我會認真以為有人要遞什麼東西給我，然後伸手去接那個不存在之人遞出的不存在之物。無論我清不清醒，都會因此感到有點困擾。我是不是除了這許多毛病以外，還是個瘋子？這也不是思覺失調症，就只是很多奇奇怪怪的語音而已。據說我聽到這些聲音，並不表示我是瘋子；這叫作幻聽，很多人都會遇到這種狀況。

幻聽無法根治。果然無法根治。不對，我知道怎麼把這個問題治好，解藥就是「變成別人」。

總之，我需要在晚間一次把藥吃完，不必留一半到明早吃。

「早。晚。一起。」我邊說邊數著掌心的空氣，假裝手裡拿的是八顆藥丸，而不是一顆。

「不，我不懂。」護士用德語說。

「明早。沒有藥。改成現在。」我很慢、很慢地說。

「我不知道你需要什麼。」又是一句德語。

妳和其他人都一樣——沒有人知道我需要什麼。

／

再次回到洛杉磯，努力恢復清醒時，我心想：等一下……我怎麼訂婚了？我家裡**怎麼有狗。這是怎麼回事？**

我在嗨翻天的狀況下徵求了她父母的同意，乞求她嫁給我，甚至還接受她的狗住進我家。我就是這麼害怕被拋棄。

Chapter 4

Like I've Been There Before

似曾相識

那真的很特別，我們感覺前世就已經是一群好朋友了，或是未來某一世會成為好友，總之這輩子絕對是好朋友。這是真真確確的一天，卻也如夢似幻。

過去很長一段時間，我都不太想談論《六人行》的事。一部分是因為我除了《六人行》以外還做過很多其他的工作，大家卻只想拉著我聊錢德——這就像是巴著詹姆士．泰勒討論〈火與雨〉（Fire and Rain；你要是聽過那段故事，就知道它有多麼駭人聽聞了）。這就彷彿一支樂團寫了絕妙的新專輯，但現場表演時觀眾都只想聽他們的名曲。我一向很敬佩拒絕表演〈彷彿青春氣息〉（Smells Like Teen Spirit）的寇特．柯本（Kurt Cobain），還有拒絕表演〈通往天堂的階梯〉（Stairway to Heaven）的齊柏林飛船（Led Zeppelin）。《紐約時報》曾經寫道：「《六人行》……就如汗溼的上衣，緊緊黏著（派瑞）。」他們錯了——事實上，寫成這樣根本是他媽的太殘忍了吧——但這麼想的並不是只有他們。我非常擅長這件事，卻因此受到懲罰。每個星期五晚上，我都在舞台上留下了我的血、汗、淚——我們每個人都是如此。這應該是件好事，但不表示我們只會在這方面表現出色。

我不是在抱怨啦。但你如果想一再演同類型的角色，那就照我這樣去做吧。

但話說回來，近年來，我也漸漸瞭解了《六人行》在人們心中的地位。而我們也打從一開始就知道，這是非常、非常特別的一部劇。

／

我是一九九四年整個試播季最後入選的演員——其實我就是在試播季的最後一天拿到這份工作。

還好《L.A.X. 2194》已經過去，這下我可以放手去當錢德．賓了。我在某個星期五簽約，隔週星期一就是我新生活的第一天——這將是一部大受歡迎的電視劇，我們所有人想必都意識到了這點，所以大家都非常準時到場。嗯，每天都是麥特・勒布郎（Matt LeBlanc）最早到，每天都是珍妮佛・安妮斯頓（Jennifer Aniston）最後到；大家的車子越換越豪華，先後順序卻沒變。

我們圍著桌子坐下，大家都是初次見面，只有我和珍妮佛除外。

大概在三年前，我和珍妮佛透過共同朋友互相認識，我立刻就被她吸引了（有可能不被吸引嗎？）、立刻對她產生好感，我也感覺到她對我的興趣——這有沒有可能發展成某種關係呢？那陣子，我有天一口氣拿下兩份工作——一個是《歡笑一籮筐》（*America's Funniest Home Videos*）類型的《狂亂》（*Haywire*），另一個是情境喜劇——於是我打電話對珍妮佛說：「我第一個想到的報喜對象就是妳！」

說錯話了——我完全能感覺到透過電話傳來的寒氣。現在回想起來，我顯然是讓她以為我太喜歡她了，或者讓她誤會了我對她的好感……而我還雪上加霜，接著犯了邀她和我約會的大錯。她拒絕了（所以我很難真的跟她約會），但她說她很樂意和我當朋友，結果我又錯上加錯，脫口說出：「我們哪能當**朋友**！」

幾年過後的現在，我們還**真的**成了朋友，很諷刺吧。幸好我雖仍受她吸引、仍然欣賞她，拍戲的第一天我們還是成功掠過了過去的糗事，把注意力集中在這份全好萊塢最棒的新工作，享受拿到這份工作的喜悅。

除了她以外，其他人對我來說都是生面孔。

寇特妮．考克絲（Courteney Cox）穿了一件黃色洋裝，美得不可方物。我從某個共同朋友那裡聽過麗莎．庫卓的事蹟，她果真如朋友所說，貌美、幽默又絕頂聰明。麥蒂．勒布朗（Mattie LeBlanc）是和善又酷酷的人物。大衛．史威默（David Schwimmer）則以極短的髮型（他的劇團在芝加哥表演，他那陣子演的是本丟．彼拉多〔Pontius Pilate〕）襯著那張苦哈哈的臉，我一見他就感受到他的搞笑能力，他親切、聰明又有創意。除了我之外，最常提議加笑話的人就是他了——我可能一天會提十句笑話，其中兩句被劇組採用。這些不只是我自己的笑話，我還會替其他人想笑話，比如對麗莎說：「對了，妳說這個試試看，可能會很好笑喔……」她聽了就會試一試。

導演吉米．波羅斯也是業界最優秀的人才，執導作品包括《計程車》（*Taxi*）和《歡樂酒店》（*Cheers*）。他憑本能認知到，我們幾個的首要任務就是互相認識，產生互動之中的引力。

我們之間的空氣立刻開始劈啪作響。

我從以前就一直想獨占搞笑的角色，但現在到了二十四歲，我已經一把年紀了，這時我發現還是大家一起搞笑比較好。打從一開始，我就看出這部劇會大紅大紫，但我沒有說出口。一部分原因是，如果演員在朗讀劇本時表現得太差勁，可能連攝影機都沒開，劇組就會禮貌地請他離開——這種事情不是沒發生過喔。不過朗讀劇本是明天的事，今天吉米只把我們六個帶到莫妮卡（Monica）的公寓片場，叫我們互相聊聊。於是我們聊了起來——我們邊聊邊開玩笑，談到了戀愛、事業、我們愛過的事物、我們失去的事物。吉米心裡明白，我們之間的連結是整部劇的關鍵；現在，連結逐漸建立起來了。

那是個風光明媚的春天，我們六人一起在戶外吃午餐。吃飯時，寇特妮——當時六人之中唯一事業有成的演員——說道：「我們這裡沒有明星主角。這是一部群戲，我們大家都該是好朋友。」

寇特妮其實演了《天才家庭》（*Family Ties*）和《王牌威龍》（*Ace Ventura*），客串過《歡樂單身派對》（*Seinfeld*），還在〈黑暗中共舞〉（Dancing in the Dark）的MV和布魯

斯．史普林斯汀（Bruce Springsteen）一起跳舞。以她的地位，要演什麼戲、演什麼角色都沒問題，她完全可以說「我就是明星主角」，甚至她想去別的地方自己吃午餐，我們也不能有什麼意見。沒想到她簡簡單單地說道：「我們努力互相認識吧。」她告訴我們，她發現《歡樂單身派對》就是這麼運作的，希望《六人行》也能步上前人成功的軌道。

於是，我們照她的建議努力互相認識，從第一次見面那天上午開始，我們六人就再也分不開了。我們每一餐都一起吃，大家一起打牌……我從最初就是火力全開的笑話人，一有機會就像搞笑機器一樣不停開玩笑（其他人大概被我搞得很煩），努力用搞笑的方式博取大家的喜愛。

因為，不搞笑的話，怎麼會有人喜歡我？那之後又過了十五年，我才發現自己不必當笑話機器，還是有人願意喜歡我。

／

第一天下午，劇組就分別給我們每個人一間化妝間，不過後來誰的化妝間在哪都不重要了，反正我們都不在各自的房間，而是整天膩在一起。第一天晚上，我們分頭走向各自的車、互相道別時，我記得自己心裡想的是：**我好快樂**。

這種情緒對我來說太不尋常了，我好不習慣。

當晚，我撥電話給幾個朋友（但沒打給克雷格．比爾科，畢竟之前發生了那件事），跟他們說我今天過得多麼愉快。接著，我照常在「大學」（福爾摩沙咖啡廳）度過一晚。還記得那天晚上，我對人說：我演的這部劇真的很棒，我自己是作夢也寫不出這種東西……朋友們都替我感到高興，然而即使在當下，我也感覺到了某種變化。

我會不會是年紀大了，不適合夜夜來福爾摩沙了？我可是有了一份足以改變人生的新工作，明早必須──幹，我拚了老命也**想要**──上工，所以我喝得比平常少很多。我的公寓後頭甚至擺了一台 Lifecycle 健身腳踏車，我天天去騎，試播集到第一集之間那幾天，減了十磅的嬰兒肥／酒精肥。

那夜我躺上床，心裡想的是：**我等不及明天回去了**。隔天早上，我從日落大道和多恩尼大道路口出發，經卡溫格山口開往伯本克的華納兄弟（Warner Bros.）片場。開到一半，我發現自己竟然向前傾身，靠得離擋風玻璃近一些，恨不得立刻抵達目的地。

接下來十年，它都會是我迫不及待想去的地方。

／

第二天場面十分盛大，我們在另一幢建築——40號建築（Building 40）集合，進行第一次集體劇本朗讀會。我緊張又興奮，同時卻也胸有成竹。我從以前就很擅長朗讀劇本，但心裡還是不禁冒出了可怕的想法：在這個階段，無論是誰都有可能被開除、被其他演員取而代之。（舉例來說，麗莎．庫卓曾被選去飾演《歡樂一家親》〔*Frasier*〕裡的若茲〔Roz〕，卻在排演過程中被開除，開除她的人還是……《六人行》導演吉米．波羅斯。）假如我們說的笑話不到位，或是有哪裡不對勁，那我們可能還沒把前往自己化妝間的路摸熟，就已經被炒魷魚了。

但我**懂**錢德，我可以和錢德握手談笑。我**就是**錢德。

（而且我還長得和他非常像喔。）

那天，房裡擠滿了人，大家都只能站著。在場有編劇、高層管理人員、廣播公司的人，一共大概有一百人吧，不過我這個人就是愛熱鬧，在這種場合更是如魚得水。

我們又和瑪塔・考夫曼、大衛・克雷恩與凱文・布萊特（Kevin Bright）見了面——他們是這部劇的製作人，決定要僱用我們的人也是他們——他們馬上就成為我們幾個演員眼中的大家長。

開始朗讀劇本之前，房裡眾人輪流自我介紹，並介紹自己在劇組中的職位。接下來，就到了朗讀時間。這次朗讀能順利完成嗎？我們才剛開始培養的感情究竟能不能展現出來呢？還是說，我們只不過是六個滿懷希望的年輕人，妄想要靠這部劇一炮而紅？

其實我們根本沒必要擔心——我們準備萬全，宇宙也已準備萬全。我們都是專業的，台詞輕輕鬆鬆就脫口而出，沒有任何人出錯，每一句笑話都說得恰到好處。朗讀結束後，現場歡聲雷動。

大家都嗅到了錢的氣味。

演員班底嗅到了名的氣味。

劇本朗讀會結束後，我們六個上了廂型車，被帶到24號舞台，在這真正的片場開始排演。這天最後的完整排演，可說是幫我們蓋上了確認章——笑話、互動、腳本、導演，一切都如魔法一般，所有元素似乎融合成了搞笑、中肯又觸動人心的整體。我們都知道，一切進行得非常順利。

這部劇將會大受歡迎，就此改變所有人的人生。我發誓，如果仔細傾聽，你一定能聽到一種「啵啵」聲——那是人們美夢成真的聲響。

我以為自己想要得到的一切，全都近在眼前了。我將用《我們這樣的朋友》填補心中所有的坑洞。幹他媽的查理．辛。我之後一定會成為超級名人，屆時我背負的所有痛苦都將如朝陽下的霜雪般化去；這部劇彷彿是裹住我全身的力場，任何新的威脅找上門，也會被力場輕輕鬆鬆彈開。

／

演藝界有一條不成文的定律：你如果想搞笑，那就得長得搞笑，否則就得是年紀大一點的演員。可是我們六個人都英俊漂亮，大家都才二十幾歲，卻能把每一個笑話發揮得淋漓盡致。

那晚開車回家時，我彷彿身處九霄雲端。一路上沒有塞車，一路上都是綠燈，本該花上半個小時的路程，短短十五分鐘就抵達了。我從小覺得沒有人關注我，現在我生命中每一個角落都將被其他人的注目填滿，就像是被一道閃電照亮的房間。現在，大家都會喜歡我了。我夠好了。我很重要。我不會太黏人。我成了明星。

這下，沒有任何事物能阻斷我們的成功之路了。這下，人們走進舞廳，不必轉頭也能注意到我；所有人的目光都會聚焦在我身上，而不是望向走在我前方三英尺處的漂亮女人。

那週剩下的工作時間我們都在排演，這時我開始注意到另一件事。我從一九八五年開始演戲，卻在這個片場見識到前無古人、後無來者的美妙情境：我們的老闆一點也不專制，反而培養了富有創意的氛圍。不論是誰，大家都可以提出新的笑話，最後被加入劇中的一定是最優秀的笑話。你說那個後勤服務的女士提了個好笑的建議？沒關係，加進去。所以說，我在那裡不僅是在演戲，還能源源不絕地發揮創意。

另外，創作團隊也分別帶我們幾個演員出去吃午餐，想要多多認識我們，設法把我們真實的人格特質也加進劇裡。我和創作團隊吃午餐時，說了兩件事：第一，我雖然認為自己長得不錯看，女人緣卻非常糟糕，談戀愛也往往會以災難收場；第二，我這個人完全耐不住沉默——每次遇到尷尬的情況，我就得用笑話打破沉默。這就成了錢德．賓理所當然地搞笑的藉口——非常適合情境喜劇——錢德也的確不太擅長和女性戀愛。（珍妮絲〔Janice〕離開他的公寓時，錢德對她大喊：「我嚇到妳啦；我說得太多啦；我太彆扭太無藥可救又太渴望愛情啦！」）

你想想，一個人面對沉默就感到坐立難安、非得講笑話打破沉寂不可——還有比他更適合情境喜劇的人物嗎？

這一切對錢德而言、對我而言都萬分真實。在拍攝《六人行》的早期階段，我就意識到自己還是暗戀著珍妮佛．安妮斯頓，身陷慘兮兮的單相思。我們見面時的打招呼和告別都變得越來越尷尬。每到這種時候，我都會問自己：**我可以盯著她看多久？三秒鐘會太長嗎？**

不過在這部劇熾熱的光明下，就連那抹陰影也消失了。（另一個原因是，她真的對我毫無興趣。）

到了要拍攝的那幾夜，沒有任何人出錯。如果有哪句笑話不夠到位，我們可能會重拍幾次——這時所有編劇就會湊在一起，努力重寫那一段腳本——但出錯的狀況一次也沒有發生。好多劇的幕後花絮會有一堆出錯重拍的鏡頭，而《六人行》真的很少。從試播集開始……不對，就連試播集也完全零錯誤，我們彷彿是紐約洋基隊，專業、專注、合作無間。我們準備萬全。

我說話的調調很特別，過往的情境喜劇沒有哪個角色會像我這樣，從一句話裡挑出不起眼的字詞，用特殊的穆瑞－派瑞調調來強調它。當時的我還不知道，我這種說話方式會在接下來數十年逐漸滲透進入我們的大眾文化——我後來才意識到；而當時的我就只是努力鑽研這些本就非常搞笑的台詞，想方設法以最有趣的方式讓這些台詞在螢幕上活起來。（瑪塔．考夫曼日後表示，編劇在寫出一句話之後，會特別標記出一般少有人強調的字詞，看看我會怎麼詮釋這句台詞。）

即使在角色出現問題時，我們也能順利地梳理並解決問題，甚至在解決問題的同時，創造出全新的特色。

最初讀這部劇的腳本時，我就知道它與眾不同，它是一部著重角色內心與成長的故事，寫得十分精妙。但是在一開始，麥特．勒布郎對他的角色產生了疑慮，他認為腳本中的自己是個又酷又陽剛的花花公子，這會導致瑞秋、莫妮卡和菲比不願意和他做朋友、不那麼喜歡他，他的角色也會因此顯得不夠真實。

另一個麻煩之處在於，麥特這傢伙長得非常帥——他一看就是演男主角的料，我和他初見時甚至還有點嫉妒，不過他這個人真的很親切很搞笑，我心裡的妒意很快就消散了。儘管如此，他還是沒能適當地進入角色。他在劇中的角色還沒有明確的定義——編劇是這麼形容他的：他是個酷酷的帕西諾類型男子，又是個失意的演員。麥特照著這段描述去演，卻還是覺得不對勁。有次在試穿服裝時，他穿上了棕色皮褲，幸好大家都極力反對，負責那次試裝的瑪塔更是強烈要求他把褲子換掉。

接著到了早期排演階段，麥特和寇特妮在對話，他說到自己在和一個女人交往，性愛的部分卻差強人意。寇特妮問他，他有沒有想過，可以單純為了和那個女孩子在一起而交往？但無論她怎麼解釋，喬伊就是聽不懂。在那一刻，他從花花公子轉型成了可愛又沒用的傻小狗。他也用另一種搞笑方式加強了這樣的形象：每次有人對他重複解釋什麼事情，他都聽不懂。他找到了自己在這部劇中的定位，基本上就是瑞秋、莫妮卡和菲比的傻大哥。如此，所有人都有自己的定位了。

偶爾，麥特會走進我的化妝間（主要是在第一季的時候），問我怎麼詮釋他的台詞。我會把我的想法告訴他，他下樓一演，果然無可挑剔……但拍到第十季，他成了最佳進步球員，變成是我去他的化妝間，向他請教我的台詞要怎麼演了。

這都是後話了。就目前為止，我們拍的還是一九九四年秋季即將上檔的戲。就目前為止，還沒有人知道我們是何等人物。

／

第一季殺青後，就只剩確認播放時段這個環節了。NBC知道這是一部大作，於是把我們安排在《為你瘋狂》（*Mad About You*）和《歡樂單身派對》之間，給了我們最完美的精華時段。那個年代還沒有串流影音，只有「預約電視」（appointment TV），播放時段對一部劇而言事關重大，觀眾想看晚間八點、九點的節目，還得在那個時間匆匆趕回家、開電視。當時人們會依照自己想看的節目安排生活，不像現在，大家變成依照自己的生活習慣來安排什麼時候看節目。總而言之，我們被安排在週四晚間八點半，正好在兩部大劇中間，這可是不得了的大事件。

我們搭華納兄弟的私人飛機去紐約參加季前發布活動（upfront）——所謂的季前

發布，就是對相關產業的組織與人物介紹我們的劇。這次公關活動上，我們得知了新的劇名：《六人行》。（他們改劇名時，我覺得這個新的名稱爛透了——我可沒說過我是聰明人。）業界眾人對《六人行》非常感興趣，一切都步入軌道了。我們在紐約歡慶、醉酒、開趴；接著去芝加哥參加更多季前發布活動，繼續開趴。

那之後，我們得等上一整個夏季，才到新劇上檔的時候。那年夏天，我用三件大事消磨時光——在吉米．波羅斯的指示下，去拉斯維加斯賭博；獨自去墨西哥旅行；還有在某個壁櫥裡和葛妮絲．派特洛（Gwyneth Paltrow）打得火熱。

我是在麻州威廉斯敦遇到葛妮絲的。她在那裡演舞台劇，我則是去探望祖父，某一場大派對上，我們一起溜進收納清潔工具的壁櫥裡親親熱熱。我們兩個都還沒有什麼名氣，事情沒有被當作花邊新聞報出去，但當時是吉米．波羅斯讓我認清了現實。

季前公關活動結束後，我們看得出《六人行》會大受歡迎，於是吉米帶上我們所有人，搭私人班機去拉斯維加斯——我們在飛機上看了《六人行》的試播集。降落後，他發給每個人一百美元，叫我們去賭博玩樂，因為新劇在秋季上映後，我們就再也不可能幹這種事情了。

「你們的人生會變得和現在完全不同。」吉米說。「趕快趁現在去公共場所玩玩，等你們出了名，就再也不能這麼玩了。」我們六個新朋友聽話照做了，一起醉酒、賭博，逛了一間又一間賭場。我們就只是六個關係密切的陌生人，趁週末來賭城遊玩；沒有人認識我們，沒有人請我們簽名或拍照，沒有狗仔來追我們，未來離我們還好遠好遠。而在那個未來，我們生活中的每一分、每一秒都將被記錄下來，永遠曝光在大眾的注目之下。

我還是很想成名，但即使在當時，我也已經嚐到了空氣中一種狂野又怪異的滋味——名聲就彷彿難以捉摸的愛人，它真的能填補我心中所有的空洞嗎？要是哪天我一手拿著伏特加通寧，在燈光刺眼的賭場裡拿二十元押注黑色，就會有人大喊：「馬修·派瑞剛剛拿二十塊押黑色！大家快來圍觀！」不知那會是什麼感覺？今年夏季，我可以在派對上和名為葛妮絲的美麗少女熱吻，除了我與葛妮絲本人以外無人在意，但這樣的日子以後就再也不會有了。

付出這樣的代價，值得嗎？放棄「正常」生活得來的名聲，真的值得我所付出的嗎？有人會去挖我的垃圾，有人會用遠攝鏡頭拍下我最糟的、最好的和其他所有照片，這些當真值得嗎？

回想二十一歲生日當天，我在比佛利中心對面的索菲特酒店（Sofitel）喝了七杯「七和七」調酒，把一整瓶葡萄酒倒進巨大的白蘭地酒杯——就是那種經常放在鋼琴上，讓人投小費的大玻璃杯——叫了計程車，拿著大酒杯坐上計程車後座，一面啜著葡萄酒，一面努力用只發得出「L」音的大舌頭跟司機說我家地址，結果駕駛座那個男人大吼：「你他媽在搞什麼啊？」因為他根本就不是計程車司機——就只是個普通的汽車駕駛而已。我是不是再也不能像二十一歲時那樣，匿名瘋狂一夜了？

最重要的是，我內心的坑洞真的能填平嗎？以後我會不會渴望和大衛・普萊斯曼或克雷格・比爾科互換身分？還是他們會想和我交換人生？當我的姓名成為脫口秀與深夜節目主持人口中的一種符號、成為代表「癮君子」的符號時，我該怎麼對朋友解釋？當素昧平生的人們痛恨我、熱愛我、對我產生任何情緒時，我又該怎麼對朋友說呢？

我到底該對他們說什麼啊？

而當上帝提醒我，我在成為《六人行》一員的三週前，曾經對祂禱告——我又該對上帝說什麼？

上帝，祢想對我怎樣都無所謂，拜託讓我成名就好。

祂即將實現我的願望——但這也表示，依照我們之間的約定，祂想對我怎樣都可以。這位上帝時而慈悲，時而認為把自己的親生兒子釘上他媽的十字架也沒問題；現在，我的命運就拿捏在這位上帝手裡。

祂會為我選擇哪一條路呢？聖彼得會為我亮什麼燈呢？金燈、紅燈，還是藍燈？

答案馬上就要揭曉了。

／

吉米．波羅斯那番關於成名的言論在我腦子裡繞來繞去，我想說不如趁自己還是個無名小卒，來一趟最後的低調旅遊吧。

一九九四年夏末，我獨自一人飛去墨西哥。我在不久前剛和女友嘉碧分手，所以決定作為單身漢來一趟酒精遊輪之旅。到了卡波聖盧卡斯，我到處閒晃，喝醉了就在房間裡打電話給遠在洛杉磯的女孩子。然後我上了郵輪，每晚都去一些奇奇怪怪的派對湊熱鬧。參加派對的人一開始都緊張兮兮的，直到酒精出現，派對才正式開始。

我很孤單；沒人跟我上床；卡波熱得要命，我心裡卻冷得要死。我感覺上帝正注視著我，靜靜等待著什麼。最令人發毛的是，我知道上帝無所不知、無所不能，這就表示此時的祂已經知道祂為我安排的未來是什麼了。

／

《六人行》在一九九四年九月二十二日星期四首播，一開始在電視劇排行榜上名列第十七，以全新的劇集來說已經表現得很不錯了。大部分的評論也都非常正面：

《六人行》……包準……出人意料又引人入勝……全體演員都很吸引人，對白完美捕捉了一九九四年的風潮……《六人行》是最接近大滿貫的新劇集。

——《紐約時報》

《六人行》出了許多妙招，真的無可挑剔。它十分輕鬆淺顯，以致每一集結束後，你可能無法回想起剛才究竟演了什麼，只記得自己不住捧腹大笑。

——《洛杉磯時報》（*Los Angeles Times*）

勇於挑戰的演員團隊，以俏皮的羞澀姿態演繹接連不斷的戲謔對白，似乎認為自己演的是X世代版的尼爾・賽門（Neil Simon）戲劇。

——《時人》雜誌

如果《為你瘋狂》和《歡樂單身派對》的劇迷能接受角色之間的年齡差距，他們想必會對一同笑談生活、愛情、人際關係、工作與彼此的這六人組毫不陌生。

——《巴爾的摩太陽報》（*The Baltimore Sun*）

但也有幾篇負評：

其中一個角色說他夢到自己的陰莖是電話，鈴響時「竟然是我媽」。這還是開頭前五分鐘的劇情。（這是）爛透的作品……糟糕至極……主演包括可愛的寇特妮・考克絲、曾經幽默的大衛・史威默、麗莎・庫卓、麥特・勒布朗與馬修・派瑞。他們看起來都不錯，只可惜演了這齣有失格調的劇。

——《華盛頓郵報》（*The Washington Post*）

索然無味，配不上週四晚間時段。

——《哈特福德新聞報》（*Hartford Courant*）

但話說回來，迪卡唱片（Decca）藝人暨製作部的迪克・羅維（Dick Rowe）在一九六一年拒絕和披頭四合作時，也是對布萊恩・艾普斯坦（Brian Epstein）說：「吉他樂團已經過氣了。」不知道那些評論者現在是什麼感受？他們可是嫌棄了堪稱史上最紅的電視劇，徹底錯過了這波熱潮。不知道他們當初看到《歡樂單身派對》、《外科醫師》（*M*A*S*H*）、《歡樂酒店》、《波城杏話》（*St. Elsewhere*），是不是也覺得難看至極？

我們可沒有過氣；在那個很重視時段的年代，我們可說是定義了黃金時段，掀起了電視界的淘金熱。並且比如潮好評更重要的是，上一個時段剛看完《為你瘋狂》的觀眾當中，足足有約百分之八十的人都留下來繼續看《六人行》，這對一部新劇來說絕對是極佳的成績。播到第六集，我們已經超越《為你瘋狂》，一炮而紅了。不久之後，我們成為榜上第十名，接著上探前五名，接下來十年穩居榜上前五的高位。時至今日，這還是前無古人、後無來者的成就。

於是呢——**名聲**，它就這麼來了。《六人行》如我們所料成了一部大作，我絕不能拿這一切去冒險。我深愛演員同伴們、深愛腳本、深愛這部劇的一切……但與此同時，我也深受成癮症所苦，越來越覺得羞愧難當。我藏了一個絕不能告訴任何人的祕密，即使在拍片時也很難受。我在二〇二〇年的《六人行：當我們又在一起》（*Friends: The Reunion*）中坦承：「我生怕（現場觀眾）不笑，那種時候就會覺得自己要死了。這種態度真的很不健康。有時候我說出一句台詞，他們沒有笑，我就會突然滿身冒汗——然後，有點像是全身都在痙攣。如果沒有如預期般成功逗笑觀眾，我就會精神崩潰。拍戲的每一晚都是這種感覺。」

在這份壓力下，我的心理狀態越來越糟；我也明白，這部戲的演員明明有六人，卻只有一個人病了。話雖如此，我滿心期盼的名聲果然來了——在倫敦，我們彷彿**就是披頭四**，飯店外人聲鼎沸，激動的尖叫聲此起彼落——這部劇紅遍了全世界。

一九九五年十月底——第二季第五集剛播完，第六集還未上映時——我飛往紐約，準備首次登上《大衛深夜秀》（*Late Show with David Letterman*）。在當時，一個人能上大衛．賴特曼（David Letterman）主持的節目，就表示他的名聲已經達到了大眾文化的巔峰。我穿了一套深色西裝——節目錄到一半，賴特曼還摸了摸我的翻領，說它是「一九六〇年代晚期英倫入侵風格，有點摩登」。

「各位先生、各位女士，這個男人是全美第一電視劇的演員，大家請熱烈歡迎馬修．派瑞。」

我像個明星一樣從容登場，該得到的名聲都歸我了。但我也緊張到腳軟，幸好上節目可以坐著。

我和賴特曼先生握手打招呼，接著進入排練多次的演說，落落長地描述類似《吉利根島》（*Gilligan's Island*）情境喜劇的故事。我還設法和亞西爾．阿拉法特（Yasser Arafat）說了相同的故事──那是聯合國的五十週年紀念日，很多有頭有臉的人物都在紐約，阿拉法特剛好跟我住同一間飯店。賴特曼最愛這種荒誕離奇、長篇大論的故事了，我說的笑話每一句都惹得觀眾哈哈大笑──就連大衛也幾次忍俊不禁──我也好好藏起了天崩地裂般的恐懼。

一切都很美好，一切都金光璀璨。我剛滿二十五歲，參演了全球最知名的情境喜劇；我住在紐約一家飯店，看著世界各國領袖在保安人員的簇擁下進電梯，自己接著穿上要價上千美元的西裝，去節目現場和大衛．賴特曼談笑風生。

這就是成名的滋味。而在這五光十色的城市之外，在比高樓大廈、比中城天空、比微微閃爍的星辰更遙遠的地方，上帝俯瞰著我，靜靜地等待我的故事開展。反正祂多得是時間——幹，時間根本就是祂發明的。

祂不會忘記我們之間的交易，前方有什麼東西正等著我。我隱隱約約猜到了那是什麼，卻無法看清它的真面目，只知道它和每晚喝酒有關……不過，事情能惡化到什麼程度呢？

話雖這麼說，這股勢不可擋的力量才剛開始運作呢。我們的劇集成了某種文化標竿，我們幾個人無論去哪都會被成群粉絲包圍（大衛・史威默日後說道，有次他在路上遇到一群年輕女性，她們居然動手推開他的女友，爭先恐後地接近他）。到一九九五年年底，差不多在我上賴特曼的節目那陣子，我自己也交了個非常有名的新女友。不過在我介紹新女友之前，還得先了卻我和「另一位」錢德之間的恩怨。

／

我拿到錢德這個角色後，整整兩年都沒有克雷格・比爾科的消息——他搬到紐約，和我失聯了。

他當初放棄《我們這樣的朋友》，選擇了《最好的朋友》，結果後者一直沒沒無聞。（日後，NBC前總裁華倫．理特菲爾德〔Warren Littlefield〕在回憶錄中提到克雷格沒選擇《六人行》這件事：「謝天謝地！克雷格．比爾科有點史奈德利〔Snidely Whiplash〕*的感覺，表面之下似乎藏有熊熊怒火。受人喜愛又能演喜劇的帥氣男演員，其實非常罕見。」）但他還是穩定接了不少工作——後來還會成為百老匯音樂劇《歡樂音樂妙無窮》（*The Music Man*）的主演，和吉娜．黛維絲（Geena Davis）、山繆．傑克森（Samuel Jackson）共演《奪命總動員》（*The Long Kiss Goodnight*），此外還有很多精采的作品——然而我們兩人的命運出現了分歧，友情也因此化為死灰。

我很想他，在我認識的所有人當中，他仍舊是「詼諧腦」動得最快的那一個，我還是深愛他的這一點，還有他的許多特質。現在的我也不能再像從前那樣，去福爾摩沙咖啡廳和他吃飯聊天了；我也很懷念過去那種生活。我養成了在公寓裡獨自飲酒的習慣，因為這樣最安全。病情逐漸加深，但我當時還渾然不覺。若被任何人發現我喝得多凶，對方可能會驚駭地要求我戒酒，問題是，我當然不可能戒酒。

---

* 譯註：《王牌騎警》（*Dudley Do-Right*）動畫的反派角色。

有一天，我突然接到克雷格．比爾科打來的電話，他說想來見我一面。我很開心，心裡卻也忐忑不安。你有沒有和好友暗戀的人交往過？差不多就是這種感覺。我拿到了他本可以、也本該接下的工作，結果一路飛黃騰達，前方鋪開了黃金之路、白金之路、人類都還沒能發現的稀有貴金屬之路。

我不知道這次和從前的好友見面，會發生什麼事。瑪塔．考夫曼在日後評論道：「我們和無數個（想演錢德的）演員見了面，最終結果就是最理想的結果。」但我當然不能對克雷格說這種話，因為最理想的結果與奇蹟落在我頭上，和他擦身而過。（這不是我選的，是他自己做的選擇。）

他來到我的公寓時，氣氛相當緊張。克雷格率先開口。

「我想告訴你，我這兩年沒和你聯絡，真的很抱歉。」他說。「我拒絕了那份工作，卻看到你因為它而發財成名，心裡實在不能接受這件事。我們兩個都很優秀，都有機會演那個角色，嗯，所以，總之我一直不能接受……」

我默默聽他說完，然後我們陷入沉默。落日大道上的車陣，一路延伸到了謝內加大道（La Cienega Boulevard）上的福瑞．希格服飾店。

還是別提福瑞．希格好了。

雖然很討厭我接下來真正要說的話，但我還是不得不說。

我說：「克雷格，我跟你說，它沒有我們當初想的那麼神奇。它沒辦法解決任何問題。」（對一個從以前就一直渴望成名的二十六歲年輕人而言，這個想法真像是澆在頭上的冷水——我直到二十六歲才發現，名聲根本沒能填補任何坑洞，我還是只能用伏特加填滿空洞的心靈。）

克雷格盯著我看；他當時似乎不相信我說的話，可能到現在還是不信。你可能真的得經歷過美夢成真的時刻，才會發現自己的夢想全錯了。

日後，我在為《日落大道60號演播室》（*Studio 60 on the Sunset Strip*）做宣傳工作時，對《衛報》（*The Guardian*）表示：「我演過有史以來最少人看的一部劇（一九八七年的《第二次機會》），也演過有史以來最多人看的一部劇（《六人行》），可是這些對我人生的影響，都不如我最初的預期。」

把一切都考慮進去的話，我非常樂意和克雷格、和大衛．普萊斯曼、和路口那間加油站的員工交換人生——我願意此時此刻就和他們互換，永遠不要換回來，反正就是不想當這樣的自己，不想困在這痛苦的火輪上。這些人的大腦並不想弄死他們，他們夜裡都能正常睡眠。話是這麼說，他們可能還是不會對自己過去的選擇、對自己人生的走向感到滿意。

我倒是願意放棄這一切，只要我心裡的感覺能一併消除就好。我無時無刻不想著這件事；並且它並不是閒暇隨便想想的小事情——而是冰冷無情的現實。我當初對上帝提出了浮士德式的交易，但那完全是孩子氣的祈禱，再愚蠢不過了。它完全沒有現實根據。

後來，它卻成了無可抵賴的現實。

想看證據嗎？我的財富、知名度和一次又一次的瀕死經驗，就是最好的證明。

Friends, Lovers, and the Big Terrible Thing

插曲／聚焦 Zoom

終於從瑞士回到洛杉磯了。這是疫情期間，沒有任何一家店面在營業，我們每個人都關在各自的小房間裡，生怕死神找上門來。麻煩的是，我的頭腦越來越清晰了，我再次陷入清醒與渾沌之間的戰鬥。

和別人相比，我面對疫情並沒有那麼難受，原因有兩個：第一，這是發生在我腦袋之外的事件；第二，我有了絕佳的藉口，可以躲在占滿世紀城（Century City）世紀大樓整個四十樓、足足一萬零四百平方英尺的公寓裡，整天足不出戶。

至少我的肋骨沒有先前那麼痛了，我也逐漸清醒過來了。這就表示，我逐漸意識到自己訂了婚，和一個女人、兩隻狗住在一起。用膝蓋想也知道，我當然沒做好任何心理準備，沒法接受這種現實。妳怎麼和我住在一起？我們怎麼同居了？我們竟然連未來孩子的名字都選好了，而且還是我其中一部電影的片名？也太誇張了吧？

是你自己單膝下跪跟我求婚的，你跪下來的時候還覺得肚子很痛呢，這你都不記得了嗎？

我並不記得——用膝蓋想也猜得到，我們後來分手了。

Chapter 5

No Fourth Wall

沒有第四面牆

在Covid疫情期間，不是有些人覺得自己在不斷重複過同一天嗎？

我來告訴你，我希望自己能一再重複的日子是哪一天吧。（這是我的《今天暫時停止》，我最想重複的「今天」。）如果下半輩子能天天重複過這一天，那該有多好。可惜事與願違，我只能把那一天當成故事說給你聽，說不定這樣一來，我就終於可以放下它了。

（當然，這還是無法令時光倒轉。）

那是一九九五年元旦前夕，新墨西哥州陶斯鎮。我和女友茱莉亞．羅勃茲與另外幾個朋友，整個下午都在雪地上打美式足球。茱莉亞是全球最知名的電影明星，我則是世界頭號電視劇的演員。

這場戀情其實是從傳真開始的。世界上某個角落，存有大約兩英尺高的傳真通信——兩英尺高的曖昧，寫滿了詩句、突發奇想，以及兩個巨星墜入愛河、形成美妙浪漫連結的過程。

當時的我飄飄欲仙，我就是萬物的中心，沒有任何事物能撼動我的地位。我擁有成名的白熾火焰了——我一再伸手掠過火焰，卻還沒燙傷；它是靜止不動的萬物核心。這時的我還沒發現名聲無法填補內心的空洞，這時的我可是被名聲填得滿滿的，沒有任何缺漏。

《六人行》第一季好評如潮，我乘著浪頭輕飄飄地拍完第二季，我上了賴特曼的節目，接下來準備上雷諾（Jay Leno）的節目。在《時人》與《滾石》（*Rolling Stone*）都還是名人指標的年代，我們登上了雜誌封面。而現在，拍電影的邀約如雪片般飛來，這也是理所當然的。我想得到的一切都唾手可得，百萬美元的電影工作邀約一份又一份送到了我面前。我雖然不是茱莉亞．羅勃茲，但這也是因為世界上只有一個茱莉亞．羅勃茲。

這時候，只有名人才遇得上的事情發生了。瑪塔．考夫曼來找我，建議我送花給茱莉亞．羅勃茲。

就是那個宇宙級巨星茱莉亞．羅勃茲嗎？

「喔好啊，為什麼？」我說。

原來，是劇組邀請茱莉亞來第二季客串演出，演超級盃結束後的那一集；茱莉亞的回覆是，她只想在我的故事線中客串，否則她不演。我重複一次喔——她只想在我的故事線中客串，否則她不演。（我這一年也過得太順遂了吧？）不過在此之前，我得先讓她動心。

寄出花束之前，我絞盡腦汁思考卡片上要寫什麼。我想寫得專業一點，用明星對明星說話的口吻給她留言。（好吧，是明星對大巨星。）話雖如此，我也想寫一點帶調情意味的話，這樣才能對應她之前給劇組的回覆。即使到了今天，我想到自己後來寫在卡片上的句子，還是覺得非常得意。我寄了三十幾朵紅玫瑰給她，卡片上寫的是：

想到妳可能參演我們的劇，我就興奮不已。能令我更激動的事情只有一件：這下我終於有藉口送花給妳了。

還不賴吧？我這個人晚上不敢睡覺，必要的時候卻能大放魅力。不過呢，我的工作可還沒結束。她給我的回覆是：如果我能好好對她說明量子物理學是怎麼回事，她就同意來跟我們拍戲。哇。我首先要說的是，茱莉亞絕對是**啟發人類發明口紅的女人**，我竟然在和她書信往來。而現在的重點是，我得努力讀書學習了。

隔天，我傳了一份關於波粒二象性、測不準原理與量子糾纏的文章給她，其中只有一部分是譬喻。《六人行》的特約編劇之一——艾莉莎．榮格（Alexa Junge）——在多年後對《好萊塢報導》（*The Hollywood Reporter*）表示：「（馬修）非常有魅力，（茱莉亞）遠遠就對他產生了興趣。他們花了不少時間透過傳真談情說愛，她會傳一些問卷給他，例如『我為什麼要和你交往？』，然後全體編劇都會幫忙對她說明為什麼要和他交往。即使沒有我們幫忙，馬修自己也做得很好，但我們無疑是馬修隊的後援會，大家想盡了辦法要幫他實現願望。」

最終，我們所有人的努力得到了回報。茱莉亞不但同意來拍戲，還寄了禮物給我：貝果——她送我很多很多貝果。好喔，貝果有什麼不好？幹，人家可是茱莉亞．羅勃茲耶。

接下來三個月，我天天透過傳真追求她。這是網路和手機普及以前的年代——我們所有的交流都是透過傳真，來回傳了非常多份訊息，應該有好幾百張吧。起初還只隱隱滯留在浪漫邊緣：我傳了詩詞給她，讓她列出洛杉磯國王隊（Los Angeles Kings）的三冠王陣容，諸如此類。我們兩個可不是什麼閒人——我在拍全球最受歡迎的電視劇，她在法國拍伍迪・艾倫的新電影，《大家都說我愛你》（*Everyone Says I Love You*）。（她確實是。）但再怎麼忙，我每天還是會坐在傳真機旁邊，看著跑出來的那張紙逐漸印出她的下一封信。我整個人興奮得要命，甚至有幾晚去參加派對，和某個漂亮女人對話調情到一半，我還會匆匆中斷對話、風風火火地趕回家，想看看是不是有新的訊息傳來。這一次次跑回家，十之八九都真的有新的傳真在那裡等著我。她的信都好讓人佩服——她組織語句的方式、她的世界觀、她獨到的見解和表達方式，全都令我著迷。同一份傳真，我經常會反覆讀個三、四遍，甚至是五遍，像個小笨蛋一樣對著那張紙傻笑。她彷彿生來就是為了讓這個世界露出笑容，我現在更是感受到了她的美好，像個第一次和人約會的十五歲屁孩。

重點是，我們甚至連話都沒說過一句，更別提實際見面了。

然後，一天清晨，情況發生了變化。茱莉亞的傳真隱隱朝著浪漫的方向走去了。

我打電話對朋友說：「這已經超出我能理解的範圍了。你趕快來一趟，幫我看看我想的對不對。」

朋友到場時，我把傳真拿給他看。他說：「嗯，你沒有錯。這絕對超出你能理解的範圍了。」

「那我要怎麼回她？」

「這就要看你的感覺囉。」

「去你的，」我說，「快跟我說要怎麼回啦。」

於是，我和這位「西哈諾」（Cyrano）＊整合了彼此的想法，回傳了一份同樣有點浪漫意味的訊息。事後，我們站在傳真機前大眼瞪小眼，兩個男人默默盯著那台機器。

大概過了十分鐘，公寓裡突然充斥著傳真機突兀的聲響——猶如來自外太空的咚

＊譯註：西哈諾・德・貝傑拉克（Cyrano de Bergerac）是法國作家，以舞台劇《風流劍客》聞名，劇中男子因自卑而不敢向心儀的女性表達愛意。

咚、嗚嗚、嘶嘶聲，猶如排山倒海而來的一大堆訊息。

紙上寫的是：「打給我」，下面是她的電話號碼。

我拿起電話，撥給了茱莉亞・羅勃茲。我緊張得要命，和初次上賴特曼的節目時一樣緊張，不過我們的對話相當輕鬆——我逗得她笑了，天啊，她那個笑聲……她顯然聰明絕頂，腦子不容人小覷。這時候我就看得出，我見過的所有人當中，她的說故事能力絕對位居前三名。她說故事的方式真的太精采了，有一次我甚至問她，她是不是會提前把故事整理好、寫下來。

五個半小時過後，對話趨近尾聲，我赫然發現自己已經不緊張了。那之後，再也沒有什麼力量能阻止我們了——我們不時會聊個五小時、四小時。我們正在下墜，不確定是墜入什麼，但無疑是在下墜。

我們很明顯都深深淪陷了。

某個星期四，我的電話又響了。

「我星期六下午兩點去你家。」

喀擦。

就這樣。

她怎麼知道我住哪？要是她不喜歡我怎麼辦？要是她覺得我們傳真通信、電話聊天很可愛，可是她不要現實生活中的我，那怎麼辦？

我怎麼一直喝，就是停不下來啊？

果不其然，那週六下午兩點，有人敲了敲我的門。馬蒂，深呼吸。我開門時，她就在那裡，巧笑倩兮的茱莉亞．羅勃茲就站在我家門外。

我說了類似這樣的話：

「喔，原來是這位茱莉亞．羅勃茲啊。」

就算在這種時刻，笑話還是會不由自主地冒上來，如果克雷格也在，他一定會搶先說出口，但他並不在場。她發出茱莉亞．羅勃茲式的笑聲，足以發動一千艘大船的笑聲，然後空氣中所有的緊張頓時煙消雲散了。

她問我過得怎麼樣。

「我感覺像全世界最幸運的男人。妳過得怎麼樣？」

「你還是趕快邀請我進屋吧。」

我的確在字面意義上和象徵意義上都邀請她進來了，我們之間的戀情就此展開。等到《六人行》的超級盃那一集開拍時，我們已經是一對情侶了。

不過在拍那一集之前，我們得先回到元旦前夕的陶斯鎮。一九九六年即將來臨，我在和茱莉亞・羅勃茲交往，甚至還見過她的家人。是她幫我安排了飛往她家鄉的私人班機，然後開著橘色福斯金龜車來接機。我以為自己很有錢，沒想到她這才算有錢。

我們一整天都在雪地裡打美式足球。晚間，茱莉亞看了看我，看了看錶——半夜十一點四十五分——拉起我的手，說道：「跟我來。」

我們跳上一輛藍色大卡車，在飛旋飄落的雪中往山上開。我完全不曉得現在要去哪，只覺得再往前一段就要駛入星空了。一段時間後，我們來到山頂，落雪也暫停了一會，放眼望去可以看到整個新墨西哥州與更遙遠的地方，將這裡到加拿大之間的所有風光盡收眼底。我們坐在那裡，她讓我感覺自己就是這世界高高在上的王。白雪輕輕飄落，一九九六年就此開始了。

二月，茱莉亞上賴特曼的節目，賴特曼鍥而不捨地問她，我們到底是不是在交往？她才剛在《六人行》「超級盃之後的一場」（The One After the Super Bowl）這集客串演出，該集的客串演員除了茱莉亞，還包括尚—克勞德·范·達美（Jean-Claude Van Damme）、布魯克·雪德絲（Brooke Shields）、克利斯·艾薩克（Chris Isaak）等知名人物，觀看人次高達五千兩百九十萬人，有史以來所有接在超級盃之後播放的節目裡，這一集的觀看人次最高。光是這一集的廣告收益就十分驚人——三十秒播放時間的收益超過五十萬美元。《六人行》現在穩居NBC搖錢樹之位。

（儘管如此，記憶中有那麼兩、三個夜晚，我心裡還是會想：**如果我演的不是《六人行》，而是《急診室的春天》〔ER〕就好了**。我總覺得自己缺乏關注，問題仍未消除，它彷彿我的指紋、我的瞳色，怎麼也抹滅不去。）

「超級盃之後的一場」共有兩集的時長，我們在元旦過後幾天拍攝有茱莉亞的部分——也就是一月六日到八日。他們幫我寫的台詞都類似：「我以前習慣用幽默來保護自己——還好我現在不會那樣了。」還有：「我遇到最完美的女人了。」我們在沙發上的吻戲非常逼真，大家都以為那是真的。

那的確是真的。茱莉亞的客串演出再好不過，我們之間的情愫似乎透過電視機滲透到了全美。

回答賴特曼的問題時，茱莉亞再次證明了自己的聰明機智，對所有人說出了令人摸不著頭腦的答案：

「是啊，我是在和馬修．派瑞交往沒錯，但不知道為什麼——可能是因為我演了那個超級盃電視劇，大家都以為我在和《六人行》的馬修．派瑞交往。實際上，對方是我在霍博肯（Hoboken）認識的服飾店員工。不過啊，《六人行》的那個馬修．派瑞人也很不錯，所以被大家誤會了我也很開心。」

她還誇我「非常聰明、好笑又英俊」。

在當時，一切都再美好不過。

第二季殺青後，我在四月前往拉斯維加斯，準備拍我此生第一部大片。我這次將和莎瑪・海耶克（Salma Hayek）共演《傻愛成真》（*Fools Rush In*），報酬是一百萬美元。時至今日，它應該還是我拍過最好看的一部電影。

如果換作現在拍那部電影，我必定會帶三個人同行，這主要是因為我害怕獨處。不過當時就只有我獨自前往拉斯維加斯，過去的我還不像現在的我如此滿懷恐懼。這大概就是年輕人被派上戰場的理由吧——他們還年輕，心中不存在恐懼，總覺得自己刀槍不入。

我這麼說你可別誤會，想到要拍《傻愛成真》，我還是很緊張的。我來到了拉斯維加斯，肩頭扛著一部三千萬美元的電影。上工第一天，司機載我回家的路上，我對他說：「趕快停路邊。」他在路邊停車，我馬上就在滿腔恐懼的驅使下，直接在馬路旁嘔吐了起來。

拍電影和拍電視劇不太一樣，拍電影的節奏比較慢，而且你必須真正感受到你要演繹的感情。這需要比較深層次的功夫，從電視劇轉換到電影的過程沒那麼容易，對我來說也困難許多，因為電影的場景不會照時序拍。

還記得我拍《傻愛成真》的第二天，我們在拍產科診所的一個場景，這是我們第一次聽到胎兒的心跳聲。我壓根就不曉得該怎麼進入那種情緒，畢竟我和莎瑪才剛認識沒多久而已。事後，我想到我得在某一個場景哭出來，這也令我惴惴不安。我成天想著這件事，為此憂心了一整晚，結果卻莫名其妙地順利演完了。在鏡頭前哭泣其實有個簡單的技巧——你只要想想能讓你感到非常傷心的事情就好了。難就難在怎麼抓時機，因為你得在剛剛好的時間點開始哭，而且還得一次又一次重拍。

我在《傻愛成真》片場上哭了一整天。我對導演安迪．塔南特（Andy Tennant）說：「兄弟，我們已經拍了十個小時，我都快虛脫了。」

安迪說：「朋友，我們還得再拍個兩次。」

聽到這句話，我不禁嚎啕大哭，結果我們兩個都笑了起來，可見我的油箱還沒見底。（老實說，對我個人而言，戲劇演出比喜劇演出容易一些，我看到某個場景的腳本時，心裡想的是：**我不用搞笑嗎？那還不容易**。我這輩子目前為止四度被提名艾美獎，其中一次是演喜劇，另外三次演的都是戲劇。）

我開始想一些好玩的策略，想方設法汲取真正的情緒，讓自己從搞笑的情境喜劇演員昇華成電影男主角。中午，拉斯維加斯的同溫層酒店（Stratosphere Hotel）來了一場壯觀的煙火秀——我叫莎瑪在這個時候往飯店的方向看，因為我的角色初見她的角色時，心裡就是這種感受。

莎瑪已經盡力了——剛開始拍片時她就走進我的拖車，對我說：「我們稍微抱著躺一下吧。」

我努力用最像錢德的方式——愣一下，然後諷刺地盯著她——對她說：「喔，好喔！我們來稍微抱著躺一下吧！」

莎瑪對於如何拍攝場景很有想法，總是能說出複雜難懂又落落長的一段話，可是她這些冗長的建議不見得有幫助。電影中有場戲是我在對她告白。她建議我們都不要看對方——應該說，她建議我們遙遙凝望兩人攜手共度的未來。聽她在那邊胡扯大概二十分鐘後，我終於開口了。「莎瑪，妳聽我說，」我說，「這場戲是我在跟妳告白，妳想看哪隨妳便，反正我就是要看妳。」

拍片期間，我一再反覆讀腳本、對安迪．塔南特提出各種可以加進電影裡的笑話。安迪真的是個大好人，他總會鎮住我——我不安分地到處搞怪搞笑時，他會把我拉到一邊，對我說：「你不必做這些，就算不做這些，你的戲也足夠有趣了。」

多虧了這個理念，他竟從我身上提煉出我演藝生涯中前幾名優秀的演技。他是不是換了種說法告訴我**「馬蒂，你夠好了」**，他是不是把我從小到大最想聽到的話給說出來了？（安迪後來又導演了好幾十部電影，其中包括威爾．史密斯〔Will Smith〕主演的《全民情聖》（*Hitch*），可見好人不一定吃虧。）

除了人很好之外，安迪還很樂意聽別人的提案。有一天，我朋友安德魯．希爾．紐曼（Andrew Hill Newman）來片場看我，想到了一句台詞：「妳是我未曾發現自己一直渴望的一切。」我把這句話寫下來交給安迪，他非常喜歡這個提議，後來這也成了整部電影最著名的台詞。如果只論我拍過的電影，這應該是我說過最棒的一句台詞。

／

拍片的某一天，後方米德湖上有好多人在玩水上摩托，我問等等午休時可不可以讓我去玩玩看。這時我們才剛開始拍片，劇組認為不該從事冒險的活動。

但當時我天天過得順風順水……於是我直接說：「那個，你們說『好』就是了。」

然後我到了米德湖上，只見豔陽高照，藍水如火焰般劈啪作響。我騎著水上摩托飛馳在水上，遙遙望見胡佛水壩（我們之後會在水壩拍攝電影的高潮鏡頭），威爾遜山則像某種籠罩著這一切的警告，默默矗立著。但我生活中的一切都完美無瑕，我交了個全世界最美、最有名的女友，我是全美頭號電視劇的演員，我拿了很多錢拍一部只可能成為票房冠軍的電影。我用力催動水上摩托的油門，感覺到機器和湖水鬆散、柔和地相連，在水上左轉、右轉，被波浪震得在座位上彈了好幾下。我的右手轉了又轉，轉了又轉，把機器逼到最極限。

我猛然抓著龍頭往右轉，身體卻繼續筆直前進。我飛到空中，然後又不在空中了。游上水面時，我回頭望向剛才的起點，全劇組四十人都站在岸邊，眼睜睜看著我拿整部電影冒險，這時他們全都跳進米德湖來救我。

我回到岸上，感覺得出自己受傷了。當晚排的是一場大戲——嬰兒誕生的場景，也是整部電影的關鍵場面——我必須處於最佳狀態、拿出最好的表現。問題是，我全身上下都好痛，脖子更是被我搞得疼痛不止。劇組看得出我很痛苦，於是幫我找了醫師，醫師來拖車看我，拿了一顆塑膠包裝的藥丸給我。

「完工以後吃這個。」醫師說。「吃了就都好了。」

我把藥丸放進口袋。我對天發誓，當初要是沒吃下那顆藥丸，接下來三十年必定不會變成後來那個鬼樣子。誰知道我錯過了什麼樣的三十年歲月呢？我只知道，我後來那三十年真的非常慘。

我在《傻愛成真》裡的角色是房地產開發商，開一台紅色的福特野馬車。那晚的戲拍了好久好久，最後終於在黎明破曉前收工。我能感覺到，朝陽逐漸逼近天際了。

「欸，我可不可以開那輛野馬（Mustang）回我在拉斯維加斯的家啊？」我問道。

本以為在水上摩托事件過後，他們不可能再答應我的任何請求，沒想到他們居然同意了。

新的一天降臨內華達州，我開車駛離片場時，破曉陽光悄悄從威爾遜山另一側探出頭來。我拉下野馬車的敞篷，吞下藥丸。我想到茱莉亞，想到昨日無憂無慮地飛馳在米德湖上。我想到了童年，那一刻的我竟然沒有因童年回憶而心痛。隨著藥丸逐漸生效，我腦中有什麼東西「喀擦」一下就位了，這就是我追尋了一生的感覺。我想到名聲、克雷格．比爾科、穆瑞兄弟、《六人行》。旭日漸漸東昇，漫天都是粉紅色卷雲，四周都是輕柔的沙漠空氣。這是屬於我的粉紅色穹空。我當下感到通體舒暢，就算突然被火車撞到，我也只會轉頭對工程師說：「這種事情發生了也不奇怪啦，兄弟。」我再次躺在加拿大後院的草地上，周圍盡是穆瑞的嘔吐物。我簡直無法相信我感覺如此美好，我完完全全沉醉在最純粹的狂喜之中。那顆藥丸將我全身的血液置換成暖洋洋的蜂蜜，我彷彿飛到了雲端。我還是頭一次體驗到這麼棒的感覺，彷彿再也沒有任何事情會出錯了。我記得自己開著紅色野馬敞篷車，駛向在拉斯維加斯的租屋處，心裡想的是：**這東西如果不把我搞死，那我一定要再來一次。**考慮到後續發生的種種，這當然是一段不好的回憶，同時卻也是美好的回憶。那天早上，我的心靈貼近了上帝，感受到了天堂之樂——這可不是每個人都能體驗到的。那天早上，我和上帝握了手。

還是說，那其實不是上帝，而是別人？

那天早上，我回到家做的第一件事就是聯絡那個醫師，跟他說藥丸有效消除了我的疼痛（我後來還是決定省略上帝的部分）。我去睡了一覺，醒來時，又有四十顆相同的藥丸送到我家。喔，我似乎理解了什麼！

馬蒂，小心點，讓你感覺這麼好的東西一定有某種副作用。我現在知道副作用是什麼了——老天啊，我已經徹頭徹尾看清了事情的後果。可是，當時的我還不懂事。如果關於《傻愛成真》的故事就到此為止，如果我只有一些歡樂小故事和拍電影的業內冷知識可以告訴你，那該有多好。不好意思，我得打破你對名人工業複合體的美好幻想了——在這光鮮亮麗的表象下，在馬丁尼shot與A攝影機背後，其實是許多人真實的人生。然而，當時沒有人知道，一個看似最不可能遇上這種事的人，即將墜入地獄之門。

一年半過後，我天天都吃五十五顆那樣的藥丸，後來入住明尼蘇達州海瑟頓（Hazelden）康復中心時，我的體重只剩一百二十八英磅，生活也只剩一片狼藉。我陷入未經矯飾的恐懼，確信自己必死無疑，還完全不知道自己究竟發生了什麼事。我不是想死，就只是想讓自己感覺好一些而已。

結果呢，「馬修·派瑞進康復中心」果然成了大新聞，我甚至沒機會私底下處理我自己的問題，大家馬上就知道我進康復中心了。我的問題被直接擺在雜誌封面——我甚至不能像其他病友一樣匿名療養。我怕得要死，但我年紀還輕，很快就康復了，在短短二十八天重新站了起來，看上去健康很多。

這也是大新聞，卻不像前一則新聞那樣轟動一時。

／

拍電影和拍電視劇完全不是同一回事。在拍《六人行》的時候，你要是為了什麼事情傷心，那就把傷心的情緒放到最大，把自己當成全世界最難過的人——基本上就是演得極盡誇張，讓現場觀眾連最後一排都看得到。另外，你的演技還包含了你和觀眾之間的默契，像是在說：「喂，大家快看看這個，你們一定喜歡。」拍情境喜劇，感覺就像每週演一部只有一幕的舞台劇，觀眾席坐了三百人，你必須對他們敞開心扉。

拍電影的節奏就慢了很多——你會先拍個主鏡頭（master shot），接著拍特寫，然後拍更近的特寫。假如你的角色很傷心，那你就演他傷心的樣子，沒有演員與觀眾產生默契的部分——寶貝啊，這邊可是專業的演戲。拍電視劇不僅節奏快，《六人行》甚至連排演也進行得很快。還記得亞歷・鮑德溫（Alec Baldwin）來客串過一次，他也說：「你們動作好快！」

因為經常有名人來客串，所以我們得隨時臨機應變。我最喜歡的客串演員之一是西恩・潘（Sean Penn）——他演過第八季其中兩集，演得出神入化。在他的故事線中，我得穿上粉紅色兔兔裝（那是萬聖節），劇本朗讀會結束時，我說：「我一直夢想著哪天和西恩・潘共事，卻沒想到我得穿上粉紅兔兔裝才能得到這個機會。」

儘管公寓不具備第四面牆，《六人行》還是一次也沒有打破第四面牆。*我們的確有幾次差點打破它了，其中最接近的一次是西恩來客串時——我提議在片尾彩蛋（主要的故事結束後，額外附加的短片段）拍一段我穿著兔兔裝在後台，然後我對著從旁經過的西恩說：「西恩，我可以跟你說幾句話嗎？」

「好啊，馬修。有什麼事嗎？」

「其實，我花了很多時間想這件事情，我也覺得這件事很適合找你討論。」我邊說

---

* 譯註：「第四面牆」用以指稱戲劇與現實之間的界線。「打破第四面牆」即突破劇情設定框架的行動，例如演員和觀眾直接對話互動，或讓劇中的角色說出不符原先設定的台詞等。

邊抽菸，然後一面用巨大的兔兔腳踩熄菸蒂，一面說：「我自己也很想轉型演一些劇情取向的戲劇作品。」

西恩．潘上下打量我，大概五秒後，他只說了一句：「祝你好運。」

這段在我們朗讀腳本時惹得大家哄堂大笑，但它違反了我們堅守十年的規則，即使是西恩．潘這麼有影響力的人，即使是身穿粉紅兔兔裝、看上去荒謬無比的我，也無法說服製作團隊打破第四面牆。第四面牆紋風不動地保持原樣，絲毫沒有被撼動。這樣也好。

／

在《六人行》，每個人都有令人印象特別深刻的幾年，那段時間他們的角色會成為全世界茶餘飯後的談資。大衛．史威默是第一季；第二季是麗莎；第五、六季是我和寇特妮；珍是第七、八季；麥特（最佳進步朋友）則是第九、十季。有些人在發光發熱的那幾季拿了艾美獎，我也覺得我們所有人加總起來的得獎次數不該只有這幾次，但我們這幾個英俊貌美的有錢人，成天在完全不符紐約市現實狀況的大公寓裡鬧笑話，世人自然會帶著偏見看我們……只不過我前面也說了，我們這間公寓並沒有第四面牆。

第一年——大衛發光發熱的那一年——有天他來到我的化妝間。大衛為自己的角色添上了自創的苦瓜臉，真的非常好笑。我們六人中，是他第一個拍廣告、第一個上《今夜秀》（*The Tonight Show*）、第一個買房子、第一個成為電影主角。他動不動就惹得大家捧腹大笑，第一年的大紅人寶座非他莫屬。

總之，那天他走進我的化妝間，面對我坐了下來，開始說話。

「馬蒂，」他說，「我在想啊，之後重新簽約的時候，我們應該聯手和製作方談判。我們大家都應該拿同等的報酬。」最有談判籌碼的演員就是他了。我當下根本不敢相信自己的耳朵，聽他說了這番話，我當然是樂不可支，非常樂意搭他這慷慨大方的順風車。

這份決定在日後使我們賺了非常多錢。在和大衛談論重新簽約的事情時，他其實很有機會談到優於我們其他人的報酬，但他卻沒有這麼做。我當然很想告訴你，假如我和大衛交換立場，我也會這麼大方——不過二十五歲的我還是個貪心小伙子，可能不會像大衛這麼慷慨。無論如何，大衛的決定給了我們互相照顧的動力，在後來和廣播公司談判、被接二連三的交涉壓得喘不過氣來時，我們一直互相扶持，也在相互合作中獲得了很大的權力。到了第八季，我們的報酬提升至每集一百萬美元。在第十季，我們的報酬甚至超過百萬美元，每集可拿一百一十萬零四十美元，然後還要求少拍幾集，真是一群傻瓜。廣播公司願意給我們這麼高的報酬，都是多虧了大衛的善良與商業頭腦。大衛，我欠你大概三千萬美元。（我們還是傻瓜。）

作為《六人行》演員的體驗非常特殊，好消息接連不斷。可是在電視劇之外的世界，事情就沒那麼順遂了。一九九六年四月底，我上傑．雷諾的談話節目，承認自己又單身了。和茱莉亞．羅勃茲交往對我來說真的太辛苦了，我無時無刻不確信她會對我提分手——她有什麼理由繼續和我在一起呢？我不夠好，永遠都不可能變得夠好；我這個人已經支離破碎、心志破敗了，不值得任何人的愛。我不敢面對總有一天會失去她的痛苦，所以，我選擇主動和美麗聰穎的茱莉亞．羅勃茲提分手。她也許認為自己在和三流的電視劇男交往，沒想到電視劇男居然會和她分手，只見她臉上浮現了難以形容的困惑與不解。

我決定和穆瑞兄弟一起去鱈魚角狂歡一番。我不曉得自己為什麼選鱈魚角，也不知道穆瑞兄弟為什麼隨我來狂歡，我們可能只是想換個地方到處喝酒，圖個新鮮吧。但是在鱈魚角，我注意到了一種變化——我和他人互動的狀態變了，現在我不必再拿平庸的開場白緊張兮兮地搭訕女人了，反而會有女孩子主動來找我攀談。我只要拿著伏特加通寧站在房間一角，她們就會自動找上門來。

只不過，她們之中沒有任何一個人是茱莉亞·羅勃茲。

／

我這輩子經歷過不下六十五次排毒——第一次是在我二十六歲那年。

我養成了服用維柯汀（Vicodin）的壞習慣。你去看看《六人行》第三季，就會驚恐地發現我到最後幾集已經是骨瘦如柴了（阿片類藥物會影響你的食慾，還會讓你不停嘔吐）。到了第三季最後一集，我穿的是白上衣、卡其色寬褲，兩件看上去都比我的身形大了至少三號。（再來比較我在第六季最後一集，與第七季第一集的差異——也就是錢德向莫妮卡求婚那幾集。我在第六季尾聲和第七季開頭穿的是同一套衣服（這兩集劇情發生在同一天晚上），可是在兩季之間，我大概掉了五十磅左右。在拍攝《六人行》的那些年，我的體重一直在一百二十八磅與兩百二十五磅之間擺盪。）

只要觀測我每一季的體重，你就能追蹤我成癮症的軌跡——增重時就是酗酒，消瘦時就是嗑藥。看到我留了**山羊鬍**，那就代表我嗑了很多藥。

到第三季結束時，我大部分時間都在絞盡腦汁，思考要怎麼每天弄到五十五顆維柯汀——我非得一天吃五十五顆不可，否則就會病得痛不欲生。這儼然成了我的全職工作：撥電話、看醫生、裝偏頭痛、找一些惡質護士，把我需要的東西弄到手。

我花了好一段時間，才意識到這是怎麼回事。起初，我一天吃十二顆左右，有一天完全停藥，竟發現自己難受得要命。**我真的出了大問題**。我心裡雖然這麼想，卻還是一直一直順著這條路走了下去。**我先把這一季《六人行》拍完，然後就去接受治療**。

我差點被自己的那個決定搞死了。假如那一季再多拍一個月，那我今天就不會在這裡了。

我從不在神智恍惚的狀態下工作。我深愛那些人——我可是紐約洋基隊的二壘手，我也希望自己能隨時為我愛的人們出力。問題是，成癮症總是搶在你之前醒轉，也總是想誘使你獨處。每一次勝出的都是酒癮。一旦你舉手說「我有個毛病」，酒精就會開始冷嘲熱諷：**你要說出去啊？好啊，那我就離開一陣子，但我還會再回來的**。

它從不永遠離去。

我很快又簽了下一部電影《鬼馬雙鏢客》（*Almost Heroes*），這是一部由克利斯·法利（Chris Farley）主演、克里斯多夫·葛斯特（Christopher Guest）導演的喜劇，給我的片酬是兩百萬美元。我們在北加州一個很破爛的地區拍片，地點就在尤里卡（Eureka）附近。法利果真是個搞笑的傢伙，只不過我們兩個的成癮症一加起來，這部電影差他媽那麼一點就沒拍完了。當時我同時在拍攝《六人行》和《鬼馬雙鏢客》，累得要死要活，藥丸的效果也不如從前了，我光是為了維持不難受的狀態，就得每天吃上好幾顆。

另外，進食也會阻礙我達到嗨的狀態，所以我都不吃飯。而我總是噁心想吐，整天吐個沒完，也不想吃飯。這在私底下還好處理，但當你在一片森林裡，忙著和克里斯多夫·葛斯特談話時，事情就難辦了。**你再過三十秒就要吐了，還不快找個藉口開溜。**我躲在樹後面嘔吐，在岩石後面嘔吐，還跑去女廁嘔吐。我聽說有些人會從自己的嘔吐物裡挖出沒消化完全的藥丸，再把那些顆粒吃下去，不過我真的做不到。況且，我看的醫師已經夠多了，不太需要做這種事。我倒是在自家馬桶旁邊放了兩條毛巾——一條用來擦嘔吐物，一條用來擦眼淚。我正在一步步邁向死亡，卻無法對任何人說出真相。

然後，克利斯．法利死了。他的成癮症惡化得比我更快。（而且，我想到「海洛因」三個字就不寒而慄，他卻沒有這種恐懼。）聽到消息時，我徒手在珍妮佛．安妮斯頓的化妝間牆上打出一個洞來。他去世後才兩週，我就得為《鬼馬雙鏢客》做宣傳，還得在公眾場合談論他是怎麼因酗酒吸毒而死的。

我從頭到尾都處於恍惚狀態。

沒有人知情——我的家人，我的朋友，誰都不知道。我時時刻刻都難受至極，雖然偶爾會試圖戒癮——忍耐個三天、四天——但每一次都只感到又病又悲哀，根本就無法長時間維持清醒。

一天夜裡，我在家中試圖釐清這一切，忽然接到了某個前女友的電話。

「我知道你出了狀況。」她說。「我要帶你去看醫生。」

我崩潰了，向她把事情全盤托出。我這輩子從沒哭得這麼慘過。祕密說出去了，真相被別人知道了。

隔天，我去看了醫師。他叫我去海瑟頓。

「他們那邊有一座大湖。」醫師說。我心想：那是明尼蘇達州——離加拿大也算近了。**至少在那個天氣很爛的地方，感覺應該像是回到了老家。**

話雖如此，我還是嚇得要死。這是真的了。我要進康復中心了。我才二十六歲。

／

我入住海瑟頓康復中心是為了戒藥，結果什麼都沒學到。

根據計畫，在去明尼蘇達州之前，我得先做一輪快速排毒。在快速排毒時，你會被人為弄昏兩、三天，過程中他們會把我全身灌滿阿片類藥物的拮抗劑（antagonist）。理論上在排毒結束時，你體內的藥物就已經排光，你也回到清醒狀態了。（順帶一提，我現在知道這種方法沒有效了，但還是有人用這種療法。）

於是乎，我做了快速排毒，**然後北上去了海瑟頓**，但抵達目的地時，我已經感覺半死不活了。大家常說，阿片類藥物的排毒過程不致命，卻會讓人求生不得、求死不能。（如果你想排除的毒素是酒精或苯二氮平類藥物〔benzos〕，**那就真的有可能在**排毒過程中死亡了。）在海瑟頓康復中心的房間裡，我病得不輕——我他媽像隻狗一樣，腿腳不停抽搐。我怕得要命，雙腿、雙手都不停痙攣抽搐，一直苦苦哀求他們讓我舒緩一些，卻只換來一句：「你已經排完毒了，放鬆休息就好。」

但我並沒有排完毒——我不過是從每天五十五顆維柯汀一下子變成零顆，基本上就是突然斷了藥。我成了所謂的「抱牆人」——沒走幾步路，我就得扶著最近的牆壁緩一緩。

我現在知道了，當時如果沒有做快速排毒，他們就會給我一些緩解痛苦的藥物，但他們以為我已經把毒都排完了，所以就放任我自生自滅。我能從五十五顆一下子變成零顆，至少表示我他媽的很堅強吧？但無論如何，那都是最純粹的地獄酷刑。

大約在康復中心住了十天後，有天我在參加團體輔導時，突然覺得眼前有點模糊。據說我一再對旁人聲明：「我沒事，真的沒事。」但我並不是沒事。我小時候受過充分的訓練，知道自己絕不能當壞孩子，以致現在癲癇「大發作」（grand mal seizure）了，還是下意識地不想驚動別人。

大發作結束後，我醒來就發現我回到了自己的房間，所有看護人員驚恐地圍在我身邊。我渾然不知自己發生了什麼事，意識也還迷迷糊糊的，只對他們說：「哇天啊，你們竟然大老遠來加州看我，這麼好！」

「你不在加州，」某人說，「你在明尼蘇達，剛剛大發作了一次。」

我又在康復中心住了兩個禮拜，到最後甚至覺得自己成了這地方的老大，我就是康復中心的王。你問我是怎麼做到的，答案很簡單，我不過是模仿了《義勇先鋒》裡的米高．基頓而已。

我還很年輕，可以增重、打很多網球、不再吃藥。但我心裡明白，我還是會開始喝酒。身體好些後，我回到了加州——雖然沒恢復正常，但感覺好很多了。然而我先前也說過，這次我根本沒學到任何東西，還是不知道自己出了什麼問題。我還沒認識匿名戒酒會，還沒學會過清醒的生活，就只是暫時擺脫了維柯汀而已。你如果有在看《六人行》，這就是第四季開頭——我在《六人行》的外貌巔峰時期。還是配不上人家珍妮佛．安妮斯頓啦，不過也夠他媽帥了。

回到加州以後，我撐了六十八天，然後喝了第一杯酒。我的想法是，上回差點把我搞死的東西不是酒精，而是類阿片。伏特加不過是填滿了我內心的空洞而已，眼下既然空洞還在，那我還是得找東西去填它啊。

於是我夜夜飲酒，一路喝到了二〇〇一年。

／

進海瑟頓以前那一年，應該是我這輩子過得最好的一年了，任誰作夢都無法想像更美好的一年。當時成名的喜悅還未消退，但我要是在那時候掛了，墓碑上刻的可能就是：馬修．派瑞——和茱莉亞．羅勃茲分手的傢伙；或是：我可以蠢得「更」蠢、死得「更」死嗎？

一九九九年，我深深愛上了一個和我共事拍電影的女人。（我的感情生活出現了規律，我愛上的都是些有名的女性，她們都像我在加拿大出了名的母親。）我拆除了心中所有壁壘，在她面前做自己……然後呢，她選擇去愛別人了。

我一般都能成功把中意的對象追到手，現在想起那年的失戀，我還是很難過。這次例外也證明了大規則：當我成功追到一個人，就得搶先在她離我而去之前，先離她而去，因為我不夠好、我快要被拆穿了；那如果我喜歡的人不喜歡我，正好就證明了我不夠好，證明我已經被拆穿了。正面她們贏，反面我輸，反正我是贏不了的。總之，時至今日，每當我聽人提起她的名字，胃還是會猛地一抽。如附骨之蛆般糾纏著我的恐懼成真了，她甚至說過，她無法接受我酗酒的毛病——你瞧，我又為成癮症付出了代價。你可能以為我會因此大澈大悟、決定戒酒，沒想到我反而喝得更凶了。我在家裡點了一堆蠟燭，一面喝酒，一面重看我們共演的那部電影，一再折磨著自己，孤獨而心痛地試圖放下那件事。卻一再失敗。

／

我全身水腫，看上去醜死了，情況真的很危險。

還記得我在渥太華讀九年級時，米高・J・福克斯（Michael J. Fox）同時演了最紅的電影和最紅的電視劇，當年十四歲的我嫉妒得七竅生煙。日後，我對《紐約時報》說：「你就是要受萬眾矚目，就是要發大財，也要包下餐廳裡最好的位子。」時間快轉到《六人行》第五、六季之間的空檔，我忙著拍《殺手不眨眼》（*The Whole Nine Yards*），然後電影在二〇〇〇年年初上映後，我一躍成了最紅電影和最紅電視劇的演員。

這時候我在幹什麼呢？我吃了好多好多顆藥丸，都走不出臥房了。所以說，當你以為馬修・派瑞應該忙著慶功、忙著受萬人景仰之時，我其實是忙著和毒販交涉，還有悲慘地生活在昏暗的屋子裡。

大自然中，當一隻企鵝受了傷，其他企鵝就會圍繞在牠身邊、幫忙支撐牠的身體重量，直到牠好起來為止。《六人行》的其他幾個主演也是這麼支持我的。我有時會頂著宿醉到片場，堅信有氧運動能治癒一切的珍和寇特妮還特地在後台裝了一輛Lifecycle健身腳踏車，到了排演或拍戲的休息時間，我就會到後台騎那玩意兒，動作快得彷彿被全地獄的熊熊烈火追殺——只要能讓腦力恢復正常，我什麼都願意去做。我就是那隻受傷的企鵝，但我拚了命也不想辜負這些大好人，不想辜負這部劇。

儘管如此，我還是不停地被成癮症蠶食鯨吞——有一回，我穿著一身西裝，拍咖啡廳的一場戲，竟然拍著拍著直接在沙發上睡著了，幸好麥特．勒布朗在輪到我發言前把我輕輕碰醒，我才沒引發片場上的災難。沒有人注意到這段小插曲，但我很清楚自己險些闖了禍。

不過，我總是會出現在片場，也總是會適時說出台詞。

然後呢，我得了胰臟炎。這時我三十歲。

那是在兩季之間的空檔，我再次獨身一人，手邊沒有任何事情可做——沒有電影能拍，什麼都沒有，就只剩下瀝青般緩慢流動的時間，悄悄流下洛杉磯的峽谷，慢慢流往無盡汪洋。我坐在家裡喝酒，一坐就是好幾個月——獨處是為了喝酒，卻也因喝酒而獨處。（我之前也說過，酒精成癮這東西很心機，它就是想方設法要讓你獨處。）我一再重複看《第六感生死緣》（*Meet Joe Black*），也不在乎它的劇情和我此時的情境有多麼相似。電影裡的主角是死神（也就是我），他在努力探討愛到底是怎麼回事。是不是很應景啊？我彷彿變成了喬．布萊克（Joe Black），再三被人問：「我們現在怎麼辦？」我就如同死亡的化身——喝酒、看電影、昏睡、醒來、喝酒、看電影、昏睡。

然後有一天，我莫名其妙地感覺到一把刀滑入我腹部。它刺穿一道膜，稍微轉了一下，鋸齒狀刀鋒勾到了靜脈，將我的血液加溫到沸騰，沸騰了以後還持續升溫。刀刺得越來越深，我聽見自己痛苦的尖叫聲，宛如在山谷裡被撕得粉碎的動物。

我打電話給當時勉強算是女友的人——也就是優秀的潔米．塔塞斯——努力擠出一句話：「我感覺很不對勁。」

潔米真的是上帝派下凡的天使——她直接開車來我家，把我「倒」上了車，然後開往最近的一間醫院。

進了急診室，我放聲吶喊：「快幫我洗胃！快幫我洗胃！」

醫師默默盯著我。

「這不是食物中毒，你不用洗胃。」

「幹，那不然是什麼？」我哭號道。

「你患了胰臟炎。」他說。「這是一種喝多了才會得的病。」

其實造成胰臟炎的因素有好幾種——你可能有自體免疫疾病，或是有什麼感染，或是膽結石，不過大部分人都是喝得太他媽凶了才會引發這種疾病。一個三十歲的年輕人得胰臟炎，這還是前所未聞的奇事。我好棒！又破紀錄了。

「幹，最好是啦。」我說。「才不是。我哪有喝太多……」我也許是羞得難以啟齒了，也可能是不願面對現實，這兩者之間的界線實在不好劃清。無論如何，我還是逼潔米載我回家了。

在家裡待了大概一小時後，我認知到自己的身體還是有個未解的大問題，於是這回我們去了另一家醫院，還是得到相同的答案。

我在醫院住了三十天三十夜，只能透過點滴把流質養分輸進體內（治療胰臟炎的唯一方法，就是讓胰臟靜靜休養、完全不去干擾它，這就表示我大約三十天都不准吃喝任何東西）。那三十個夜裡，潔米．塔塞斯每晚都會在我身邊，陪著我入睡——她還大費周章地請人多搬了張床進病房——我醒來時，她還是在我身邊。（時至今日，我還是深信潔米是慈悲的上帝派到凡間的神使，我們塵世間沒有任何一個人配得上她——我自己當然配不上她。）我們在病房裡一次次重看《白宮風雲》，我邊看邊抽菸——沒錯，我就是在病房裡抽菸，畢竟那是舊時代了，也可能是我他媽太有名了，可以為所欲為。有次我抽菸被醫護人員逮到，他們禁止我再抽。可是我真的急了，於是我自己辦了出院手續，抽一根菸之後又自己入院了。

我花了七個小時才再次辦完住院手續。還是很划算。

為了緩解我的疼痛，他們把我連到一台機器，機器會定時施予定量的「第勞第拖」。第勞第拖是一種阿片類藥物，可以改變大腦和痛楚之間的關係——只可惜世上沒有能發揮這種效果的人類。我很愛第勞第拖——它是我的新歡，如果醫院可以一直給我這東西，那要我住院一百天也不成問題。住院那三十天，潔米一直陪伴著我，我又嗨又幸福。在簽第六、七季的合約時，我更是感到幸福——多虧了大衛．史威默無私的傑出想法，這份合約可是幫我們賺到了五千萬美元。簽約當下，我手臂上吊著營養點滴，腦子裡流淌著第勞第拖。

問題是，醫院看穿了我的伎倆——我顯然跟他們要了太多魔法藥品。

「你沒事了。」一位醫師說。「你的胰臟炎已經痊癒，是時候回家了。明天就出院。」

「所以說，你們今晚不會給我第勞第拖嗎？」

「是的。」他說。「不會再給了。」

我不知用什麼方法熬過了那一晚，可是沒有人知道該拿我怎麼辦。

這時，我父親從舞台左側粉墨登場了。他人真好，邀請我搬去洛杉磯西北方的奧哈伊鎮，和他們一家一起住。

「來和我們住在一起吧。」他說。「去幾場匿名戒酒會的聚會，讓自己恢復正常。」

這個選項還可以接受。既然沒別的事好做，我就回到了好萊塢山奇蘭巷（Chelan

Way）的家，開始收拾行李。我很清醒，但過去三十天持續使用第勞第拖，所以現在還有點恍恍惚惚的。潔米等我打包完，然後我開著綠色保時捷跟在她車後，沿著蜿蜒的道路駛出好萊塢山丘陵地。當我左轉轉上奇蘭路（Chelan Drive）時，只見前方路中間有一輛小貨車朝我駛來，於是我往旁邊繞、猛踩煞車，但車子開到草地上就停不下來了，我開上了某戶人家的門口台階，把人家的階梯撞爛了，然後車子直接衝進那戶人家的客廳。好消息是，當時沒有人在家；壞消息是，車子爛掉了，人家的樓梯也爛掉了。

媽的，又是樓梯。

我乖乖在原地等著警察到來，等待時不停仰頭望天，像卡通人物似地等著再被天外飛來的橫禍砸中腦袋。我在那邊待得夠久，都有人拍下來賣給《時人》雜誌了——我的車卡在別人家裡，我在前往奧哈伊鎮的路上，準備住進父親家。

我彷彿又回到了十五歲，和我爸同住在加州，每天都有車子來接我去《六人行》片場。沒過多久，我又開始吃維柯汀了，然後他媽的又開始喝酒，然後又開始喜歡喝酒了。這邊套句我精神科醫師的話：「現實是一種後天培養的品味。」問題是，我沒能養成這種品味。我將藥物和酒偷偷帶進爸爸家裡，他老婆發現後怒不可遏，最後我爸非常鎮定地來找我，說我必須離開了。

好啊，我走，可是你們兩個永遠都別想從我身上得到任何一毛錢。我暗想，但沒有把話說出口。

下一季《六人行》開拍了，我頂著嗨得糊里糊塗的腦袋回到片場，這時所有人都知道，他們非得採取行動不可了。

此時我已經聽說有「美沙冬」（methadone）這種藥，我喝一小口就能戒除每天五十五顆維柯汀的惡習——唯一的麻煩點在於，一旦開始喝美沙冬，你就得天天喝那一小口，否則就會出現嚴重的戒斷症狀。**聽起來不錯。**我走投無路的腦子暗想。我立刻開始服用美沙冬，隔天就頭腦清晰地回到《六人行》片場了。

別人告訴我，用美沙冬沒有副作用。這是騙人的。其實，我已經踏上通往終點的路了。

除此之外，一切都進行得很順利，《六人行》還是一如既往地大受歡迎。然後，又一位演員走進我的拖車。這次來找我的人不是大衛，那人捎來的也不是什麼好消息。

／

「我知道你在酗酒。」她說。

我很久以前就放下了對她的執著——從她開始和布萊德・彼特（Brad Pitt）交往之後，我就沒事了——也知道自己盯著她看多久才不會尷尬了。儘管如此，被珍妮佛・安妮斯頓質問的感覺還是如同天崩地裂，我只覺得一頭霧水。

「妳怎麼會知道？」我說。我從不醉酒上班啊。「我一直儘量瞞著你們……」

「我們聞到了。」她的語氣奇怪卻又充滿了關懷，那個複數的「我們」就如朝我直擊而來的大錘。

「我知道我喝太多了，」我說，「可是我不太知道該怎麼辦。」

有些時候，我沒辦法自己開車來片場（我從不在嗨的狀態下工作，卻經常宿醉上工），只能搭禮車過來——我告訴你，你搭禮車去工作試試吧，絕對能達到引人側目的效果。大家都會問我還好嗎，但沒有人想中止《六人行》這輛生財列車，這都令我愧疚難當。這東西為我帶來了最大的喜悅，同時卻也是我最恐怖的噩夢——我只差這麼一點點就要毀了這個好東西。

最終我請了一個戒癮助手（sober companion）陪我工作，可是幫助不大。有天我吃了某種藥物，前一晚又喝得很醉，結果在大排演時，當著所有人的面發作了。不過呢，這次事件有點離奇：我都神智不清了卻不自知，還以為自己沒什麼好隱瞞的。我都不知道自己已經爛醉如泥，說話含含糊糊的，沒有人聽得懂我說出口的話。可是我根本在狀況外，不知道自己說的話沒有人懂。

我再次回到化妝間，就見全劇組都來了。

「馬蒂，你要怎麼辦啊？」他們說。

「這是藥物，我會處理的。對不起。」

我當晚沒喝酒，隔天也乖乖來上班了，卻還是如履薄冰。

我撥了通電話給經理人。

「是啊，」他說，「他們注意到你的狀況了。」

編劇、演員——幹，所有人——都知情了，於是我說：「你快點幫我弄一部電影。現在就要。趕快讓我離開這地方。」

死到臨頭了，我又想仰賴地理距離解決問題。到現在，我還是認為自己離開了當下的情境，就能一口氣戒掉所有的藥物和酒癮，再次振作起來。（實際上，我不過是把自己的工作量加到三倍，酗酒和用藥的問題還是不斷惡化。）你不管去到哪裡，你就是在那裡。這讓我聯想到從前，我哀求經理人幫我隨便簽下某個試播集，結果簽到的是《L.A.X. 2194》。想當初，我還有足夠的精力應徵上新的試播集，賺到的錢夠我去福爾摩沙咖啡廳喝酒了；而在這個全新的世紀，我也還有足夠的精力去簽下一部電影。《拜金妙搭檔》（*Serving Sara*）預計要在達拉斯拍攝，我滿心想著那地方很適合戒癮；現在回想起來，我還真不曉得自己為什麼會萌生這樣的想法……

／

《拜金妙搭檔》真的有夠爛，還因為我的表現而變得更爛了。

我當時狀況非常糟，實在太勉強自己了。我一週花四天拍電影，然後搭私人專機回洛杉磯拍《六人行》，在飛機上就拿著裝滿伏特加的水瓶小口小口啜著，邊喝邊讀我的台詞。(如果你有在留意的話，就會發現我那時候同時在用美沙冬、贊安諾、古柯鹼，還一天灌完滿滿一夸脫的伏特加。)有天我來到達拉斯片場，準備拍電影裡的一場戲，卻赫然發現這場戲早在幾天前就拍完了。我的世界逐漸崩解了。

潔米．塔塞斯——美麗、優秀、溫柔、天才的潔米．塔塞斯——特地飛來德州，基本上就是來當我的看護，但我還是不改喝酒用藥的壞習慣，並試圖對她隱瞞這些。一天夜裡，我們在看電視時，她轉過來朝向我，說道：「你看起來像是要消失了。」

一扇窗悄悄地開了——雖然只開了很小很小的一道縫，但還是開了。

「我不想消失。」我小聲說。「全部停下來。」

我打電話給經理人，打給父親，打給所有人。

「我完全壞掉了。」我說。「我需要幫助。我需要進康復中心。」

《拜金妙搭檔》拍到一半就停工了，我後來會為這件事賠上六十五萬美元，但若能拯救我的性命，這筆金額不算高。《六人行》把有我的部分都往後推遲了。這回我去的是馬麗娜德爾雷伊(Marina del Rey)地區的一間排毒中心，位在洛杉磯西邊。我就如同一輛時速兩百英里飛速行駛的汽車，猛然撞上了磚牆；我就如同一輛撞上樓梯的綠色保時捷。（幹他媽幹他媽的樓梯。）

入住第一天，他們對我說：「回你房間去；我們不會再給你更多藥了。」但這就等於對我說：

「回你房間去，不要再呼吸了。」

「可是我不呼吸就活不下去啊。」

「沒事的，很多人都做到了。很多人都進了房間，然後不再呼吸了。」

就是這種感覺。

我在這地方待了一個月。某天夜裡，我在抽菸，外頭在下雨，吸菸區有顆燈泡搖來晃去。我開口說：「這就是地獄。我在地獄。」

在馬麗娜德爾雷伊，我終於拿到一本《匿名戒酒會大書》。讀了大概三十頁，我就看到這一句：「這些男人喝酒不是為了逃避，而是為了克服一種超出他們精神克制能力的渴求。」

我闔上書本，哭了起來。即使是現在，我光是想到那句話，仍不禁淚流滿面。我並不孤獨。世界上有一大群人，都和我抱持相同的想法。（而且，這句話還是威廉・西爾沃斯〔William Silkworth〕在一九三八年七月二十七日寫的。）那是驚天動地的一刻，也是恐怖的一刻。看到這句話，我就知道自己再也不孤獨了，但這也表示我就是個酗酒者，現在就得停止酗酒嗑藥，往後每一天、每一天都得努力保持清醒，直到生命的終點。

馬麗娜德爾雷伊那些人說：「這傢伙是**動真格的**，三十天對他來說根本不夠。他需要長期治療。」於是，我接著被送到馬里布（Malibu）一間康復中心，最開始那十二天完全沒睡，肝指數都爆表了。大概三個月後，我逐漸有了起色——我配合地參加了團體輔導並做了其他努力，照他們的說法是認真「下了功夫」。

莫妮卡和錢德結婚時，我本人住在康復中心裡。那是二〇〇一年五月十七日。

／

二〇〇一年三月二十五日，也就是兩個月前，我夜裡正在排毒，上頭的人物突然決定讓我們放一個晚上的假，看看奧斯卡金像獎的轉播。我滿身大汗地躺在那邊，全身都在抽搐，心中盈滿恐懼，耳朵幾乎聽不清聲音了。這時候，凱文‧史貝西（Kevin Spacey）走到領獎台上，莊重地宣布：

以下是最佳女主角提名人選——

瓊‧愛倫（Joan Allen），《暗潮洶湧》（*The Contender*）

茱麗葉‧畢諾許（Juliette Binoche），《濃情巧克力》（*Chocolat*）

艾倫‧鮑絲汀（Ellen Burstyn），《噩夢輓歌》（*Requiem for a Dream*）

蘿拉‧琳妮（Laura Linney），《請再靠緊我》（*You Can Count on Me*）

以及

茱莉亞‧羅勃茲，《永不妥協》（*Erin Brockovich*）

然後，他說：

「奧斯卡最佳女主角獎的得主是……**茱莉亞‧羅勃茲**！」

我看著茱莉亞親吻她當時的男友——男演員班傑明‧布萊特（Benjamin Bratt）

——接著上台領獎。

「謝謝，謝謝，真的很謝謝大家。」她說。「我好開心喔……」她發表得獎感言的同時，康復中心那間房裡冒出了一個人的聲音，聲音急促、哀傷、輕柔、憤怒、懇求，充滿了渴望與淚意，竭力和全宇宙辯駁。與此同時，上帝鎮靜地用手杖敲了敲冷硬無情的世界。

我開了個玩笑。

「我跟妳復合好了。」我說。「我願意跟妳復合。」

房間裡所有人都笑了，但這並不是情境喜劇裡的搞笑台詞，而是現實生活。電視上的人們不再是我的人了，我的人此時此刻就在我身邊，看著我全身裹著被毯躺在那裡瑟瑟發抖。有他們在身邊，我其實已經非常幸運了，他們這是在拯救我的小命。

茱莉亞在好萊塢大放異彩的這一晚，我爬上床，默默盯著天花板。今晚我是不可能睡著了，只能任由各式各樣的念頭在我腦中飛竄，如同射穿了錫罐的子彈。那輛藍色卡車，那座山頭。那所有的藍色卡車，所有的山頭，全都消失了，全都像虛無縹緲的乙太般，消失在恐懼的真空之中。我是真心為她感到歡喜。至於我自己呢，我能熬過一天就感激不盡了。當你跌到人生谷底，日子總是無比漫長。

我不需要奧斯卡獎，只需要再過一天。

Interlude

Friends, Lovers, and the Big Terrible Thing

插曲／洞 Holes

成癮症就像和蝙蝠俠對著幹的小丑，
巴不得看著全世界焚燒殆盡。

Chapter 6

Bruce Willis

布魯斯・威利

在康復中心蹲了漫長的三個月後，我感覺好多了。

我重新振奮起來，滿懷期待地準備展開不完全受酗酒和成癮症支配的人生。我不再喝酒用藥，我對這些物質的渴求也都消失了。現在控制我生活的力量遠遠大於我個人，這世界上還是存在奇蹟的。

我第一件事就是開車去潔米・塔塞斯家。

「我需要花一些時間處理和面對這種清醒的狀態，」我對她說，「我得把所有時間都投注在這方面。妳為我做了這麼多，我真的非常感激。」

我看見她的臉逐漸失去血色。

「可是……我現在沒法和人交往。」我說。

我在這裡幫你整理一下來龍去脈喔：為了好好報答善良又貼心的潔米，為了報答她過去兩年花費大把大把珍貴的時間來照顧我，我選擇結束我們兩人之間的關係。潔米・塔塞斯可說是全世界最神奇、最美麗、最聰明……唉，她真的好聰明，我好愛她那種思維方式。結果呢，我和她分手了。這就證明了一件事：我雖然清醒了，卻絲毫沒有變聰明——反而成了天大的傻瓜。潔米很可能是我遇過最好最好的人了，而且她愛我。但是，我沒有做好心理準備，無法接受她的好。

我那天對潔米說的話，當然都是鬼話連篇。事實上，我剛戒了癮，我是超級巨星，我滿腦子想和全南加州所有的女孩子上床。

然後，我還真和全南加州所有的女孩子上了床。〔這裡插入我被天外飛來的橫禍砸中腦袋的畫面。〕

／

我都是超級巨星了，約女性出去自然是沒問題的。我和她們每一個人約會，都是用同一段開場白。

「嗨，抱歉，我遲到了。」

「妳打扮得真好看。今天終於能見到妳本人了，我之前一直很期待。」（停頓，等待適當的正面回應。）

「但我不希望妳對我留下不好的印象，」我接著說，「我想儘量對妳誠實透明。我這個人的心思很好讀懂，妳有什麼問題都可以問我——我一定會誠實回答妳。」

這時候，我們會互相分享一些溫暖；在狀況好的日子，對方往往會連連點頭，對我的開誠布公讚許有加，欣賞我這段流露情感的說詞，以及我溫文爾雅的投入感。

然後，我會揮出重拳。

「我不確定妳要的是什麼樣的關係，但如果妳是以任何形式的情感依附為目標，那妳就找錯人了。」（停頓，讓對方消化這段話。）

「我不會每天打電話給妳，」我接著說，「也不會當妳的男朋友。不過呢，如果妳是想找樂子，那找、我、就、對、了。」

原來二十世紀偉大的哲學家辛蒂・羅波（Cyndi Lauper）*說得沒錯——女孩們的確只想玩玩。話雖如此，為了確保對方完完全全明白我的意思了，我還會在這鍋濃濃的湯裡灑點鹽。

「我這個人非常熱情。」我會故意用有點羞赧的語氣說話，以免引起此地無銀三百兩的嫌疑。「其實啊，我有那麼一點浪漫主義，就算在猛踩橢圓機的時候，我聽的也都是女人受了什麼委屈的歌。」

「但是，我不想要進入任何感情上的關係，也沒辦法進入那樣的關係。」我重複道，免得對方對我的意思產生任何一絲誤解。「我才剛結束一段長期關係，剛戒了癮，目前不打算發展新一段長期關係。」

現在，是時候來個華麗的收尾了。

「喔，妳要不要看看菜單？」我會接著說。「聽說這家店的料理都很好吃喔。」

---

* 譯註：美國女歌手、詞曲作家、演員與同志權利運動人士。

說來神奇，很多女人聽了前面那一長串，還是心甘情願地同意了。我猜，她們其中許多人應該是認為自己能改變我吧。嗯？你說什麼？喔對，當然偶爾也有幾個人突兀地起身離開，有幾個女人對我說：「是喔，我對那種事情一點興趣也沒有。」說罷，她們就直接起身走了。（但那幾人往往才**真的**是很吸引我的對象，這點你聽了應該完全不意外吧。）

不過大部分時候，我的演說都能妥善發揮效用。

這裡說的是廣義的「發揮效用」，畢竟不用我說，你大概也看得出來——在發表這番言論時，你隨時可以把我的頭替換成驢屁股，對方也不會看出絲毫差異。我不但剛和全球最好的女人分手，還提議和女人大肆浪費他媽的大好青春。性愛當然是很棒啦，但我當初要是把那些年用來追求不僅止於性愛的關係，現在想必會滿足許多。

在被種種錯誤蛀得千瘡百孔的人生中，這想必是我犯過最大的錯誤。要知道，逆轉錯誤是很困難的。

那段時期，我認識了至少五個本可以和我結婚生子的女人。如果我和她們之中任何一人結了婚、組建了家庭，現在就不會坐在可以眺望大海的大宅裡，身邊除了戒癮助手、看護和每週來兩次的園丁以外，沒有能和我同享這一切的人——順帶一提，我經常跑到屋外塞一百塊給那個園丁，只求他別再用那台該死的吹葉機了。（我們都能把人類送上月球了，怎麼到現在還沒有發明出無聲的吹葉機？）

娜塔莎・韋納（Natasha Wagner）就是這些女性之一。她不僅美貌、聰明、有愛心又性感，還是娜妲麗・華（Natalie Wood）和理查・葛瑞森（Richard Gregson）的女兒（由勞勃・韋納〔Robert Wagner〕扶養，後來在她母親慘死後，由勞勃・韋納和吉爾・聖約翰〔Jill St. John〕共同扶養長大）。娜塔莎該有的條件都有了，她完美無瑕！問題是，我要的並不是完美，而是**更好**。更好、更好、更好。所以，我對她發表了那番演說，又沒有好好和她交往，後來我們便分道揚鑣了，我明明已經多次找到了完美女性，卻還是繼續去尋找更加完美的女性。

幾年後的某一天，我開著一台像是在對全世界宣告「大家都去死」的車子，行駛在太平洋海岸公路上。那輛車真的很棒，棒到我現在打死也記不得它到底是哪一牌、哪一款的了。我拉下了敞篷，遠遠望見耀眼陽光描繪出一波波海浪的輪廓，波浪在太陽的畫筆下化為流銀。好幾個乘著衝浪板的傢伙在水裡等著，等待「命定」的大浪到來，但這大浪永遠不會來；他們的心情我完全可以感同身受。

這時，我的電話響了。是娜塔莎。她在一次約會後對我動了真心，所以我非得把她趕走不可了——馬蒂，這就是規定，你得遵守規定！——但不知為何，我明明甩了她，她卻還是維繫著我們之間的朋友關係。

「嗨，馬蒂！」她帶著舉世無雙的開朗和我打招呼。她這人總是如海面上的陽光般閃耀，有時我還得稍微別過臉，才能回過神來。

「嗨，娜塔莎！妳過得好嗎？」我說。接到她的來電，我真的很開心。「妳最近在忙什麼啊？」

既然她主動打給我，那我們是不是有機會……？

「我當媽媽了！」她宣布。「我剛生了個女兒，她叫柯洛芙（Clover）！」

「喔……」我說，然後迅速反應過來——或者說，我以為自己迅速地反應過來了。「寶貝，這真的是大好消息耶。我好喜歡她的名字！」

我們又聊了一小段，然後結束通話。然後，忽然間，我這台「大家都去死」車停到了路邊——因為我開著車停到了路邊——我在崖邊路肩猛地煞了車。豔陽依舊高照，衝浪者依舊乘在各自的衝浪板上，我卻被重重情緒震懾住了。所有人左等右盼的那股巨浪，在我腦內翻騰。

「她本可以和我生下那個孩子的。」我對著空氣說，然後像剛出生的自己一樣，忍不住號啕大哭。

我好悲傷，好孤單。我在路邊哭了大概四十五分鐘，直到一個新的想法緩緩飄來，如同悠然飄過汪洋上空的雲朵。

天啊，我的反應也太誇張了吧……

看來有必要探討自己為什麼這般崩潰。我坐在那邊苦思良久，終於意識到自己他媽都幹了些什麼：我一直追求和世界上每一個女人體驗一兩個小時的快感，都沒發現自己錯過了人生中太多太多其他的事物。我難道是為了這個才清醒過來的嗎？就為了和女人上床？上帝給我的安排應該不只這樣吧。

我得盡快找出答案。娜塔莎的人生宛如怒放的鮮花，我的人生卻逐漸變成了一個巨大的錯誤。

當我嘗試理解自己這成癮症是如何運作的，試圖找出恢復清醒的辦法時，總是一而再、再而三想到這句話：**我可以維持清醒，只有在任何事情發生時除外。**

在某些風平浪靜的日子，當我沒有碰酒精或藥物時，我會回顧近期發生的種種，想不通自己為什麼好不容易戒了癮，還要再開始吃藥或吸毒。當我清醒、堅強、感覺自己像個正常人，有時會幻想自己戴上棒球帽和墨鏡，出門和那些在拉布雷亞瀝青坑（La Brea Tar Pits）附近探險的普通人互動，或是跑去站在好萊塢星光大道上某個明星的星星旁，體驗一下那種感覺。你別誤會，我不是覺得「我是明星，我高人一等」，而是想得到「喔，原來清醒的生活是這種感覺啊」的體驗。

但是在清醒的國度，我很多時候仍只是個遊客而已，實在很難在這地方扎根。我明明看過周圍無數人安安穩穩地定居在清醒之國，為什麼就我屢屢遇挫？

我基本上和全洛杉磯的人都交往過，更在紐約認識了一個我真的很喜歡的女人。我對她並不忠誠，卻很愛她。我才剛恢復清醒，還是個大名人，我就想上全洛杉磯郡的人，也有不少人回應了我的熱情。我那段糟糕透頂的演說竟然經常見效，這真的是天大的怪事。可是呢，我在紐約愛上的那個女人比較像個好媽媽——她很擅長照顧人，也美得沉魚落雁，所以我當然深受她吸引，後來當然也親手毀了我們之間的關係。話雖如此，我的生活還是有一些亮點——在洛杉磯時，我還致力幫助其他酒精成癮者戒酒，除了帶新人戒癮，還會在必要時接電話，並提供一些建議。另外，《六人行》也對大眾文化造成了空前絕後的影響，我不必擔心自己毀了**這個**——我不但清醒，還即將迎來**我**發光發熱的一季，也就是所有觀眾都熱切討論錢德的一季。（我唯一一次完全清醒地拍完一整季《六人行》，就是第九季那段時期。你要不要猜猜看，我唯一一次入圍艾美獎最佳喜劇演員的那一年，拍的是哪一季呢？沒錯，就是第九季。這份證據應該遠勝千言萬語吧。那麼，我在拍第九季時，有什麼不同於往常的行為嗎？答案是，我有在**聽**，而不是呆呆站在那邊，等著其他人說完換我念台詞。有時候，當你在演戲的時候，傾聽可比說話有力得多。我也試著把這份教訓應用在現實生活中，我的新座右銘是：**多知道一些，話少說一點**。）

兩年時光如白駒過隙；也許這就是正常人的感覺。也許我找到了自己的使命——除去《六人行》、除去影星事業、除去這一切之後，我的使命就是幫助其他人戒癮、幫助他們保持清醒。

但就在這時，有件事情發生了，我可以維持清醒，只有在任何事情發生時除外。

我用那套演說應付的其中一個女人喜歡上我了。親愛的讀者，你想必也知道，在發生這種狀況時，我就得趕緊撤退了。

於是，我開始撤退。我說：「我不愛妳。當初第一次和妳見面時，我不就提醒過妳了嗎……還記得我當時說的那段話嗎？我不是問妳要不要看菜單嗎？」

然而，現在說這些都為時已晚了。她被某種痛苦的利鉤刺穿了，這都是我的錯。**我難道是為了這個才清醒過來的嗎？就為了和女人上床？上了床之後傷她的心？上帝給我的安排應該不只這樣吧。**

她當時在比佛利山飯店（Beverly Hills Hotel）下榻，我去飯店見她，卻沒能成功安慰她。她讓我聯想到媽媽——無論我多麼努力施展魅力，無論我說了什麼笑話，都沒能緩解她的傷痛。

最後，她一頭衝進了浴室，留我獨自待在房間裡。床頭櫃上，有一瓶被撞倒的維柯汀，三顆藥丸滾到桌上，反射著床頭燈刺眼的燈光。她把自己鎖在浴室裡，崩潰地尖叫，我無法扭轉情勢；這就是我說的**任何事情**。於是，我吃下三顆藥丸，不知怎地撐過了那一晚，但也就此終結了長達兩年的清醒期。

我再次深陷泥淖。你一旦刺穿了清醒的薄膜，那份飢渴又會啟動，你又得重返賽場了。

我壓根不可能回歸清醒國度。過不了多久，我又開始自己想辦法把藥丸弄到手，接著又開始喝酒了。我明知自己正順著長長的滑梯滑入無盡深淵，但它比我強大得多——我是真的無力抗拒它。

現在回想起來，我其實只需要把實情告訴別人就好了，然而一旦告訴別人，我就得停下來了。我根本就沒有「停下來」這條路可選。

／

一九九九年某一段時期，我獨自坐在大得不像話的宅第裡。這棟屋子位在卡拉里奇（Carla Ridge）坡頂，可以眺望下方洛杉磯盆地的美景，又是一幢景觀宅。下方某一處，洛杉磯的正常人們過著正常的人生（瀝青坑、星光大道）——而遠在上方高處的我，則只能默默等待，一隻手拿著酒，另一隻手取了一根又一根萬寶路淡菸。我們已經拍了五季《六人行》，羅斯和瑞秋才剛走在錢德和莫妮卡之前，作為已婚夫妻跌跌撞撞地出了教堂。《六人行》儼然成了我們的文化試金石，成了這個千禧年的象徵，成了全球最受歡迎的電視劇，成了所有觀眾心中的最愛。

還有那種說話的調調！「這還可以更流行嗎？」一席捲全美，現在路上所有人都用這種方式說話了。現任總統是柯林頓，九月十一日這個日期沒什麼特別的，除非這剛好是你的生日或結婚紀念日。全世界的水都流往山腳，匯入閃亮的湖泊，不知名的美麗鳥類漂浮在水面上。

現在，有個信差來到我家門前，打斷了我的白日夢。我彷彿在重演浪漫派詩人柯勒律治（Coleridge）的經歷，當時的他原本飄飄若仙——他是靠著鴉片飛上雲端的——卻被一名傳奇般的「波洛克人」（Person from Porlock）打斷了。在當時，柯勒律治飽受鴉片摧殘的腦子裡，記下了他那首〈忽必烈汗〉（Kubla Kahn）完整的詩句，然而一七九七年那一天來訪的信差叩碎了他的記憶，只為我們後人留下了五十四句詩。

我和柯勒律治沒得比，但我當時體驗到的飄然也很醉人——窗外美景、伏特加通寧、萬寶路香菸甜美的燒灼，都將我帶到了安全的所在。在這裡，我不再無人陪同，身後的屋子裡還不知怎地有了美麗的妻子，還有一群好孩子在遊戲室打鬧翻騰，爹地我則在放映室裡享受一人時光。（想體驗極致的孤獨嗎？可以試試自己一個人在放映室裡看電影。）在這種時候，在雲霧最濃稠的時候，我可以幻想自己擁有截然不同的人生。在我的幻想中，我的人生並沒有坑坑疤疤，而是有許多身穿防護衣的人提著金屬探測器，走進了我那個名為過去的雷區，將那片土地整頓得溫柔、美麗又安全。

然而現在，我的門鈴響個不停，毀了我美好的白日夢，而我又沒有妻子、沒有孩子，只能心不甘情不願地自己起身應門。那位「波洛克人」把一個包裹遞了過來，裡頭是一份標題為《殺手不眨眼》的腳本。我看到經理人寫在上面的留言：「可能有利可圖。」

雖然不是〈忽必烈汗〉，但我也看得出這部片一定會大紅。

我一向不擅長讀腳本，那些年即使有人提出高達數百萬美元的片酬，想邀請我去拍電影，我還是沒動力把人家的腳本讀完，頂多翻開前幾頁隨便掃兩眼。這件事現在說來很窘，畢竟我自己也開始寫腳本了，但我在那邊好說歹說，演員也不見得會回應。他們的想法也許和從前的我一樣吧：在這個充滿娛樂、名聲與金錢的生活中，無論拍一部電影能帶來多少利益，讀腳本還是和小時候讀書的感覺太像了，總令人提不起勁來。

但宇宙總有一天會讓你學到教訓的。過去那許多年，我總是太這樣、太那樣，反正說什麼就是不想翻開腳本，然而我去年為自己寫了一部電影腳本，正要想辦法把它拍出來時，卻赫然發現自己年紀太大，已經不適合演那個角色了。大多數人活到五十三歲，都已經把自己的人生方向梳理好了，所以我只能去邀請三十歲的演員來演我的角色。而我選中的傢伙過了好幾個禮拜才終於有了回音，這也太失禮了吧。

「我難道連製作一部獨立電影的精力也不剩了嗎？」我懊惱地問經理人道格（Doug）。

「大概沒有了吧。」道格說。

但我們把時間拉回一九九九年，那時我的「波洛克人」捎來一部腳本，連我都看出了它的潛力。它的潛力在於，布魯斯・威利已經決定參演了。

在二十世紀末、二十一世紀初，全球最炙手可熱的影星非布魯斯．威利莫屬。他當時的作品包括《看誰在說話》（*Look Who's Talking*）及續作、《終極警探》（*Die Hard*）系列、《黑色追緝令》（*Pulp Fiction*）……業界沒有比他更成功的演員了。除了能和布魯斯．威利共事的誘因之外，我也很慶幸這次的電影終於不是浪漫喜劇片了。米謝爾．卡普納（Mitchell Kapner）寫的腳本幽默搞笑、曲折離奇，讀起來也相當輕鬆——這絕對是個好兆頭。最好的兆頭是，布魯斯．威利確定會參演，而電影主角會由我飾演。你看一個電視劇演員，可能會覺得他好評如潮、功成名就，但我告訴你，這傢伙肯定也很想當電影明星，卻一直事與願違。

這部片有利可圖嗎？絕對是。不過在把好處弄到手之前，我得先和導演與共同主演的哥哥吃一頓飯。

隔天晚上，我來到梅羅斯大道（Melrose Avenue）上的柑橘（Citrus）餐廳。在當年，這裡絕對是最具好萊塢風情的餐廳：價格昂貴、只招待有頭有臉的客人、客人必須穿西裝，門口還有一大堆狗仔，對著進進出出的人們狂拍猛拍。那晚進進出出的人就是我，以及這部電影的導演喬納森・林恩（Jonathan Lynn）——他是個身材矮胖的英國男人，曾拍過《智勇急轉彎》（*My Cousin Vinny*），而且他還是奧利佛・薩克斯（Oliver Sacks）的親戚；另外一位則是電影製作人之一，布魯斯的哥哥大衛（David Willis）。（順帶一提，大衛遺傳到了濃密的頭髮，布魯斯遺傳到了好看的下巴。）

我為這頓晚餐穿上了電影明星必備的黑西裝，遲了一兩分鐘到場，因為電影明星都會遲到嘛。晚餐進行得十分順利，但大家都沒碰食物，這就是好萊塢的標準流程。喬納森非常幽默機智——他那是一種平鋪直敘的英式幽默，看似正經八百地說話，同時眼中卻閃爍著一絲笑意，讓你知道他是在開玩笑。大衛細心、有趣又聰明。至於我呢，我已經決定要演這部電影了。原始腳本並沒有寫入任何動作喜劇鏡頭，於是我說了類似這樣的話：「我覺得這是加入一些動作喜劇的大好機會，而且只要能和布魯斯・威利合作，要我摔下樓梯或從山上跳下去，那也不成問題。」

喬納森和大衛哈哈大笑，看神情似乎是鬆了一口氣。最終，「晚餐」來到了尾聲，喬納森說：「所以呢，我們要定你了——我們是真的很希望你能演這部片。」我和他們握了手，無視外頭的狗仔隊，接著跳上我的森林綠色保時捷，在輪胎尖響中揚長而去。

我要在布魯斯．威利的電影裡當主角了。眼見落日大道上一路綠燈，我不禁如此想著。回到位於卡拉里奇的家，這時孤獨哀愁的月亮已經東昇，在我的視野中灑下了詭異又彆扭的光影。我打開電視，倒了杯伏特加通寧，靜靜等待。

命運的時刻即將來臨，馬修．派瑞在這步步高升的路上，是不是又大大躍進了一步？我心裡這麼想時，現實世界中的星辰也逐漸升到清澈、漆黑的夜空中。我開始數星星，但我也聽過一個迷信的說法，據說數到一百就會死。

我數到九十九就停了，以防萬一。

／

隔天早上，我的答錄機多了一段留言。

「馬修，我是布魯斯．威利。你給我回電，不然我就燒了你家、把你的膝蓋和手臂都打斷，你等著下半輩子過沒手沒腳的生活吧。」

喀擦，撥號音。

嗯，還是回個電話比較好。

幾天過後，我們在好萊塢另一家高檔義式餐廳亞果（Argo）見面了，我們在餐廳裡的私人包廂用餐，這是特別為威利先生這等大人物保留的用餐空間。我再次開著保時捷飛馳到場，換到停車檔就把鑰匙交給泊車服務生。

然而今晚，我來得很準時。

布魯斯．威利沒讓我失望——他整個人都在**散發**一流名人的氛圍，不僅是走進房間就吸引所有的人目光那麼簡單，他彷彿成了房間**本身**。他一走進來就開始教調酒師怎麼調完美的伏特加通寧，可見他是貨真價實的電影明星。

「倒個三秒。」他對戰戰兢兢的男調酒師說。

布魯斯四十四歲，單身（我剛認識他那陣子，他和黛咪．摩爾〔Demi Moore〕處於分居狀態），他還清楚知道怎麼調出一杯完美的調酒。他本人就像一整場派對，光是靠得離他近些我就振奮了起來。半晌過後，喬．派西（Joe Pesci）來我們的小包廂串門子（他演過喬納森．林恩之前導演的《智勇急轉彎》），還來了幾個漂亮的女服務生。我說了一堆白痴笑話，布魯斯聽了笑個不停——他似乎喜歡看一個比較年輕的小伙子為他搞笑，還陪著他喝了好幾杯（他可不知道我多會喝）。我和他處得不亦樂乎，因為他真的很懂生活。

這次還是沒有人碰餐點。晚餐結束後，我們兩個新交的好朋友一同前往他在穆赫蘭大道（Mulholland Drive）附近的大宅——布魯斯似乎和我一樣，喜歡住景觀宅。最後，布魯斯．威利和馬修．派瑞手裡拿著酒，朝著下方的聖費爾南多谷（San Fernando Valley）打高爾夫球，結束了這一夜。

那些球總會落到什麼地方的。我心想。我還來不及想像一顆球被五號鐵桿專業地打出去，能造成什麼樣的損害，甚至來不及思考我們這種活動的寓意，就完全停止思考，又開始喝下一杯酒了。

「歡迎加入專業的世界。」布魯斯沒頭沒尾地冒出一句，我猜他指的不是高爾夫，而是電影明星的人生。我們建立了嶄新的友誼，兩人一起喝酒、逗著彼此發笑，還有稱讚彼此揮桿的動作。

到了最後，旭日終究還是東昇了，我們睡眼惺忪地道別。開車回家的路上，我記得自己心裡想著：你好好觀察這傢伙——**這就是幸福生活的過法**。布魯斯似乎從來不會感到不愉快，也從沒有任何人拒絕他。這果然就是一流影星的世界。

那天的午餐時間，布魯斯打電話邀我再去他家一趟，搶先看看他的下一部電影，可是我又宿醉又全身不舒服，完全沒考慮要去。我找了藉口推辭，然後問他這部新片的片名叫什麼，我之後有機會來看看。

「《靈異第六感》。」他說。

／

綜上所述，我接到了《殺手不眨眼》的工作，還和全球最知名影星交上了朋友，但就連我自己也明白，我現在喝得太凶了，沒辦法好好演這部片。在這非常時期，我只能採取非常手段了。有些人可以盡情狂歡，狂歡完還能按時上工——問題是，他們不像我，他們並不是成癮症患者。

我如果要跟上其他人狂歡的步調，還有跟上布魯斯的步調，事後又不能回飯店房間裡繼續喝，那我就得用一些別的東西來放鬆心神，確保自己隔天還能到片場工作。

我撥了通電話給朋友——這裡是廣義的「朋友」——我知道他有在賣贊安諾。

「你想買多少？」他用令人反感的聲音問我。

「給我一百顆。」我說。

藥送到時，我坐在床上一顆一顆數著。這樣我就能跟布魯斯他們喝酒，然後等我終於一個人回到房間以後，直接吃一顆就能上床睡覺了。我定好計畫，卻忽視了一件事：贊安諾和酒精可是致命的組合。

我們搭布魯斯的私人飛機（廢話），到蒙特婁拍《殺手不眨眼》，像遠征英雄那般轟轟烈烈地降臨。我是加拿大的浪子，現在回到祖國，準備好要大肆狂歡了。

我們入住洲際酒店（Intercontinental Hotel），我住的是一般房型，布魯斯則把頂樓整層都包下了，馬上就幫那層樓取了「Z夜店」（Club Z）這個莫名其妙的名稱。還沒過幾個小時，他就已經在樓上裝好了舞廳亮片球。

環球餐廳（Globe Restaurant）成了我們在蒙特婁的家，金錢如流水般流出去，酒像不用錢般流進來，每一個女服務生都火辣無比。

我在幾個月前開始和一個名叫瑞妮（Renee）的女人交往，我們是在洛杉磯的紅（Red）餐廳認識的。當時我在和《六人行》的第一副導演——我的好朋友班．魏斯（Ben Weiss）——吃晚餐，負責我們這桌的女服務生卻突然走過來，在我旁邊坐下，就這樣和我聊了起來。這在我看來不是尋常服務生會做的事。她幫我們點完菜之後，我轉頭對班說：「她的名字一定是薩曼莎（Samantha）。」

「怎麼可能，」他說，「她絕對是叫珍妮佛（Jennifer）。」

她端著我們的餐點回來時，我說：「我們在賭妳叫什麼名字。我賭的是薩曼莎，我朋友猜妳叫珍妮佛。」

「嗨。」她說。「我叫瑞妮。」然後，幾場醉醺醺的派對過後，我們不知怎地在一起了。

我這樣說吧，瑞妮算是替代了某個之前拍電影時傷了我的心的女人，所以她打從一開始就不占優勢……我去蒙特婁拍片時，我們兩個已經差不多要分了，但無論分不分——我說句不光彩的話：在人生中這個階段，我甚至願意跟爛泥巴上床。而且還是加拿大的爛泥巴。

／

演這個角色再容易不過了，我只要擺出一副對布魯斯怕得要死的模樣——這還不容易嗎；然後擺出一副對娜塔莎・韓絲翠（Natasha Henstridge）愛得死心塌地的模樣——這就更容易了——就好。不知道為什麼，我都稱導演喬納森為「薩米」（Sammy）。由他主導的片場洋溢著創意氛圍，我最愛這種風氣了。這就和我們拍《六人行》的環境一樣，無論是誰都可以提出自己的想法，最後會從大家的提議中選出最優秀的笑話。

這部片的演員還包括阿曼達・皮特（Amanda Peet），她幽默、聰慧又非常漂亮，即使有了男朋友也不介意和別人調調情。她很樂意和我、和布魯斯調情，以致布魯斯某天忍不住對她大喊：「妳選一個啦！」

到了夜間，布魯斯的Z夜店裡，眾人就在亮片球的閃光下開趴。雖然一整晚都在恣意狂歡，大家還是有辦法清晨六點準時開工，我都不知道是怎麼做到的。好吧，這裡說不知道，其實我清楚得很：那一百顆贊安諾效果很好，不過藥和我喝下肚的大量酒精混合後，我總覺得腦袋像極了斯伯丁（Spalding）籃球。至於一流演員威利先生呢，他仍然打理得整齊俐落，看上去像是能把線條剛毅的下巴當拆信刀用。

每天到了片場，我雖然嚴重宿醉，但還算年輕的身體勉強能撐得下去。我們幾個常常聚在一起看「腳本邊」（side），也就是拍電影或電視劇時，預計在當天完成的工作分量。這裡的「我們」是指我、喬納森·林恩、布魯斯·威利，還有滑稽搞笑的凱文·波拉克（Kevin Pollak）——他演的是另一個黑手黨老大，角色名叫詹尼·戈戈拉（Janni Gogolak）。我們彷彿是編劇團隊——我們會一起討論這裡可以加什麼笑點、這個鏡頭可以加什麼、那個鏡頭可以加什麼。我們花了不少功夫，加入一些我的動作喜劇片段，讓我去撞窗戶、撞門之類的。有次我看到罪犯，轉身要逃卻撞到別人，被撞得往後倒，撞上後面的檯燈，然後抓起檯燈試圖擋下壞人的攻擊。這都是我的點子，拍起來效果也很棒。

在某個鏡頭裡，凱文的台詞是：「他沒資格呼吸空氣。」我建議他在「空氣」之前先不自然地停頓一下。從我入行到現在，應該就只有那次一直忍不住笑場——凱文對那句台詞的詮釋真的太好笑了，我們每拍一次，停頓的時間就越來越長。我笑得太誇張了，最後在拍他那段戲時，他們不得不把我趕出房間。

／

揭開布魯斯·威利的神祕面紗後，我只想當他的朋友，不想和全世界其他人一樣拚命逢迎他。在拍《殺手不眨眼》過程中，有次我們週末放了三天連假，他帶著當時的女友、我和瑞妮飛到他在土克凱可群島（Turks and Caicos）的家。這是一幢絕美的房屋，窗外就是令人驚豔的海景，而且他們還把周圍的土地都買下來了，以免狗仔來偷拍。那個週末，我們出門都撐著洋傘，避免臉晒黑和電影裡其他片段接不上。這是我新學到的影星小撇步，自然也是向威利先生學來的。

然而，我和布魯斯之間有個很大的差異：布魯斯是派對咖，我是癮君子。布魯斯可以切換開關，該開趴的時候瘋狂玩，然後收到《靈異第六感》那樣的腳本時，他就會停止狂歡，頭腦清醒地完美演出。他並沒有成癮基因——他不是癮君子。

好萊塢有很多人都可以盡情開趴、照常工作——但我不是這種人。我酗酒嗑藥的那些年，假如有警察上門對我說「你要是今晚喝了酒，明天就準備進監獄」，那我就會開始打包行李、準備帶進監獄。一旦開喝，我就停不下來了。我唯一能控制的，就是第一杯酒，那之後的事便超脫我的掌控了。（請見：**人喝下了酒，酒拿下了其餘一切**。）一旦我相信「我可以只喝一杯」的謊言，我就無法再為自己的行為負責了；我需要其他人還有治療中心還有醫院還有護士的救助。

我停不下來，而且如果不在短期內控制住問題，那我必死無疑。我腦子裡住著一隻怪獸，怪獸千方百計想讓我獨處，花言巧語說服我喝下那第一杯酒、吃下那第一顆藥丸，那之後，怪獸將會吞噬我全部的身心。

／

儘管夜裡都在開趴，我們拍電影時還是非常專業，電影後來也很賣座。它的早期評價相當正面——其中《綜藝》（*Variety*）雜誌的評論寫道：

大眾會被布魯斯．威利吸引過來，不過最引人注目的是馬修．派瑞，那充滿難堪挫敗的轉折堪比湯姆．漢克斯十二到十五年前的表現。

這句話在我這個湯姆崇拜者聽來，絕對是無上的讚美。布魯斯之前還懷疑這部片能不能紅，我和他打賭《殺手不眨眼》一定能成功——他要是輸了，就得來《六人行》客串（他後來演了第六季其中三集）。

《殺手不眨眼》成了美國票房冠軍，連續三週都穩坐冠軍寶座。

我成功了——從九年級許下的願望，終於成真了：《殺手不眨眼》雖然不是《回到未來》（*Back to the Future*），但同時演了最紅電影和最紅電視劇的演員，到現在還是只有我和米高．J．福克斯兩人。

我本該好好享受所有人的祝賀，可是回到洛杉磯以後，我心裡很清楚，我的成癮症已經發展到了非常危險的地步。這時候的我基本上出不了門——我的生活完全被藥物和酒精占據了。我天天嗑藥嗑得精神恍惚，也忙著和毒販斡旋，結果根本離不開臥房——我沒能享受名聲所帶來的光環與快樂，只能成天和毒販做這樣那樣的交易。當然，我還是有出席電影首映會，為大眾表演「馬修．派瑞秀」，可是我狀況真的很差，不僅身體浮腫，還受到一種難以理解的恐懼折磨。

我總是幻想著哪天上談話節目，對觀眾說出實話。

傑．雷諾：最近過得怎麼樣啊，馬修？

我：老兄，我的生活亂七八糟，根本不知道該怎麼辦了。我完蛋了。我好痛苦。我甚至起不了床。

如果要對世人坦誠，這就是最完美的時機了。

／

拍完《殺手不眨眼》過後四年，我、布魯斯和凱文又拍了續集（這次換了個導演）。如果說《殺手不眨眼》開啟了我的影星人生，那《殺手不眨眼2》就是影星人生的盡頭了。

第二集是在洛杉磯拍的——這回我們自由發揮得太過了，拍出來的成品爛得要命。好東西本如曇花一現，現在要我們再拍出同樣傑出的作品，真的太難了。續集裡的笑話都感覺是陳腔濫調，這次的派對也索然無味了。情況真的糟糕透頂，一段時間過後，我甚至打電話問我的經紀人：「我現在至少還能去看電影吧？」

《殺手不眨眼》剛上映時，我深陷成癮症的泥淖，幾乎無法離開臥房。我掉進了絕望與墮落的深淵，破破爛爛的心靈正緩緩把身體也拖下水。我最近赫然想到一件事：這種感覺，不是該等到《殺手不眨眼2》上映時再出現嗎？只要是大腦正常的人，在那部片上映後應該都會很憂鬱吧。

有時在夜晚來到尾聲、黎明臨近破曉時，其他所有人都已離去，派對也結束了，我和布魯斯會坐著聊聊天。在這種時候，我可以一窺真正的布魯斯．威利——他是個善良無私的男人，充滿了對他人的關懷。他是個好家長，也是優秀的演員，最重要的是，他是個好人。如果他想和我當一生的摯友，那我十分樂意。不過很多事情就是這樣，那之後我們就很少有交集了。

如今，我當然是每晚替他祈禱了。

Interlude

Friends, Lovers, and the Big Terrible Thing

插曲／群魔亂舞的天堂
All Heaven Breaking Loose

某件事情發生後，我又發病了。前面也說過，只要發生任何一件事——可能是好事、可能是壞事，是什麼都無所謂——我就會發病。

一段清醒期就這麼毀了，我甚至不記得發病的原因。我原本活得很不錯，清醒了兩年——我本來還在幫助其他人戒癮，這下卻又自爆了，而且還是為了一件我甚至完全不記得的小事。我只記得自己喝了很多、嗑了很多，花了很多時間獨處。我向來都是獨自用藥——我怕別人看見我用得多凶，怕他們驚恐地試圖阻止我。但我已經開始了，就壓根就沒有「停止」這個選項。

過去好幾次，我都是因為恐懼而保住小命。當我認為事情太失控了，我就會驚慌地拿起電話，尋求幫助。那一次，是一位戒癮助手和我的好爸爸前來救援，他們立刻搬過來和我同住，我當天就開始排毒。

我感覺自己的身體全毀了……不過排毒進行得相當順利，至少我爸和戒癮助手是這麼認為啦。他們不知道我其實在臥房裡偷偷藏了一罐贊安諾。這就是癮君子的生活：你會幹一些你作夢都沒想過自己幹得出來的事。我的好爸爸拋下一切，搬過來幫我，想要用愛支持我熬過又一場自找的災難，結果我報答他的方式，卻是在床頭櫃裡偷藏了一罐藥。

一天夜裡，我輾轉難眠，滿腦子只想逃避排毒帶來的極致痛苦。那罐贊安諾呼喚著我，猶如黑暗中招引我的邪惡燈火。我把它當成了燈塔，只不過在這種情況下，我非但沒有避開礁岩，反而駕駛船隻轉向岩石。藥瓶裝著防止兒童轉開的瓶蓋，卻防不了我這個大兒童。隔壁房裡，這個兒童的父親對著正在重播《計程車》的電視打盹，而在我的房間裡，在象徵意義上的致命斷崖邊，我縱身栽進了那瓶贊安諾，一次吃了四顆。（一顆就嫌多了，我竟然吃了四顆？）

沒有用。我沒能逃離痛苦——面對我奔騰的思緒，那四顆贊安諾根本不堪一擊。睡眠仍然遙不可及，被羞恥、恐懼與強烈的自我厭惡拒之門外。那麼，我們按邏輯思考，下一步該怎麼做呢？在我這個癮君子心目中，答案就是再吃四顆。（八顆真的太多了——我這是在挑戰生死存亡的極限。）結果這四顆和之前那四顆的效果相加，我不知怎地終於睡著了。贊安諾帶來的睡眠很淺——這種藥物容易使人無法進入深層睡眠——但我不在乎，我只想讓這顆不停折磨我的大腦靜一靜，至少安靜幾個小時……除此之外，我就只是想稍微逃避排毒當下那撕心裂肺的痛苦而已。

我運氣很好，事後還是醒了過來，可是贊安諾除了防止我深眠以外，還造成了恐怖百倍的效果——它把我的腦袋燒壞，害我完完全全瘋了。我眼前出現了幻象：一些詭異的畫面，一些我從未見過的色彩，一些我未曾想像過的奇幻色彩。臥房裡的灰色自動窗簾化成了深沉的紫色，我視網膜上的視桿細胞和視錐細胞彷彿透過視神經，將不請自來的新訊息傳輸到已然燒壞的腦幹。現在，尋常的藍色都變成了明亮的蔚藍；紅色都變成了紫粉色；黑色不是變成梵塔黑（Vantablack），就是成了黑色三・〇（Black 3.0），沒有比它更黑的黑色了。

更要命的問題是，我的贊安諾吃完了，再不趕緊想辦法，我就有性命之憂。（還記得嗎？阿片類藥物的排毒過程只會讓你求生不能、求死不得——而當你要戒的是酒精和贊安諾時，就真的有可能一命嗚呼了。）我這是在一口氣戒除上述三種毒物啊。現在唯一的選項，就是設法弄到更多贊安諾，問題是目前家中有爸爸和戒癮助手守著，我一旦有什麼動作就會被逮個正著。這下，我只能誠實交代自己吃了贊安諾的實情，用適當的方法排除體內殘留的贊安諾。

我離開臥房，來到了萬花筒般色彩鮮明的客廳。**這是天堂嗎？**我心想。**我是不是昨晚就被贊安諾弄死了，眼前這就是天堂？**我委婉地對我爸和戒癮助手解釋自己幹了什麼好事，他們都嚇壞了，戒癮助手馬上採取行動，打了通電話給醫師。

我的腦子已經完全不正常了，這時候我決定對父親坦承自己心中的恐懼。

「爸，」我一本正經地說，「我知道這聽起來很狂，可是我現在隨時可能會被巨蛇抓走。」

我爸是怎麼回應的呢？

「馬蒂，你要是被巨蛇抓走，我就要剉屎了。」時至今日，我還是對父親欽佩不已，他竟然還能正常回應我的胡言亂語。

這時候，戒癮助手回到客廳，對我表達了他的失望，但他說自己還是願意想辦法幫助我。重點是，我必須立刻去看醫生。我們出發去看醫生，在諮詢完畢後，我對醫師道歉、和他握手，並承諾以後再也不會發生這種事情了。我是認真的——我鬧夠了。醫師幫我開了新的排毒藥物及抗癲癇藥物（戒除贊安諾時，病人可能會癲癇發作）。我們回到家，請可憐的助理茉拉（Moira）去幫我取藥，然後在家裡等待。等了又等。不知為何，取藥這任務她花了好幾個鐘頭都還沒完成。

時間一分一秒過去，我可不能一直等下去。再不快點把排毒藥弄到手，後果就不堪設想了，我可能會癲癇發作，甚至是死亡，反正兩個選項聽起來都不怎麼好。現在，我們三個大男人都死死盯著前門，等著門打開，而其中兩個大男人也盯著驚恐的馬蒂不放。

一段時間過後，我無法再忍受他們兩人的注視，自己跑去坐在廚房邊邊一張小沙發上。現實——那個後天培養的品味——開始遲緩卻又穩定地歸位，宛如慢慢聚焦的鏡頭。我感覺身心都糟透了，心裡充滿愧疚與罪惡感。不會吧，我怎麼又來了？我資助的那些人，如今清醒的時間都比我還長了。你自己沒有的東西，又怎麼可能贈予別人？我現在可是一無所有了。

我好恨自己。

這是全新的低谷；沒想到我還能突破先前的最慘紀錄，而且這一切還是在父親面前上演，把他給嚇壞了。成癮症陰險狡詐、難以捉摸，同時也無比強大，我再次被病症死死困住了。

前門還是沒開。這下問題大了，我急得如熱鍋上的螞蟻。藥物和酒精彷彿從壞掉的水龍頭泉湧而出，情況已經慘到我都哭不出來了。如果還能哭，那表示這之中至少留有那麼一點正常，可是目前的情況已經連絲毫的正常、絲毫的本質也不剩了。

總之，我跌到了谷底——這是我人生中最悲慘的時刻。這在癮君子的生命故事中是個經典的轉捩點，那之後他就會尋求長久的幫助，試圖從谷底爬上來了……咦，等一下，這是什麼？我坐在沙發上，盯著廚房，忽然注意到空氣中一絲波紋。換作是一個沒跌到谷底的人，可能會選擇無視它，但我卻完全被吸引住了，怎麼也移不開視線。它彷彿空氣中小小的波動，我這輩子從沒見過這種景象。它真實、實在、具體、真確。一個人走到了生命的終點，是不是會看到這樣的景象？我是不是要死了？然後……

我開始焦急地祈禱——像溺水之人一樣，開始悲切地祈禱。上一回祈禱是在成為《六人行》的演員之前，那次我和上帝達成了黑暗交易，祂深深吸了口氣，靜靜等待出手的時機。這回祈禱，距離上次已經有十多年了，我又在冒險乞求上帝的憐憫。

「上帝，拜託幫幫我。」我輕聲說。「拜託對我證明祢真的存在。上帝，求祢幫幫我。」

在我祈禱的同時，空氣中的小波動化成了一小點金光。我跪了下來，只見金光開始緩緩膨脹，變得越來越大，最後整個廚房都充滿光輝，我彷彿站在太陽上。我就站在太陽表面。這是什麼狀況？我怎麼忽然覺得好受一些了？我怎麼不怕了？我以前用過那麼多藥，試出了效果最完美的藥量，此時沐浴在光輝下的感受，卻遠遠勝過了藥物的效果。我感到越來越欣喜，同時也怕了起來，試圖甩脫這種感覺。問題是，我無法甩脫這種感覺，它比我強大得多，我只能對它舉雙手投降。這也不難，畢竟這種感覺真的太舒暢了。狂喜從我頭頂冒了出來，緩緩滲透到四肢百骸——我應該在那邊坐了五、六、七分鐘，全身盈滿喜悅。

我的血液並沒有被暖洋洋的蜂蜜取代，反而是我**本身**變成了溫溫熱熱的蜂蜜。我此生首次沐浴在愛與包容的光輝下，心中充滿某種情緒，感覺一切都能圓滿解決。我現在知道，我的禱告得到了回應，上帝就在我身邊。當初創辦匿名戒酒會的比爾．威爾遜（Bill Wilson），也曾被穿過窗戶的天雷擊中，感覺自己見到了上帝。

這次，換我見到上帝了。

可是，這麼美好的感覺其實也很恐怖。曾有人問過，我有沒有體驗過幸福的感覺，那個該死的傢伙差點沒被我罵死。（有次在承諾康復中心〔Promises〕，我對輔導員說過：看到其他人在戒癮、康復的過程中一副幸福快樂的模樣，我覺得毛骨悚然。「他們就像是一群快快樂樂地住在山丘上的人，他們在那邊幸福生活，我卻在逐漸死去。」我說。輔導員對我解釋，其實他們之中有很多人都對事態一知半解，不瞭解自身狀況，過一陣子還是得回康復中心戒癮，並且他們下一次戒癮可能會比這次還要悽慘。）

大概七分鐘後（這裡插入「天堂的七分鐘」的笑話）*，金光逐漸黯淡，狂喜也逐漸消散。上帝完成了這邊的工作，跑去幫助其他地方的某個人了。

我哭了起來。我哭得很慘，肩膀不受控地顫抖著，怎麼也停不下來。我不是因傷心而哭，而是為了自己活到這麼大，第一次感到內心安好而哭。我感到安全，感覺有人關心我。過去數十年來，我一直在和上帝相抗，一直在和生活作對，還沉浸在無止境的哀傷之中，現在那一切都被沖刷乾淨了，彷彿一條痛苦之河流進了虛空。

我確信自己見證了上帝的存在。這回，我做了正確的祈禱：我向祂尋求救助。

最終，我終於停止哭泣，現在一切都變了。各種色彩在我眼中變得不一樣了，物體的角度發生了變化，牆壁變得堅固許多，天花板變得高聳許多，枝葉輕敲著窗戶的樹木都顯得完美無缺，樹根透過土壤連接到這顆星球、再連接到我身上——是慈愛的上帝創造了萬物之間偉大的連結。我看見遙遠的天空，過去我只知道它理論上無窮無盡，現在它是真的永無止境了，我永遠不可能看清它的全貌。現在的我和過去不同，我和宇宙之間產生了新的連結。就連我家中的植物也一樣，我過去從沒注意過它們，現在它們卻清晰無比，比從前更加美麗、更加完美、更加生機蓬勃。

＊譯註：「天堂的七分鐘」（Seven minutes in heaven）是美國青少年的遊戲，兩個人在衣櫃等黑暗的密閉空間七分鐘，接吻或做其他任何想做的事。

光是那一刻的美好，就支撐了我後續兩年的清醒生活。上帝讓我窺見了生命的潛力，祂那天救了我，之後的每一天，祂無論如何都在救助我。祂將我變成了追尋者，我不僅尋求清醒與真實，也尋找上帝。祂為我開了一扇窗，然後又關上窗戶，彷彿在對我說：「好了，你設法贏得這樣的人生吧。」

如今，當某種黑暗降臨在我心中，我不禁會想：當時那會不會只是贊安諾造就的瘋狂，就如我滿心確信會來抓我的那條巨蛇——畢竟美國國家衛生院（NIH）曾指出，贊安諾可能導致所謂「短暫可逆的思覺失調」。（我後來還在我爸面前爆發了嚴重的癲癇，這就不怎麼好玩了——被匆匆送進UCLA健康中心也不怎麼好玩，我當時還以為那是天使火車站。）儘管如此，我還是很快又會回到金光的懷抱，認知到那就是真相。在我清醒時，我還是能清楚看見它的真相，還是記得它對我的影響。一些人聽了可能會覺得這不過是尋常的瀕死體驗，但我真的感受到了，那就是上帝。當我和世界相連時，上帝會巧妙地用一些線索告訴我，那是真的。陽光打在海面上，就會將海水變成那美麗的金色；樹木的綠葉反射陽光之時，或是當一個人走出黑暗、回歸清醒世界之時，眼中又會恢復光彩，那也是上帝給我的線索。當我幫助別人恢復清醒，聽到他們對我說「謝謝你」，他們的感激之情直擊我的內心，那樣的感受也是上帝的線索。那些人還不知道，該滿懷感激地道謝的人，其實是我才對。應該是我向他們道謝才對。

一年後，我認識了一個女人，之後和她穩定交往了六年。上帝無所不在——但你得先清除心中的雜訊，否則就看不見祂的存在。

Chapter 7

The Benefit of Friends

朋友的好處

莫妮卡最先上前，把鑰匙放在空無一物的流理檯上。接著是錢德。然後是喬伊——說來好笑，他根本不該有這間公寓的鑰匙——然後是羅斯、瑞秋，最後是菲比。流理檯上擺著六把鑰匙，現在還能說什麼呢？

我們排成一長排站在那裡。菲比說：「好像就這樣了。」喬伊跟著說：「是啊。」他差點打破了第四面牆，短暫地往觀眾方向掃一眼，然後說：「好像就這樣了……」

但我們沒有第四面牆，第四面牆本就不存在。過去十年來，我們一直存在於人們的臥室與客廳中，到最後成了許多人生活中無可割捨的一部分；我們沒意識到，其實打從一開始就沒有第四面牆，還怎麼可能打破這面牆呢？我們不過是六個好朋友，一起生活在看似大得離譜的公寓裡，而實際上這間大公寓也就只是客廳裡一台電視機的大小罷了。

現在，到了最後離開這間公寓的時候。最開始的六人行，如今成了八人——除了六個主角，還多了莫妮卡和錢德的雙胞胎，兩個孩子躺在嬰兒車裡。

在拍最後一集之前，我把瑪塔．考夫曼拉到了一旁。

「除了我以外，不會有人在乎這個。」我說。「所以，可不可以把全劇最後一句台詞交給我來說？」於是，當我們所有人走出公寓時，瑞秋提議最後去喝杯咖啡，由我說出了《六人行》落幕前的最後一句台詞。

「好啊。」錢德說，然後在最後一次的完美停頓過後，問道：「**去哪啊？**」

我說出那句台詞時，史威默露出了結合關愛與笑意的完美神情，恰到好處地總結了《六人行》給予世界的一切——我真的很愛他那個表情。

就這樣，一切都結束了。

事實上，我們所有人都很期待《六人行》落幕。首先是珍妮佛．安妮斯頓決定不再演下去了，而既然我們一向是大家一起做決定，那就表示我們大家都不會再演下去了。珍妮佛想去演電影；我在演《六人行》那些年還是演了好幾部電影，當時《殺手不眨眼2》即將上映，到時想必會大紅（這邊插入驢腦袋）。總之無論如何，雖然《六人行》是全世界最棒的工作，但其實到二〇〇四年，莫妮卡、錢德、喬伊、羅斯、瑞秋和菲比的故事也都差不多演完了。我注意到，錢德內心成長的速度比我快得多。結果就是，主要在珍妮的推動下，第十季比過去幾季短了些，但這時候所有角色基本上都在過幸福快樂的生活了，沒有人想看一群幸福的人做幸福的事情嘛——這種節目哪裡搞笑了？

時間來到二〇〇四年一月二十三日。鑰匙放在了流理檯上，一個樣貌酷似錢德．賓的傢伙說了：「**去哪啊？**」傑佛森飛船（Jefferson Airplane）的〈胚胎旅程〉（Embryonic Journey）響起，鏡頭轉回公寓前門，第一副導演兼好友班最後喊了一聲：「收工。」幾乎所有人都淚如泉湧。我們總共拍了兩百三十七集，這最後一集就叫「大結局」（The Last One），標題下得非常好。安妮斯頓泣不成聲——她哭了好一陣子，我甚至懷疑她體內一點水分也不剩了。就連麥特．勒布朗也在哭，我卻毫無感覺，不知道是因為我用了丁丙諾啡（buprenorphine）這種類阿片，還是因為我的心靈已經死透了。（順帶一提，丁丙諾啡是一種排毒藥物，效果很好，可以幫助你戒掉其他「更強」的類阿片——它不會對你造成任何方面的改變。但諷刺的是，它是全世界最難戒的藥物。丁丙諾啡這東西又稱舒倍生〔Suboxone〕，絕不能連續使用超過七天，可是我害怕排毒的痛苦，所以已經連續用八個月了。）

所以在《六人行》完結時我沒有哭，而是和當時的女友——很巧，她剛好名叫瑞秋——慢慢繞著舞台走了一圈，那是華納兄弟在柏本克的24號舞台（節目完結後，這個舞台也會改名為「六人行舞台」〔The Friends Stage〕）。大家互相告別，承諾之後再相約，但大家也都知道下次見面可能是很久以後的事了。然後，我和瑞秋出了門，朝我的車子走去。

我在車上坐了一會，回顧過去十年的種種。我想到《L.A.X. 2194》、兩萬兩千五百美元、克雷格．比爾科；我想到自己是如何成為最後入選的演員，想到那次去拉斯維加斯旅遊，我們當時還能正大光明地走在人滿為患的賭場裡，沒有任何人認出我們。我想到過去所有的笑話、所有的怔愣及恍然大悟貌，想到穆瑞兄弟，想到我最知名／最接近真話的幾句台詞，例如：「嗨，我是錢德，我尷尬的時候就會開玩笑。」還有：「在二十五歲前，我以為別人對我說『我愛你』，唯一的正確回應就是『慘了！』。」

「我們總是把自己的感受吞下肚，就算會一輩子不快樂也無所謂。」還有：「她的等級還能比我高出更多嗎？」*

我想到第八季和第九季之間的那年夏天，我在康復中心待了一陣子，《時人》雜誌還在封面上寫著我是「快樂、健康又火辣！」。（「《六人行》搞笑男對戀愛傳聞做出了回應，」那篇文章如此開場，「並談到『最終』一季，以及他恢復清醒的努力。『那真的很可怕。』他表示。『我不想死。』」）我那年夏季的確都在努力恢復清醒，還一直在打網球。我想到拍第四季的第一天，也就是我在眾目睽睽下住進康復中心的那個夏季過後。在第一場劇本朗讀會上，所有人都明目張膽地盯著我，我的朋友凱文．布萊特——《六人行》執行製作人之一——在我們開始朗讀劇本前，先說了一句：「有人想聊聊自己暑假做了什麼嗎？」我趁著這個機會破冰，一本正經地大聲說：「好啊！我先說！」用這句話釋放了房間裡的張力。眾人忍不住笑了起來，鼓掌恭喜我成功轉變人生方向，恭喜我神采奕奕地來片場工作。那應該是我從小到大最機智的一句笑話了。

＊編註：原句為「Could she be more out of my league?」，出自《六人行》第一季第六集，也見影集字幕翻譯為「我根本配不上她吧？」

我想到之前苦苦哀求製作人，求他們在最後幾季讓我別再用錢德的調調說話了（還有求他們讓我別再穿毛衣背心）。那種調調——它還能更惹人厭煩嗎？——已經被消費殆盡了，如果再讓我強調句子裡一些奇奇怪怪的字眼，那我可能會直接爆炸。所以從第六季開始，我基本上恢復正常的說話方式了。

我想到自己哭著對莫妮卡求婚。

而我不愧是我，腦子裡當然也浮現了一些負面想法。

少了這份超級好玩又可以發揮創意的工作，無法再每天來這裡上班，我以後會變成什麼鬼樣子呢？

《六人行》在我心目中一直是安全的所在，是我能恢復鎮靜的地方；它是我每天下床的動力，也是我每晚稍微節制一些的動力。它像是我們生活中最愉快的部分，我們彷彿每天接獲令人欣喜的好消息。即使是我也明白，只有瘋子才會把這麼棒的工作搞砸（儘管如此，我還是多次發瘋）。

那晚開車回家的路上，我把日落大道上一面巨型看板指給瑞秋看，那是《殺手不眨眼2》的廣告。離地面五十英尺遠的我身穿深色西裝、紫色襯衫、打了領帶，沉著臉站在布魯斯．威利身旁，他則是穿著白T恤、吊帶衣和兔兔拖鞋。足有六英尺的大字寫著：**威利……派瑞**。下面則是一句標語：**他們錯過了對方。這回，他們瞄得更準了**。我儼然成了大影星。（我前面就說過自己是驢腦袋，你應該還記得吧？）

即使少了《六人行》，我乍看還是前程似錦。我的大片即將上映；我在《艾莉的異想世界》（*Ally McBeal*）客串了兩集，還客串了三集《白宮風雲》；除了喜劇，我在其他領域的演出也受到了重視（我才演三集《白宮風雲》就兩度被提名艾美獎）。另外，我剛拍完特納電視網（TNT）的一部電影——《熱血教師》（*The Ron Clark Story*），講述一位小鎮教師在哈倫區一間環境惡劣的學校教書的真實故事。整部電影連一句笑話也沒有——它嚴肅到快把我逼瘋了——所以我在拍片休息時間自創了名叫「黑暗隆」（Ron Dark）的角色，除了成天醉醺醺的以外，還動不動就在小孩子面前罵髒話。儘管如此，《熱血教師》後來在二〇〇六年八月上映時還是大受歡迎，我被提名美國演員工會獎、金球獎和艾美獎。（結果我這三項都輸給了勞勃．杜瓦〔Robert Duvall〕。不會吧，我竟然敗給了那傢伙。）

但我前面也說過，《殺手不眨眼2》後來成了一場大災難——可能連和我關係最好的親友都沒去看。你如果仔細觀察，就會發現在首映會上，有不少人悄悄別過了視線，努力不去看銀幕。這部在爛番茄網站上的評分應該是零分吧。

在那一刻，好萊塢下定了決心，決定不再邀派瑞先生演電影了。

／

拍完《六人行》最後一集的隔天，我安排了之後參加戒癮的十二步項目聚會，目的是重啟人生、走上正確的道路。可是面對沒有任何行程規劃的日子實在太難了，隔天早上我一覺醒來，不禁心想：**媽的，我現在要幹什麼啊？**

媽的，我還能幹什麼呢？我戒不了丁丙諾啡，未來沒有排任何新工作——這真的很誇張，我可是剛拍完有史以來最受觀眾喜愛的情境喜劇耶。更慘的是，我和瑞秋的感情出現了裂痕——物理距離太遠是個問題，情緒上距離太近又是另一個問題，我左右都不是。

所以，我又恢復單身了。

我沒有報酬高得離譜、猶如美夢成真的工作可做，生命中缺少另一半，這下我很快就墮落了——我彷彿從懸崖摔了下去。我發病的大腦再次萌生了一個瘋狂想法，它想要用一些藥效更強的藥物。過不了多久，看似不可能的事情又發生了，我再度開始酗酒用藥。

雖然乍看之下不是這麼回事，但其實我一直都沒有自殺傾向，這也得感謝上帝——從頭到尾，我都沒真正產生想死的念頭。其實，我內心深處一直藏有一絲希望。但如果服用我所需藥量的代價就是死亡的話，那我就得接受死亡了。是啊，我的思想已經扭曲成這副德性了——我可以同時思索這兩件事：我不想死，但只要能把足量的藥物吃下肚，那我也願意走向虛無。我印象很深刻，有次我捧著一把藥丸，腦子裡想的是：**我吃了可能會死**。結果我還是把它們吃了下去。

這是一條很恐怖且很容易跨越的界線。我酗酒嗑藥的情況已經極端嚴重，甚至得用酗酒嗑藥的方式來忘記自己喝了多少、嗑了多少。為了達到那種程度的失憶，我幾乎用上了致命的劑量。

除此之外，我還孤單得要命，孤獨所致的痛苦深深鑽進了骨髓。表面上看來，我是全世界最幸運的男人，所以我只能跟少數幾個人抱怨，否則對方就會不客氣地叫我閉嘴。但即使抱怨了……還是沒有任何事物能填補我心中的空洞。有一次，我又買了一輛新車，那份興奮卻只維持了短短五天左右。我還經常搬家——搬進風景更美的新房子果然帶來了更強烈的刺激，持續得比保時捷和賓利久一些，但其實也沒持續多久。此外，我還受困於不停內省的思緒，根本不可能和女性好好談一場有付出、有接受的戀愛。相較之下，炮友關係對我而言輕鬆得多，這樣對方就不會察覺到緩緩鑽進內心的想法，不會發現我這個人就是不夠好、我再怎麼努力也無法彌補自己的不足。

我迷失了方向，哪都沒有我可以走的路。無論我往哪躲，那裡都還是有我。酗酒者最恨的就兩件事：一個是現況，一個是改變。我知道現狀非變不可——我雖然不想尋死，卻逐漸走向死亡——可是我真的太害怕了，什麼都不敢做。

我亟需看清生命中的黃燈徵兆，所以我很感激上帝那天讓我在家中有了那樣的體驗，我彷彿重新簽了一份生命租約，再次得到了清醒這份禮物。這時唯一的問題是：我要拿自己重啟的人生做什麼呢？在過去，我無論嘗試什麼方法都無法長久保持清醒，這次我得從不同的角度切入問題，否則就完蛋了。我真的不想完蛋。我都還沒學會好好活著，還沒學會好好去愛。我都還沒看見世界的道理。

如果我的惡習殺了我，那它就殺錯人了。我還不是全然的我，我不過是我的數個小部分而已（而且還不是最好的部分）。既然要換個角度切入生命的問題，那我就得從工作開始，這似乎是最容易著手的領域。對現在的我來說，努力就是唯一的希望了。我累積了一些清醒時數，重新站了起來。這段期間我還有幾段炮友關係，可是其中一段關係悄悄發生了變化，似乎會演變成更深的某種關係。甚至可能演變為深切非常的關係。我知道怎麼和炮友相處——但面對現在這種關係，我就沒那麼在行了。我逐漸意識到，自己甚至在性愛結束後還希望她留下來：「妳要不要再待一下下，我們一起看電影？」

我在幹什麼啊？怎麼一口氣違反了所有的規則？

／

初次見面時，她二十三歲，我三十六歲。之所以知道她二十三歲，是因為我在她辦二十三歲生日派對時不請自來，接著在一輛亂七八糟的豐田車後座第一次親密接觸（呃我花了那麼多錢買豪車，現在卻在豐田Corolla後座跟女孩子親熱）。結束後，我說：「我要下車了。主要是因為我三十六歲。」

那之後兩年，我們大概是創下了某種性交紀錄，兩人之間沒有任何情感牽絆，嚴格遵守炮友原則。我們對這件事很有默契，從不共進晚餐，從不談論彼此的家庭，從不討論彼此生命中的其他人物。我們只會互傳簡訊，說出來的話也都類似：「禮拜四晚上七點怎麼樣？」

她起初十分難相處，我記得剛開始往來時，有次我對她說我穿了套西裝，覺得自己打扮得很帥氣。

「我最討厭西裝了。」她說。

後來我終於突破了她冷硬的防線，但那也是好幾年以後的事了。

／

所有演員都必須遵從的守則包括這麼一條：你必須嘗試新事物、挑戰自我。我爸送的那本書——被他留言「又是被消磨殆盡的一代人」那本——大概也是這麼寫的。如果你已經在喜劇領域取得了好成績，那就該在事業上急轉彎，成為戲劇演員。於是，我為自己制定了轉型計畫。我不能退休，一個成年男人整天打電動也是會玩膩的。我的炮友也在某一天對我說：「你過的是醉鬼毒蟲的生活，只差沒有酗酒吸毒而已。」（我前面可能忘了說——她還非常聰明喔。）

我來到人生的十字路口。如果你是有錢又有名的演員，卻對財富與名聲沒有興趣，那該怎麼辦？

這時候，你可以退休（我還太年輕啦），不然就是換換口味。

我對經理人和經紀人們宣布，我現在只想演劇情向電視劇或電影。

之前演《白宮風雲》、《艾莉的異想世界》、《熱血教師》這些劇情向作品，成果都不錯，所以現在轉型應該也不怎麼突兀。我去參加了幾場試鏡，都是劇情嚴肅的電影，結果一部也沒選上。我拍了幾部獨立電影，雖然很努力了，最後還是沒成功。

這時候，一份炙手可熱的腳本來到我面前。

我還是第一次看到如此引人關注的計畫——它似乎有某種魔力。艾倫・索金（Aaron Sorkin）編劇、湯瑪斯・史拉姆（Thomas Schlamme）導演的《日落大道60號演播室》（*Studio 60 on the Sunset Strip*），是他們之前那部小小的電視劇——《白宮風雲》——的續作。這兩個大人物得過的艾美獎加起來就有十五座左右，二〇〇五年秋季這項新計畫自然也引起了熱潮，除了它以外，我可沒看過哪項計畫還沒動工就蓄積了如此龐大的能量。NBC和CBS如角鬥士（gladiator）般爭搶著要拿下這部劇，最終是NBC勝出，每集投入的資金高達三百萬美元。那年秋季，我不論去哪都能聽人談起《日落大道7號演播室》（*Studio 7 on the Sunset Strip*；這是它最初的劇名）。當時我人在紐約，住在翠貝卡街區的格林威治飯店（Greenwich Hotel；它是我最愛的飯店，沒有之一），《熱血教師》就快殺青了。我真的很想讀這部引人熱議的腳本，不過我人在東岸，腳本要等晚間十點才會送到飯店來，我也沒睡，就在飯店等著它送到。

艾倫和湯米先前那部《白宮風雲》可說是改變了美國人看待連續劇的眼光，我則是透過錢德．賓改變了美國人說英語的調調。我們要是能合作，應該很有機會掀起又一波風潮吧。

到晚間十一點半，我把腳本讀完了，當下就下定決心要回歸電視聯播網的懷抱。

這部劇的主角是7號演播室首席編劇馬特．阿爾比（Matt Albie；據說艾倫在寫這個角色時，是以我為原型）以及同為節目統籌的丹尼．特里普（Danny Tripp），後者已經預計要由聰明善良的布萊德利．惠特福（Bradley Whitford）飾演了。在劇中，兩位主角都被請來拯救一齣類似《週六夜現場》（*Saturday Night Live*）的節目，那個節目就叫《日落大道60號演播室》。

早在開拍之前，這部劇就已經有了冠軍相，之後很可能大受歡迎、奪得艾美獎。它有了索金、史拉姆和我，應該就穩操勝券了吧？

我們首先遇到了金錢問題。過去我在《六人行》拿了高得離譜的報酬，我也知道自己很難再得到同等待遇了，但即便如此，看到這部有關電視喜劇節目的群戲，所有演員都得接受相同報酬……我和經理人之間的對話，差不多是這樣的（請把它想像成索金語）：

我：我真的很想演這部。

經理人：好啊，這種劇沒有人比索金更在行了。

我：我可以藉這個機會回到電視圈——這才是正確的方向。

經理人：現在唯一的問題是報酬的部分。

我：報酬？那是怎麼回事？

經理人：報酬就是他們每集要給你的酬勞……

我：這我知道。謝囉。我是說，他們開價多少？

經理人：一集五萬。

我：我拍《六人行》的報酬可是一集一百多萬耶，我們就不能把價碼喊高一點嗎？

經理人：看上去不行。他們想拍一部角色戲份都平等的群戲，對所有人開的都是這個價錢。

我：不會吧，這是我見過最精采的腳本了，現在竟然得把這份工作推掉。

幸好我的經理人不屈不撓（我得好好感謝他），他對製作方指出，他們當初在構思《日落大道60號演播室》時雖然把它預設為群戲，可是一旦我走上台，我的角色就會成為整部劇的焦點。後來事實證明，他說得一點也沒錯。我們堅持這個論點，和製作方交涉大概六週過後，說服他們放棄了群戲的設定。我將成為這部劇的主演，我們也把價碼抬高到每集十七萬五千美元。不得不說，每週能賺到這麼一筆錢當然非常棒，可是你看看隔壁的隔壁的隔壁棚的勒布朗，他演《喬伊》（*Joey*）可是每週賺六十萬美元呢。無論如何，我最後還是被編劇的才能說服了（其實演員真正想要的就只是好的素材），接受了製作組開給我的低價。（他們還請了我的好朋友阿曼達．皮特來參與演出。）

我們拍了試播集，它絕對是我看過最優秀的試播集了——真的，就是這麼好看。它有種特殊的能量，一種電視劇少有的活力，粉絲看了都很愛，這部劇剛上檔就大受歡迎。（但我在《六人行》後拍的電視劇全都是一開始大受歡迎，人氣卻會突然下滑。）《60號演播室》第二集的觀看人次居然只剩下第一集的一半，大家莫名其妙就對它失去了興趣。我花了好幾年苦思，才終於理解這個怪現象。

《日落大道60號演播室》有個致命的缺陷，再怎麼優秀的編劇、再怎麼傑出的導演、再怎麼傳神的演技，都無法彌補這個缺憾。《白宮風雲》的劇情非常刺激，角色面對高得離譜的風險——你說有核彈瞄準了俄亥俄州，總統必須趕緊想辦法走出困境？那俄亥俄州人當然得開電視看看這個節目在演什麼，看看自己如果被即將來襲的洲際彈道飛彈威脅、或許得對美好人生說再見，事情可能會如何發展。

包括我在內，為數不多的一小群人明白，在演藝界的某一個領域，把笑話演到位可說是攸關生死的大事。都是一群執著得要命的怪人。但俄亥俄州坎頓市的人在觀看《日落大道60號演播室》時，可能會覺得：**不過是個笑話而已，大家在激動什麼啊？又沒什麼大不了的。你們這些人到底是怎麼了？**這又不是蒙地蟒蛇（Monty Python）搞笑劇，《日落大道60號演播室》裡可沒有用笑話讓納粹黨員笑死的恩斯特·史圭博

（Ernest Scribbler）。（在蒙地蟒蛇的短劇中，不懂德文的英國人對笑話免疫，而那個殺人笑話的德文其實不過是一串胡言亂語而已，這也是一大笑點。）洛克斐勒中心也許有一批愛看搞笑劇的忠實觀眾，日落大道喜劇商店（Comedy Store）的售票員可能也看得很開心，但其實《日落大道60號演播室》的故事並沒有達到《白宮風雲》那種驚心動魄的高度。你怎麼可能把《白宮風雲》那種驚險刺激的劇情套到喜劇上呢？

此外，在細節方面，《日落大道60號演播室》的工作環境和《六人行》——甚至是《殺手不眨眼》——都大相逕庭，令我有些懊惱。艾倫在工作時非常嚴格——他就是喜歡這樣的工作模式——攝影棚裡甚至有人負責拿著腳本對照演員說出口的台詞。假如腳本寫的是「他火大了」（he is angry），我或別的演員簡化成「他火了」（he's angry），那整個鏡頭都得重拍——反正就是得一字不差地照著腳本去演。（我把負責這任務的製作助理暱稱為「鷹眼」，老實說她還滿可憐的，只能作為風紀股長在那邊監督一群想發揮創意發狂演戲的傢伙。）在拍戲時，同樣的鏡頭往往會拍好幾個版本，說來可惜，有時台詞稍微不一樣的版本可能最好，但最後被選用的卻不是最好的那一版，而是一字不差的版本。「艾倫．索金編劇／湯米．史拉姆導演」這套系統向來不以演員為中心，重點反而是如何把腳本完整呈現出來，搞得像在演莎劇一樣——我還真的在片場聽過別人在說，這完全就是莎劇……

除此之外，我對創作過程的整體觀點也和他們不同——我習慣提出自己的一些想法，但艾倫一次也沒接受我的提議。我還對自己的角色發展有一些想法，然而編劇還是不歡迎這些想法。這裡的問題在於，我不僅僅是一顆會說話的人頭，我還長了大腦，充滿了各種關於喜劇演出的點子。作為編劇，艾倫．索金比我出色得多，可是他並不比我搞笑（他曾美言說他最愛的電視劇是《六人行》）。在《60號演播室》裡，我演的就是喜劇編劇啊。我自認我提出的幾個段子很好笑，不過這些百分之百都被艾倫拒絕了；他當然有權拒絕，他想怎麼拍片是他的自由，我只是覺得失望而已。（湯姆．漢克斯告訴我，艾倫同樣拒絕了他提出的好幾個想法。）

或許是我運氣好，老早就學到了教訓：演人氣電視劇並不能解決任何問題。這部劇起初轟動一時，試播集的觀看人次多達一千三百萬人，收視占有率（share）也有十四，表現得很不錯。早期評價也都很正面，《綜藝》雜誌表示：「你很難不看好《日落大道60號演播室》，這部連續劇結合了艾倫．索金精妙的對白、他挑戰大概念的意願，以及魅力四射的明星演員。」《芝加哥論壇報》（*Chicago Tribune*）更是對我讚不絕口，並表示：「《60號演播室》不僅好看，還有機會成為電視劇中的經典。」

但我前面說的問題還在：《60號演播室》想要一本正經地呈現關於喜劇與高品質電視節目的劇情，把這兩樣東西說得和全球政治同等重要。我近期在《洋蔥報》（*Onion*）的影音俱樂部專欄上，看到一篇很有啟發性的評論，評論者奈森．拉賓（Nathan Rabin）在《60號演播室》播出幾年後回顧這部劇，他也認為試播集是非常出色的作品。

我和大多數閱聽人一樣，二〇〇六年九月十八日晚間滿懷期待地看了試播集的首播。看完之後，我已經等不及看看故事接下來的發展了。我幾個月前……重看了一遍，這次重看試播集，深深感受到它的無盡潛力。《60號演播室》可能朝意想不到的方向發展，什麼事情都可能上演，並且演員團隊還是近年來最出色的一批人。第二次觀看，《60號演播室》試播集依然洋溢著滿滿的潛力，只可惜那份潛力終究逃不過被埋沒的命運。

拉賓也指出，這部本該是關於笑料的劇，但可能是太認真想要說故事了，而索金又掌握了整部劇的絕對控制權，其他人實在沒有施展空間。

每一集都是艾倫．索金寫的，這也是這部劇傲慢的延伸。「原創故事」雖然偶爾會歸功給特約編劇，但說到底，《60號演播室》就是索金的單人秀，由他主宰一切……《60號演播室》以自己怪異的方式永存於世，只不過它並非以曠世巨作的形式留存下來，而是成了人們心目中時而令人好奇的曠世鬧劇。

其實時代也變了，《日落大道60號演播室》上檔的時間點，正好是觀眾看電視的習慣轉型之時。《六人行》、《白宮風雲》等「預約電視」逐漸式微，人們開始把他們要看的節目錄下來、晚點再看，這就影響到了節目收視率，而收視率也取代劇情成了評判一部劇的重點。撇開這些因素不談的話，劇情還是很精采的。

到了第一季——也是唯一一季——結尾時，觀眾大多產生了和拉賓相同的想法，觀看人次掉到僅剩四百萬人，播送當下觀看這部劇的收視占有率只有百分之五。

我們沒救了。

我沒有因為這次失敗而傷心——就如前面所說，我已經知道大紅電視劇無法滿足我的心靈了。況且，這段時期我找到了填滿心靈的另一件事物。

／

長達兩年的「炮友關係」演變成了愛情。這是我人生中最「正常」的時期之一，雖然我偶爾會失足，偶爾會吃個一兩顆疼始康定，一次排毒就得花上六天，不過我和對方的關係已經加深到了一個程度，現在我有個問題急需對她提出。

有一天，我說：「我們還是別再自欺欺人了吧。我們彼此相愛。」她沒有否認，我也的確非常愛她。話雖如此，我們兩人都非常熱衷工作，用工作閃避了許多親密關係中的問題。此外，我還是怕她離我而去，這份恐懼在我心中仍舊根深柢固。或許她也怕我離她而去呢，這我就不得而知了。

無論如何，那關鍵的時刻終究到來了。

為了慶祝聖誕節，我花了一大筆錢請藝術家畫我們兩人的畫像。我們之間的關係一向是以性愛和簡訊為主要推進力——至少開頭四年是如此——我聽我的商業經理人說，我們互傳了多達一千七百八十封簡訊。所以在那幅畫的右下角，她坐著，面前擺了一份《紐約時報》和幾瓶瓶裝水，樣子和平時一樣。我在畫的左下角，身上穿著一件長袖T恤再加另一件T恤（我平常就是這麼打扮的），手裡拿著一罐紅牛能量飲料，在讀《運動畫刊》……而與此同時，畫中的我們還在互傳簡訊。畫家在畫中加上一千七百八十顆愛心，一顆代表一封簡訊，全部拼成一顆大愛心。我還是第一次花大錢準備這種禮物；我愛這個女人，也想把我的愛傳達給她。

我打算把畫送給她，然後對她提出那個問題。你知道我想問的是什麼問題吧。至於計畫進行得順不順利，這我就不必告訴你了，因為……呃，其實我沒把問題說出口。我把禮物交給了她，她非常感動，對我說：「馬蒂，我小小的心臟——你看看你對我小小的心臟做了什麼。」

就是現在了，我只需要說：「寶貝，我愛妳。妳願不願意……」但是我沒說。內心所有的恐懼如蛇一般昂起頭來，就是在我認識她的前一年，我一直擔心著會來抓我的巨蛇。只可惜我那次見到了上帝，卻沒能從祂那裡學到夠多。

我立刻進入錢德．他媽的．賓模式。

「喂，喂，喂！」我對她說，換來了她錯愕的神情。「妳看看這個！」錢德那種調又他媽被我用了最後一次。

我錯失了那一瞬間的機會。她可能也在等我發問吧，誰知道她是不是有這種想法呢？我明明離那關鍵的瞬間才幾秒鐘而已，結果還是差之毫釐，失之千里，因為幾秒鐘而錯過了一輩子。我常常會想，假如當初把問題說出口，我們現在是不是已經有了兩個孩子，有了一棟沒有景觀的房子呢——在那個幻想中的世界，我不需要景觀，只要欣賞她就好，孩子們也是。結果呢，我都五十三歲了還在獨居，一個人默默俯瞰波濤洶湧的大海……

是啊，我沒有問她。我太害怕，或者心靈太破碎，或者性格太頑固了。和她往來那幾年，我始終對她專一、忠誠，甚至連最後那兩年也一樣。那兩年，我不知為何不再想和她上床了，不管做了多少次伴侶諮商，我們還是不知道我為什麼一直沒把那個該死的問題問出口，不知道我後來為什麼只把她當最好的朋友看待。她是我的朋友，我**最好**的朋友。我不想失去最好的朋友，所以還是努力了兩年，試圖維繫我們之間的情誼。

當時的我不知道為什麼後來不再和她上床，現在的我卻明白了：那是一種悄悄逼近、揮之不去、無窮無盡的恐懼，我害怕兩人關係變得更加密切後，她就會看見真實的我，然後選擇離我而去。要知道，那時候的我並不喜歡真實的自己。另外，我們之間的年齡差距也逐漸構成問題，她總是想去做些五花八門的事情，我則渴望安居樂業的穩定生活。

其實不只如此，我們之間還有一些其他的問題。她非常專注於自己的事業，這和我當時的生活態度大相逕庭。我幾乎什麼都不想做，基本上已經在過退休生活了——這是真話，我是真心認為自己再也不會工作了。反正我多的是錢，可以整天打電動、自己和自己相處。

可是這下，我還能做什麼呢？

也只能努力了。

我自己寫了一部電視劇，它叫《陽光先生》（*Mr. Sunshine*）。有些人認為人生的重點不是目的地，而是那之前的旅途；我也相信這套說法。我目前沒做過的事就是寫作，所以我打算先從這裡著手，下功夫寫一部劇。在寫電視劇時，你幾乎不可能寫你真正想寫的東西，畢竟會有非常多人參與製作——廣播公司高層、其他編劇，每個人都有每個人的意見與堅持——所以事實上，只有索金那種人才有能耐把自己的構思原原本本地搬上電視螢幕。

《陽光先生》的核心人物是我的角色，他名叫班恩．多諾凡（Ben Donovan），負責經營聖地牙哥一座體育場；艾莉森．珍妮演的是我上司。班恩這個人最關鍵的缺陷之一，就是他無法對女性付出真心……我甚至在片尾製作名單放完後加了個圈內笑話：我的製作公司叫「失樂製作公司」（Anhedonia Productions）。而我們設計的廣告卡（ad card）是漫畫版的我坐在雲霄飛車上，百無聊賴地唉聲嘆氣。然而，儘管我投注了自己所有的一切，這部劇最終還是只有兩週的熱度，那之後全世界就一致決定棄坑了。

話雖如此，這還是一次非常寶貴的經驗，我學到了從零開始拍電視劇的方法。這種工作看上去可能很簡單，實際上卻困難重重——它有點像數學，有點像是和另一個人類真誠地交談。我體驗到了其中的樂趣，但拍電視劇比較類似馬拉松，而我則是短跑選手。一個清醒著、整天打電動的有錢人，很快就成了忙得焦頭爛額的人，這下麻煩大了。沒過多久，電視劇的優先序位便凌駕於清醒之上，結果我的成癮症又發作了。

但是生活還是要向前衝，我製作了第二部電視劇（它就叫《生活向前衝》〔*Go On*〕），這是一名體育廣播節目主持人逐漸走出喪妻之痛的故事。NBC下了血本為這部劇打廣告——電視台甚至在奧運期間播送《生活向前衝》，有一千六百萬人看了首播。問題是，一部關於傷痛治療的喜劇，有多少人愛看呢？最後一集在二〇一三年四月播出時，觀看人次只剩下寥寥兩百五十萬人了。又是一部由我主演的電視劇，又是一次虎頭蛇尾的失敗，最後以節目腰斬收場。我無事可做，沒有人可以愛，成癮症再次發作。這回我倒是及早踩了煞車，自己入住猶他州一間康復中心。

在那間康復中心，我認識了名為伯頓（Burton）的輔導員，這傢伙有種尤達大師的氛圍，他告訴我，我想必喜歡成癮症所致的戲劇性事件與混亂。「你說什麼鬼話啊？」我說。「它可是毀了我的人生，奪走了我曾經擁有的每一件好東西。」

我是真的火大了。

但，如果他說對了呢？

Interlude

Friends, Lovers, and the Big Terrible Thing

插曲／口袋 Pockets

我坐在紐約治療中心的房間裡，類阿片癮發作了。排毒效果不佳，我的身體迫切渴望用藥。我對醫師說了，對輔導員說了，但其實我不說他們也看得出來——我坐立難安、全身顫抖，這些很顯然是戒斷症狀。

他們沒有任何行動。我迷失了方向。我病了。是時候自己想辦法解決問題了。

我拿起電話，做了幾項安排。

這邊的規定是，你如果離開院區，回來時就得立刻驗尿。於是我走出去，和車上的人碰頭，交了錢，拿到一些藥丸，對方就這麼離開了。我回到治療中心，直接走進廁所，收集了檢驗用的尿，接著就把三顆藥丸吞下肚。

很天才吧我？

先別急著誇我。

就在藥丸生效、我的身體開始感受到蜂蜜的溫暖之時，幾乎在我停止顫抖的瞬間，突然有人敲門。

喔幹。幹幹幹。

輔導員和其中一位護士走進我的房間。

「我們剛才接到一通電話，說有人在我們設施外進行毒品交易。」輔導員宣布。「我得檢查一下你的外套。」

幹！

「真的假的？」我邊說邊故作驚奇地瞪大雙眼。「沒事的，我身上一顆藥也沒有。」話雖這麼說，我已經知道他們會在我身上找到好幾顆藥，而且我不只是有事，還非常有事。

果不其然，他們在我的口袋裡找到了藥丸（當然是我自己放進口袋的）。他們沒收了藥丸，說明早會處理我的問題。意思就是，我可以再嗨個四小時，但明天就有得受了。

隔天上午十點鐘，這個可怕地方的所有大人物圍成了一圈。他們的訊息簡單有力：你滾。

「你們要把我踢出去？」我說。「媽的，我到底聽了什麼？這裡不是戒毒的康復中心嗎？有人在這裡用藥，你們他媽的是在驚訝什麼啊？我跟你們其中兩個工作人員說我身體不舒服，你們也沒幫我想辦法啊——幹，我除了用藥以外還能怎麼辦？還有，拜託你們不要再一臉震驚地盯著我看了啦。我是毒蟲，我吸了毒，毒蟲就是會吸毒嘛！」

幾通電話過後，我被送往賓夕法尼亞州一間名不見經傳的康復中心。

但抵達後，我又被送去別州了。我這是在玩彈珠台嗎？這地方唯一的優點是，他們允許我抽菸。我才剛抵達目的地沒幾分鐘，就抽了九個月以來的第一支菸，感覺渾身舒暢。

不過呢，還是有個小問題：我當時對安定文成癮，一次得用六毫克，而這間康復中心不給安定文。紐約那間康復中心在把我轉來這地方之前應該先確認這點的，可是他們沒做功課。反正從我個人的經驗，還有多年來和其他癮君子的對話看來，大多數康復中心都爛得要命。他們就是想占病人便宜，就是想賺我們這些可憐人的錢，整套系統都腐敗了，幹他媽的壞掉了。

我可是閱歷無數康復中心的專家了，我的評價很可靠的。我可是往這套「系統」裡投入了好幾百萬美元。

那麼，金錢到底是幫了我，還是傷了我呢？我的錢多到再怎麼嗑藥、再怎麼酗酒也花不完，這究竟是不是好事呢？

幸好，這個問題永遠都不會有解答。

Chapter 8

Odyssey

漂流記

在《六人行》、幾部電影與長達六年的親密關係過後，在這些年的起起伏伏過後，在這所有的一切過後——接下來六年，我展開了屬於自己的漂流記。我看上去就是個有錢有閒的傢伙，整天閒閒沒事做，但實際上我要做的事情可多了。我彷彿從山上摔了下來，被捲入湍急的河流，只希望能找到一塊安全、乾爽的岩石，得到些許庇護。

在拍完《陽光先生》之後、開始拍《生活向前衝》之前，我去了猶他州陽光谷的圈谷居（Cirque Lodge）——如果你有在專心閱讀的話，就會知道這是我入住的第三間康復中心。圈谷居坐落在洛磯山脈猶他區域的廷帕諾戈斯山腳下，我這個人沒特別愛大自然——以寧靜的地點而言，我其實偏好海邊，或至少是有海景的地方——不過這裡真的是人間仙境。山邊的空氣稀薄又清淨，冷冽而澄清。附近到處都有火雞，整天咕咕咕叫個不停（偶爾還會飛起來喔——原來火雞會飛啊？），除了火雞之外還有金鵰，有時候甚至有駝鹿踩著沉沉的腳步緩緩走過（我是說真的啦，這邊**真的**有駝鹿，不是我的幻覺）。

圈谷居不但環境優美，員工也都非常優秀——他們每個人都很能幹。我的輔導員伯頓（他的臉要是綠色的，我一定會把他誤認為尤達）後來深深影響與幫助了我。除了幫助我處理我背負著的現實問題以外，就連我時時刻刻帶在身邊的虛構問題，他也能幫忙處理。（我這輩子沒對幾個男人說過「我愛你」，而他就是其中之一。）剛抵達這間康復中心時，我心裡怕得要命（這是入住康復中心的大前提，但還是讓人很不舒服），聽到伯頓和緩的語音，我竟然馬上就稍微安心了一些。

圈谷居有幾句口號，其中最常用到的一句是「發現、揭露與丟棄」，我想到自己至少能做到最後一項，就覺得興奮不已——終於可以徹底擺脫這所有的鬼東西了。這個時期的我對戒癮十二步爛熟於胸（我對康復中心慣用的所有手法都爛熟於胸）……以致在圈谷居那段時日，我花了很多時間協助新人，還儘量把日子過得開心一些。我請人搬了一張桌球桌進來，甚至發明了一種小遊戲，拿著一顆紅球和其他人玩拋接球，其他住院病人也都樂此不疲，一玩就是好幾個小時，而我也從中得到了一股使命感。我真的好想幫助他人，而且我還很擅長幫助他們。

我本以為這次住進康復中心，我就得探索心靈深層的創傷，挖掘出童年所有的舊傷與孤獨，然後用某種令人痛不欲生的方式放下這一切。照理說，我只要能放下過去那些事件所造成的創傷，就不會覺得自己需要用酒精與藥物遮掩傷痛了。

然而，伯頓的看法和我截然不同。他指責我，說我喜歡成癮症為我帶來的種種戲劇性事件，他還問我為什麼在圈谷居能玩得這麼開心，卻還是放不下外頭真實世界千絲萬縷的煩惱。

我聽到這個問題，馬上就火大了。他說**我喜歡這樣**？伯頓看到我這幾十年一直擺脫不了成癮症與恐懼，看到我生活失控，看到我內心顯而易見的痛苦，怎麼說得出「**我喜歡這樣**」的鬼話？

在親友週，住院病人通常會邀請親朋好友來探望他們，我卻非常抗拒這種做法。我父親先前去海瑟頓探望過我，我母親去馬里布承諾康復中心看過我，我當時那位女友也花了無數個鐘頭陪我排毒、見證了我的胡言亂語，除了她之外還有前前後後好幾位居家看護與戒癮助手都陪我做過排毒。我不想再讓他們經歷這些了，這真的太痛苦、太煎熬、太不公平。我不想讓他們困擾；我不能為他們帶來好處，那至少不讓他們困擾總行吧？這是我自己惹上的麻煩，那我就自己想辦法解決。

可是，在鄰近親友週的某一天，我獨自坐在屋外，滿心希望這時候能有駝鹿路過，或是有火雞啪答啪答拍著翅膀飛上樹。這天是零下氣溫，空氣冰寒徹骨，但我還是需要抽菸，所以也只能全身包緊緊出去抽菸了……我坐在那邊抽著萬寶路，這時下起了小雪，周遭頓時萬籟俱寂，宇宙彷彿靜靜傾聽著我心中、腦中的聲音。

不知道宇宙聽見了什麼。

我開始思考，為什麼這次住進康復中心，不希望任何親友來探望我呢？想著想著，我突然有了深切的體悟……我為什麼希望親友遠離這地獄般的折磨，卻沒讓自己遠離這一切？

想到這裡，我終於意識到伯頓說對了——我的確喜歡這種混亂。是時候讓自己脫離苦海了。上一次藉由藥物找到我需要的東西，已經是好久好久以前的事了，但我還是一而再、再而三回去用藥，只求……求什麼？逃避？那我想逃避什麼？我最該逃避的就是酒癮和藥癮，所以我用酗酒嗑藥的方式逃避自己的成癮症……嗯，你應該也看得出這之中的邏輯矛盾吧。這一切都不合理，一點也不合理。我還算聰明，還看得出事情有多麼矛盾，可是要我採取行動的話……這就是更高層次的數學難題了，我現在還沒找出解法。即使你命懸一線，想到要改變現狀還是會怕得動彈不得。

無論如何，至少我終於提出了好問題，只差沒找到好答案而已。在內心深處，我明白人生的樂趣其實非常簡單，來回拋接紅色的球是一種樂趣，靜靜看著駝鹿穿過空地也是一種樂趣。我必須放下所有造成傷害的事物，別再拿這些陳年傷痛折磨自己——我至今仍在生父母的氣，至今仍記得多年前無人陪同的傷痛，至今仍覺得自己不夠好，至今仍然畏懼關係中的承諾，因為我生怕承諾有一天會走到盡頭。

我必須記得，我爸當初離家是因為他感到害怕，而我媽當時也不過是個孩子，她已經盡力了。她是不得已才將那麼多時間投注在他媽的加拿大總理身上——即使家裡有孩子要照顧，總理身邊的幕僚也不可能朝九晚五啊。可是過去的我不明白這些，所以現在才會走到這個境地……

我必須放下這一切，必須邁開腳步往前走，必須清楚認知到，世界如此寬廣，而這遼闊的世界並沒有傷害我的意圖。其實，世界對我根本就沒有什麼意見，它就只是存在而已，它就只是自然界的動物與清冽的空氣而已。宇宙是中立的，無論有沒有我，它都會繼續存在、繼續美麗。

實際上，我不僅生存在這世上，還在中立的世界為自己創造了重要且有意義的立足之地。我必須認知到，在我死時，我希望《六人行》不過是自己畢生成就中微不足道的一筆。我必須提醒自己善加待人——被人遇見其實是愉快的事，我不必惶惑不安，不必耿耿於懷。我必須變得善良，好好愛人，好好傾聽，無條件地付出。過去的我是個滿懷恐懼的混蛋，現在是時候拋下從前的恐懼了；我必須認知到，即使發生了什麼事情，我還是能處理問題。因為，我很堅強。

最終，雪停了，夜色逐漸濃稠，這時一頭體型碩大的駝鹿悄悄走進了花園。牠是母駝鹿，長長的臉神情祥和，彷彿世間萬物牠都見識過了，什麼都驚不著牠。**這之中存在某種教訓**。我心想。母駝鹿身後跟著兩隻小駝鹿，充滿了孩童獨有的活力。駝鹿一家都朝我看來，凝視著獨坐在暮光下的我，然後轉身慢慢地走遠了。

也許，這就是宇宙想讓我學到的教訓。在浩瀚的宇宙中，我一點也不重要，我不過是又一個在無限的循環中隨之轉動的人類而已。

學到這些就夠了。我掐熄了菸，回屋裡再玩一輪紅球。

／

離開圈谷居時，我身材瘦了、心情好了，準備好要面對世界給我的下一個挑戰，也準備要永遠和女友在一起了。然而，當時那位女友不怎麼喜歡這個新版的馬蒂——我現在沒有之前那麼需要她了，感覺她似乎不太開心。也許是我之前煩惱纏身，讓她產生了某種安全感：**這傢伙受困於自己的這些問題，永遠不可能離開我**。看到我狀況好轉，她就不滿意了，而這不幸的真相導向了我們的結局。我們努力嘗試要重新適應彼此，但最後還是舉雙手投降，就這麼分手了。我們雙方都很難過，她是我在這顆星球上最喜歡的人，只可惜我們無緣共度餘生。分手是正確的選擇，但我選了正確的這條路，不表示我不傷心。

那現在，我又該做什麼呢？

起初，我決定用行動主義來填補空洞，沒想到我卻因為過分膨脹的自信心，失去了最後一絲純真。

我曾在二〇〇一年入住馬里布一間名為「承諾」的康復中心（那是我在馬麗娜德爾雷伊初次接觸《匿名戒酒會大書》後沒多久），在那裡認識了一個叫厄爾・海陶瓦（Earl Hightower）的傢伙。他當時在承諾康復中心開課，不僅幽默風趣，還十分瞭解匿名戒酒會，我馬上就對他產生了好感。他還有好幾個名人客戶，他們的狀況都不錯，我想說他也許真能幫幫我，就請他當我的助幫人（sponsor）。（他說他從一九八〇年後就滴酒不沾了。）我們一起喝咖啡聊天時，我對他坦承了自己的擔憂，我擔心他哪天會突然拿腳本來給我讀。他說：「這個嗎，其實還真的有腳本，但我也不想讓你困擾……」

於是，我們兩人的扶助關係就這麼展開了。我跟著他一步步戒癮——我甚至會特地去找他，急著完成所有步驟。我恨不得趕緊完成十二步驟、維持清醒，甚至還天天打電話給他，巴著他陪我戒癮，他說他還沒看過像我這麼積極戒癮的人。接下來十年，他除了擔任我的助幫人以外，還成了我的好朋友，我向他看齊、聽從他的建議。我們的幽默感一模一樣，就連說話的聲音也極其相似。和他往來時，我忽視了一個問題：他在戒癮圈算是名人，但這是個理應人人匿名的圈子。

這還不是最嚴重的問題。我犯下了大錯，基本上把他當成了信仰對象，我如果遇到感情問題或其他方面的問題，就會撥電話給他，他也總是能說出一些聰明機智的話來。到後來，我們的關係嚴重變調了。要是他說：「抱歉啦馬修，你得搬去阿拉斯加，在那邊倒立。」那我聽了一定會立刻訂一張飛往安克拉治的機票。倘若他說：「接下來三個月，你除了綠色M&M巧克力以外什麼都不准吃。」那我肯定會花三個月時間拉卡其綠色的屎。

在內心深處，我還是很清楚，你真的不能和助幫人當好朋友。儘管如此，我還是把厄爾當成了最重要的一切，他成了我的父親、我的導師。我會去聽他演講（他的演說總是令人忍俊不禁，同時也非常有說服力），我們會一起看電影，當我舊病復發時他會來幫我，幫我找合適的治療中心。我這條命應該被他救了好幾次，我沒在跟你誇張。

然後，我們的友誼變成了生意。你沒看錯，我和助幫人談起了生意。我犯了最他媽致命的錯誤。

厄爾成立了一家公司，打算在洛杉磯地區設立並經營多間戒癮中心，我則拿五十萬美元投資他的公司，還把我在馬里布的房子改造成戒癮中心，命名為派瑞之家（Perry House）。然後，我和厄爾收到美國毒品法庭專業人士協會（NADCP）會長韋斯特·哈德斯頓（West Huddleston）那個大好人的邀請，去了幾趟華府，和一些立法者見了面，希望能推動新政策、改善毒品法庭的效力。毒品法庭的目的，是協助非暴力成癮者除罪，讓他們接受照護與治療，而不是被抓去坐牢。二〇一三年五月，歐巴馬當時所謂的「毒品沙皇」（drug czar）吉爾·科利考斯基（Gil Kerlikowske），甚至替歐巴馬政府的國家毒品控制政策辦公室（ONDCP）頒獎給我，我拿到「康復冠軍獎」。我當時對《好萊塢報導》開玩笑說：「我如果在以前被逮捕，現在就是在牢裡蹲著，臉上還會多個刺青呢。」

那個月，我還客串主持了《皮爾斯·摩根現場》（*Piers Morgan Live*），和麗莎·庫卓還有蘿倫·葛拉漢（Lauren Graham）談話，另外還把焦點放在成癮症和康復議題上。我在努力尋找自己未來想做的事，這次主持節目也覺得滿自在的。一開場，我就先聲明自己不是皮爾斯·摩根（Piers Morgan），大家仔細聽聽就能聽出「我沒有英國腔，而且我的名字聽起來也不尖銳」*，麗莎聽到這裡就忍不住咯咯笑了起來。我心想：也

* 譯註：皮爾斯（Piers）音同「刺穿」（pierce）。

許這就是我的未來？我甚至還開玩笑說，之後出版自傳，就把書名定為「還是個男孩」（Still a Boy）好了。

啊呀。

總之我成了談話節目主持人，現在還是得過獎的癮君子。這他媽是怎麼做到的啊？

叵爾原先預計要和我一起上《皮爾斯．摩根現場》，最後一刻卻臨時取消了。儘管如此，我們後來還是一同前往歐洲，在那邊宣揚毒品法庭的力量，我還在ＢＢＣ的深夜新聞節目《新聞之夜》（*Newsnight*）和人辯論這個議題。辯論主持人是脾氣暴躁的傑瑞米．派克斯曼（Jeremy Paxman），以對來賓無禮聞名。在場還有英國當時的毒品政策改革國會小組（All-Party Parliamentary Group on Drug Policy Reform）組長米切女男爵（Baroness Meacher），她絕對是站在我這一邊；還有一個人是大笨蛋彼得．希鈞斯（Peter Hitchens）。

如果你有個人見人愛的兄姊，你則是大家痛恨的那個傻弟弟，不知道是什麼感受？我自己是無法想像那種感覺，但彼得想必很可以感同身受。時至今日，全世界還在為彼得的好哥哥——偉大的克里斯多福・希鈞斯（Christopher Hitchens）——哀悼，他生前健談無比、懂得享受生活，還是個辯論家與作家，十多年前不幸死於殘酷的癌症。很可惜，他弟弟彼得到現在還是喜歡拿自己絲毫不瞭解的事情高談闊論，把右翼思想和家長主義、道德譴責全混在了一起。

希鈞斯之所以上《新聞之夜》是為了宣揚他荒唐的想法，他認為吸毒不過是道德意志薄弱所致（「現在流行一種說法，」他冷笑著說，「否認人們掌控自己人生的能力，反而為他們找藉口。」聽起來簡直像個喝了太多杯雪莉酒的瘋狂大媽。）。更誇張的是，他後來還「主張」成癮症這種東西根本是假的。私以為我和女男爵在辯論過程中一直壓著他打——但老實說，要壓著他打也不難。我說我以為他今天會像個大人一樣來參加訪談，但他很明顯並不像大人；除此之外，我還一再指出，美國醫學會（AMA）早在一九七六年就把成癮症診斷為疾病了，世上不認同這份結論的人，大概就只剩他一個了。他聽了頗不高興，而到訪談最後，派克斯曼和米切女男爵甚至笑了起來，取笑希鈞斯說的話是多麼愚蠢與惡毒。

希鈞斯：那假如你們說的是真的，成癮者不是永遠都不可能擺脫成癮症了嗎？

我：這個啊，可以問問聖誕老人……

希鈞斯：是，你說得很好笑，但這是非常嚴肅的議題，你的態度也太輕浮了吧……

由此可見，他大概是對我一無所知，也對他和我爭辯的議題一無所知。

我在讓彼得・希鈞斯出糗、在歐洲各地提倡毒品法庭的同時，美國那邊的派瑞之家卻經營不善。到派瑞之家戒癮的人數不足——我沒辦法繼續掏這麼多錢經營失敗的事業了，只能現在停損，把那棟房子賣掉。

我在和厄爾吃飯時請他還我錢，到現在還在等他還錢。他說了很多莫名其妙的話，說他可能想成為演員之類的，總之情況很不對勁。我整個人驚呆了——結果，回家就用了藥。這件事怪不得別人，完全是我自己的錯，但我永遠失去了兩項至關重要之物：我的純真，還有我對厄爾・海陶瓦的信任。

最終，厄爾默默搬到了亞利桑那州，甚至沒通知我一聲，我們的友誼就這麼結束了。想當初，我們分享了各自的生活點滴、成為最要好的朋友、到處提倡毒品法庭、創辦戒癮中心；而現在，我虧損五十萬美元、失去了最親密的盟友，還失去了我多年來珍藏著的那份天真無邪。我心碎了。

／

我從好幾年前就在寫電視劇了，但以前總是有個同伴和我一起寫作。海陶瓦事件過後一天，我感覺十分不自在、內心惴惴不安，這時我想到以前一個很有智慧的人說過的話：在這種時刻，就該發揮創造力。於是我打開筆記型電腦，開始打字。我也不知道自己在打什麼，反正就是不停打字。過了半晌，我發現我的所思所想正在變成一部戲劇。

我很需要寫作。近來我把對自己的標準放得太寬了，現在我決意要爬回接近正常的狀態，就算不敢看鏡子，那至少得有辦法考慮「要不要看鏡子」這個問題吧。

我對之前CBS的《單身公寓》（*The Odd Couple*）那件事耿耿於懷，對自己的氣還沒消。我從很久以前就非常喜歡那部改編自尼爾．賽門舞台劇的電影，也一直想把那個故事改編成電視劇。二〇一三年，CBS終於通過了這項提案，我的夢想成真了。在拍《單身公寓》前，我的上一部作品是《生活向前衝》，雖然它成績不佳，但我對改編《單身公寓》的計畫比較有信心，畢竟原始故事很精采、演員陣容很優秀，所有條件都指向成功。但就在這時，憂鬱症來襲，我的各種成癮症又全力殺了回來。結果我在拍《單身公寓》時表現得非常丟臉，我不但罹患嚴重的憂鬱症，還動不動就遲到，嗑了藥之後精神恍惚地工作，最終我對這部劇所有的控制權，都被一位節目統籌給收走了。我為那時發生的一切負全責，除了對其他演員道歉以外，我還想對所有參與過那部劇的人道歉。

上回的災難已經過去，現在我至少寫了一部舞台劇。通常我感到不安、感受到從全身肌膚透出來的不適，就會試圖用藥物取代那種感覺，讓自己安定下來。但我現在清醒著，知道自己不能再用藥物了——我必須找別的解決方法。接下來連續十天，我每天都花十個小時寫作，直到把那部舞台劇寫完——我只把草稿拿給少數幾個人試閱，他們都說寫得非常好。我下了《渴望的盡頭》（*The End of Longing*）這個標題；雖然草稿只花十天就寫完了，後來我還是用了一年時間把它修改到最完美。

這部戲劇的靈感來源是大衛．馬密（David Mamet）的《芝加哥反常性現象》（*Sexual Perversity in Chicago*）——這裡說的靈感來源，其實是我想超越的目標——我對自己的成就十分滿意，很樂意拿自己的作品和那部精采的舞台劇一較高下。我在對《好萊塢報導》說明自己想做的事情時，說道：「很多人都認為人是不可能改變的，但是我每天都看到人們做出改變，我也想在逗人發笑的同時，把這件事情告訴大家。」故事中，四個朋友在酒吧裡，努力尋找愛——我的角色叫傑克（Jack），他最初是個自私自利的酒鬼，而且還變得越來越糟。

我就是這樣的個性，光是寫了一部劇還不滿足——我下定決心，不但要真的把這齣劇搬上舞台，還要自己去演。幾個月後，《渴望的盡頭》在倫敦神聖的西區其中一間劇院首演。我非常喜歡同時身為劇作家和主演的感覺——如果發現有什麼部分效果不好，就可以自己做調整。還有，雖然我知道自己一定不樂意每晚演一次醉酒的大戲——那絕對會引爆各種激烈的情緒——不過我心裡明白，既然要演這齣戲，我就得讓觀眾看見人類墮落的最低谷。

我們開始在劇場劇院（Playhouse Theatre）演出，這間劇院最多可以坐八百人，但門票很快就售罄了。我們創下了難以超越的票房紀錄，得到的評價卻不怎麼好。為了確保歷史紀錄無誤，我在這裡聲明：最主要的評論有七篇，其中六篇都是負評，倫敦評論者就是不想看到一個好萊塢演員去那邊演舞台劇。話雖如此，我們的劇還是大獲成功，而且我現在已經是劇作家了，想到這裡我就很得意。

對了，還有一個人說什麼都不肯來看我們的劇，我再怎麼苦苦哀求都說不動她。

之前和我交往六年的女人，如今在和一個英國男人談戀愛，兩人有半年住在倫敦，另外半年則在洛杉磯。我和她關係還算友好，一起吃過幾次午餐、互傳了幾次簡訊。既然她在倫敦，我就邀她來看《渴望的盡頭》，但她的回覆是她忙得不可開交，沒法來看我的劇。「我們回美國見囉！」她寫道。我回簡訊告訴她，得知她不能來看劇，我心裡有點受傷——拜託，她現在人就在倫敦耶——結果過一陣子我收到一封email，她說她準備結婚，生活中沒有可以留給朋友的空間了。

我一直沒回覆那封email，後來我們就斷了音訊。用這種方式把自己的喜訊告訴別人，真的太殘忍了，我是不可能這樣對人的，但反正事情就是這樣了。儘管如此，我還是會永遠支持她，聽說她結了婚、過得很幸福，我也為她感到高興。我只希望她能永遠幸福美滿。

／

舞台劇從倫敦遷到了紐約。這可就不好玩了，我不得不把劇改得低調些——英國人不介意重口味的台詞，但百老匯就是百老匯，我只能努力改寫，寫得輕鬆一點。不只是台詞要改——好幾個笑點也被我無奈地刪掉了。做了這些改變之後，舞台劇在紐約不僅評價不佳，票房也不佳——《紐約時報》把它罵得狗血淋頭，說它「太人工」（synthetic），也不知道是什麼意思。到最後，我在紐約這一輪工作下來，總共賺了六百美元。我沒有寫錯字，就是六百塊錢。（我在倫敦演同樣的舞台劇，賺進了這個金額的一千倍——幾乎分毫不差，正正好是一千倍。）但至少《好萊塢報導》為這齣劇說了幾句好話：「派瑞至少展現出了在電視喜劇界豐富的經驗，那一晚的演出包含許多令人莞爾的單句笑話（果不其然，其中大部分都是由作者說出口）……派瑞熟練而專業地抓準了喜劇時機，喜劇演出十分到位。」評論中「至少」那兩字實在令人心碎，我認知到《渴望的盡頭》不夠受人喜愛，我無法藉由這個機會追隨大衛·馬密的腳步，成為新世代的著名劇作家。但這次不成功，我還有下次！

Interlude

Friends, Lovers, and the Big Terrible Thing

插曲／創傷營 Trauma Camp

世界上確實有創傷營這種東西，我也確實去過。是的，「創傷營」這個名稱確實是我自創的。

那是在佛州——不然還能在哪裡？——我在那地方待了九十天，開啟自己人生中的創傷經歷，把每一個片段都重新體驗過一次。我們做的是團體輔導——我分享完自己的經歷後，其他人也用他們各自的創傷回敬我，直到在場眾人昏厥的昏厥、嘔吐的嘔吐、發抖的發抖。有一次，我的課題是用火柴人畫出自己所有的創傷經歷，然後把圖展示給大家看，解釋自己畫了什麼。我正想指向其中一張圖，手指卻不自主地顫抖了起來，然後我全身上下都跟著瑟瑟發抖，這麼一抖就是三十六天。我就像一隻和熊發生了近距離接觸的山羊——熊已經離開了，山羊卻還是顫抖個不停。

到了創傷治療的尾聲，你已經在精神上回到過去、重新經歷過那些創傷，這時諮商師就會把你「縫合」回去——基本上，你就是要去感受一切、釋放這一切，然後讓它變成一則故事，這樣它就不再是你靈魂中的活物，它也不再能支配你了。

喔對了，你還應該要哭。

他們沒把我縫合好，我也沒有哭。我怕得很，感覺自己又回到了舞台上。名人入住康復中心的體驗，可能和你想像的大不相同——其實康復中心裡所有人都有自己的問題要處理，誰管你是不是馬修．派瑞啊？我後來去賓州，和另外六個人同時戒癮，除了我以外所有人都已經七十幾歲了，其中包括我的剋星黛比（Debbie）。康復中心裡只有我和黛比會抽菸，所以我動不動就會在室外碰到她。黛比腦中的記憶體容量差不多是零。

「等等，我們是不是見過面啊？」她說。

「黛比，我們沒見過面，但我以前演過《六人行》電視劇，妳可能是在電視上看過我。」

「喔！我喜歡那個節目。」黛比說。

五分鐘過後，黛比抽著菸，抽一抽就突然停下來，轉頭看我。

「是了，我們是不是高中同學啊？」

「不是的，黛比。」我儘量和顏悅色地說。「妳比我大二十七歲。妳應該只是在《六人行》電視劇上看過我而已……」

「喔！我喜歡那個節目。」黛比重複說了一遍，然後永無止境的循環又開始了。

Chapter 9

Three's Not Company, Three Ruins Everything

三人才不行，三人會毀掉一切

當某位男性或女性請我幫助他們戒酒，我幫了他們，目睹他們眼中重新恢復神采，我就是見證了上帝的存在。雖然我信仰上帝，雖然我經歷了這麼多還是能心懷感激，但有時我真的很想跟上帝說聲去你媽的，問祂為什麼要把我生命的道路弄得這麼崎嶇。

我清醒著、沒在用任何藥物或酒精時，就彷彿看見了上帝的光輝，我可以和走到窮途末路的人分享這份光明，幫助他們戒酒。陽光明媚的日子，光芒打在海面上，金黃色的海水熠熠生輝，那同樣是上帝美麗的光芒。對我來說，這就是上帝。（在夜裡，月光映在水面上也一樣——砰！這幾乎能把我撞倒。因為這就像過去那個從一整塊大陸上空飛過的五歲男孩，看見了洛杉磯的城市燈火，知道自己即將得到家長的關愛……是啊，當我見到上帝的光，也會產生那種感覺。）

看到同儕看似輕鬆地保持清醒，我不禁會想：為什麼清醒對我來說會這麼困難呢？我的人生道路為什麼這樣難走呢？我為什麼費了這麼多力氣和生命相抗？為什麼我的現實就非得是後天培養的品味不可，為什麼我無法輕鬆培養現實的品味？可是當我幫助一個人恢復清醒，甚至是出席工作坊或研討會，一個週末就幫助數千人戒癮——這時候，所有的疑問就會被洗刷乾淨了。我彷彿站在夏威夷的瀑布下，讓溫暖美麗的水流沖刷身心。相信我，這就是上帝的所在。

我不是什麼聖賢——世上沒有哪個人稱得上聖賢——不過，你如果來到死亡的門前卻沒有死，那理論上你應該要充滿感激與寬慰的情緒，對不對？事實上，情況根本不是你想像的那樣——如果你來到了死亡大門前都沒死，那你會看著前方崎嶇難行的道路，看到自己必須走上這條路才能逐漸好起來，這時你會**非常火大**。除了火大之外，你心中還會萌生一個惱人的疑問：**我為什麼逃過一劫**？那週用上葉克膜的另外四個人都死了，我為什麼還活著？總該有什麼理由吧。

這個問題的答案也許很複雜，但對我來說，其中一部分就是我在匿名戒酒會經歷過的一萬個小時，還有幫助別人戒癮的經歷。那樣的經歷能帶給我光明，我甚至能藉此借到一點點金黃色光芒，重新體驗先前在廚房裡見證上帝的感受。

可是上帝，除了這些以外，一定還有別的理由吧。祢為什麼饒我一命？我已經準備好了——只要祢為我指點方向，我就會邁開腳步走下去。電影《星塵往事》（*Stardust Memories*）裡，當伍迪·艾倫對外星人提出這個疑問時，外星人的回答是：「說些更好笑的笑話吧。」但這不可能是真正的答案吧。

無論如何，我已經準備好了。我是追尋者，我天天在尋求答案。天天在尋找上帝。

／

話雖這麼說，我的感情生活就沒那麼順遂了。我在感情生活中犯下的錯誤，甚至比伊莉莎白·泰勒（Elizabeth Taylor）還多。我這個人浪漫又熱情，從小就渴望愛，我至今還是無法完整說出這份渴望到底從何而來。

四十歲過後，我的感情規則變了。我已經體驗完一輩子分量的性愛——現在，我找的是伴侶，是隊友，是一個能和我共享人生的對象。另外，我從以前就很喜歡小孩子，可能是因為我妹妹凱特琳出生時，我剛好十歲吧。凱特琳誕生後，接著就是愛蜜莉、威爾和瑪德蓮，我喜歡和他們玩耍，喜歡照顧他們、陪他們玩一些無腦的遊戲。這世界上，沒有比小孩子的笑聲更悅耳的聲音了。

所以，在我四十幾歲時，我是真的想交女朋友，想要一個我可以依靠的人，而我也想成為她的依靠。一天夜裡，我和幾個朋友在外頭開慶功宴，慶祝我又一次達成清醒一年的成就。這些年來，大衛．普萊斯曼和我關係一直很好，這天他把女友的姊妹——蘿拉（Laura）——介紹給我認識。我們一行人一起去看道奇隊的球賽，可是我眼裡沒有球賽、沒有球場、沒有賣熱狗的攤販——感覺全世界都成了背景，我眼前只剩下戴著棒球帽的一張美麗面孔。我試圖用過去的派瑞式魅力吸引她——反正就是想讓她注意到我——不過她忙著對其他人展現自己美妙的個性和幽默機智，根本沒注意到我。她知道我演過錢德，卻沒有因此被我迷倒，對我的態度也就是普普通通的禮貌親切，沒什麼特別的。

那晚，我在開車回家的路上，開始對自己喊話。

「是，我知道你很失望，可是馬蒂，不可能每個女孩子都不喜歡你嘛。」我放下了那次的失望，但沒有忘記她，總想著我們兩人的命運會在未來某一天再次產生交集。

命運果然又有了交集。

這回，我們一群朋友決定去洛杉磯鬧區的標準飯店（Standard Hotel）打桌球。我告訴你，我雖然不比阿甘（Forrest Gump），但打個桌球還是難不倒我的——你如果看過《六人行》第九季最後一集，就知道我打桌球還是有兩下子的，至少可以打敗保羅．路德（Paul Rudd）。聽說蘿拉今晚也會露面，所以我一面打球一面注意門口的動靜。

我等了又等，她終於出現了。她彷彿被龍捲風捲進了俱樂部——她充滿了活力，連珠炮般說了好幾個笑話。

「這邊所有人都該去死。」蘿拉說，然後「轟！」我像是被好感的磚頭直接砸中臉面。可是這次，我已經做足準備，於是用笑話交鋒的夜晚就這麼開始了。原來我最近單戀的對象是單口喜劇演員，還是個成功的電視編劇。從剛見面我就看得出，我們兩個永遠都不會有詞窮的一天。

初次約會是元旦前夕，那天有個朋友辦睡衣派對，我邀請蘿拉同行。那之後，我們的關係開始慢慢發展起來；她非常小心謹慎，而我只要能和她培養感情，什麼事都願意做。我們的感情越來越深了，一切都很好……唉，可是不知道你還記不記得，我的世界裡就是沒有「都很好」這回事。

這時候就得說說羅瑪（Rome）了。我清醒了兩年，活躍地參加匿名戒酒會活動，經常幫助其他人戒癮，還在寫新的電視劇。我過得很愉快，雖然這聽起來很像在自賣自誇，不過我甚至長出肌肉了喔。（我就是要自賣自誇。我都有去健身房呢！）有一次在西好萊塢參加匿名戒酒會聚會，有人請我分享自己的故事，理論上在匿名戒酒會活動上，你是不能拒絕這種邀請的。那天房間裡人滿為患，大家都只能站著（應該是我要來演講的消息被誰傳出去了吧）。我當時的故事還沒有達到最近幾年的深度，所以我除了詳盡地描述自己經歷的一切以外，還多次逗笑了聽眾。我講著講著，目光飄往廚房的方向，注意到一個女人從那個像窗戶的小門另一邊探出頭來，用手肘撐著上半身半趴在那邊。她看上去就像漂亮的陶瓷娃娃，也美得驚心動魄。忽然間，房間裡似乎只剩下我和她兩個人，我彷彿只對著羅瑪說故事。那是我分享最成功的一次，因為那個美女真的太吸引人了，我恨不得讓她瞭解我的一切，什麼祕密都想對她傾訴。

演講結束後，大家都聚在屋外抽菸，這時我和她聊了起來，也開始互相暗示。

「那，你接下來要做什麼啊？」她說。

「我要回家寫作。我突然當起作家了。」我說。

「這樣啊，」羅瑪說，「跟你說，我很會激發人的靈感喔。」

「看得出來。」我說，然後我轉身走遠，心中充滿了對這位神祕人物的驚奇。

回家路上，我訓了自己一頓。

那蘿拉呢？是啊，當然就是那個好蘿拉，我每天越來越愛的那個蘿拉。可是現在還有了羅瑪。我能怎麼辦？忘了羅瑪，繼續探索我和蘿拉之間進行得很不錯的關係，對吧？在這種情況下，正常人都會這麼做的吧？

可是，我已經被羅瑪迷住了。

儘管對自己正面喊話了，這時候我還犯下了關鍵的滔天大錯。我當時並不知道這是錯誤——在犯錯的當下，人真的能察覺到自己錯了嗎？如果可以的話，我們是不是就不會犯錯了？

我犯下的錯誤真的很神奇：我開始同時和兩個女人交往。

不管你遇到什麼狀況，我都不推薦這一招。如果你是我，那我更不推薦這一招。

我告訴自己，反正我還沒對蘿拉或羅瑪說過我們是在正式交往，所以我也不算太渣。話雖如此，我心中還是有那麼一小片清明，知道自己幹了一件不好的事情，因為她們兩個我都在乎，而且我雖然看上去很渣，但其實我是真的不想傷害任何人，當然也不想傷害我自己。總之，我和蘿拉繼續去看國王隊的球賽，繼續一同歡笑、一同度過美好的時光，不過我們之間的關係比較禁慾。我和兩個女人之間的戀愛都進展得很慢，但她們後來都解除了性愛禁令，這下我就是同時在和兩個女人發展完完整整的關係了。那種感覺很奇妙，同時也令我頭腦一片混亂，幾乎要發瘋了。

我是不是忘了說，我完全是瘋狂愛上了她們兩個？原來人可以這樣同時愛兩個人，我都不知道有這種事情。我甚至上網讀了幾篇文章，發現這種事真有可能發生，而且根據我讀的那些文章，我對這兩位女性的感情都是真的。後來呢，我和蘿拉正式成了男女朋友，我和羅瑪則沒有——但我還是沒解決問題。

這下該怎麼辦才好？我喜歡和她們兩個相處，和蘿拉還有和羅瑪相處時的喜悅實在是不分上下。我愛她們啊。這種狀態持續了大概六個月，我才終於驚醒過來，決定要二選一。不能再這樣胡鬧下去了，還是趕快選一個吧。羅瑪熱情、性感、聰明，不過她對死亡有種難以理解的痴迷，這點讓我摸不著頭腦。蘿拉喜歡聊電影，或是聊一些比較輕鬆的話題；和她在一起時，我會有種歸家的感覺，我和羅瑪相處就沒有這種感覺。

我選了蘿拉。

我硬著頭皮打了電話給羅瑪。她起初還很冷靜，後來就不冷靜了，在聖莫尼卡大道上的巴尼小吃（Barney's Beanery）停車場對我連續咆哮兩個鐘頭，我怎麼安慰都無濟於事。你如果想找出全世界最憤怒的人，那找當天對我大發雷霆的她就對了。

可是你看到這裡，想必已經瞭解我這個人的性子了；我如果發現自己和別人之間的關係越來越親密，就會自己亂了方陣，而我和蘿拉就是這種情況，恐懼逐漸鑽進我的內心。我只有瘋了才會和蘿拉分手——她根本就完美無缺，我們的感情也完美無缺，我們都是對方最好的朋友。問題是，這份親密讓我非常害怕，我又一次意識到，她如果繼續加深對我的瞭解，就會看見我對自己的看法：我從小到大就是不夠好，也不重要。再過不久，她就會親眼看見我的缺陷，然後離我而去。我會因此灰飛煙滅，再也無法重新站起身來。

我還有另一個選項。我可以繼續和她交往，同時回去向藥物尋求慰藉，試著維持低程度的用藥習慣。如此一來，我可以不受恐懼侵擾，可以放下心防，然後和她更加親近。

過去每一次用藥的結果都是大混亂，但不知為何，我還是再次選擇用藥，希望藥物能幫助我解決蘿拉相關的問題。為了維持這段關係，我開始一天吃一顆藥丸，一開始效果很棒，可是到了最後，藥物總是會勝出。六個月後，我們面臨一場天大的災難，我整個人亂七八糟的。蘿拉和我分手了，我只能再次服用舒倍生，住進戒癮中心。我又開始怕死了。到現在羅瑪還是一有機會就對我開罵，蘿拉也受傷又擔心，而且她還離開了我。

喔對了，雜誌上那些文章也說，你同時愛上兩個人，最後只可能走向一個結局。她們兩個，你一個都留不住。

所以呢，習慣一次用八毫克舒倍生的我，住進了馬里布一間戒癮中心。舒倍生雖然是效果極佳的戒癮用藥——它可是排第一名——但我前面說過好幾次了，全世界最難停用的藥也非它莫屬。我在停用舒倍生時，甚至產生了輕生的念頭。不對，這樣說不太精確——我產生了想要自殺的情緒，不過我也知道那只是藥物的作用，所以我實際上並沒有自殺傾向——我這樣說，你應該懂我的意思吧？我只須熬過自殺想法來襲的那幾天，不採取任何行動就好，因為我知道再過一段時間我就會好起來，到時就不會再想自殺了。

你如果要戒舒倍生，就得每週減少一毫克用量，直到最後降到零。每一次降低用量，你就會連續兩天感到生不如死，然後你會習慣新的劑量——這時候是七毫克——等你的狀況穩定下來後，劑量又會減少。等你降到兩毫克的時候，就會開始產生輕生的想法。

所以，到了兩毫克時，我做了堪稱此生最自私的一件事。我生怕自己之後會痛不欲生，也不想獨自經歷那一切，於是我買了要價三百美元的鮮花、開車去蘿拉家，哀求她和我復合。我們坐在她的客廳沙發上，討論復合的可能性與種種細節。在恐懼的驅使下，我對她說我想娶她，甚至和她生個小孩。

就在這時，一件不可思議的事情發生了。我們坐在那裡說話，我突然聽見蘿拉家前門傳來鑰匙緩緩轉動的聲響……然後，羅瑪走了進來。

等等，**誰**走了進來？

這兩個女人怎麼可能同時出現在同一個空間裡？可以的話，我願意付出一切搭時光機回到那一刻，對她們說：「要不要來３Ｐ？」但這絕對不是開玩笑的時候。我瞠目結舌地看著這一幕。

「我去澆花了。」羅瑪邊說邊從後面的樓梯上樓了。

「我可能得去照顧她了。」蘿拉說完，留我獨自待在她的客廳裡。當我意識到她不會再回來時，我默默帶著兩毫克的藥癮，回到了馬里布。

原來羅瑪和蘿拉之前在一次匿名戒酒會聚會上見了面，發現彼此的身分後，兩人很快就成了朋友。可以想見，她們大部分對話都和我有關，都在討論我有多渣。

至於我呢，我在洛杉磯是待不下去了，於是我跳上私人班機，飛往科羅拉多州一間康復中心。那邊的人告訴我，他們應該有辦法讓我戒掉舒倍生，而且我還不會產生自殺的念頭。

嗯，他們說得可真輕鬆。我在自殺念頭的糾纏下苦苦撐了三十六天，然後飛去紐約上《大衛深夜秀》受訪，邊和賴特曼對談，邊努力掩飾自己的弱不禁風。

我竟然成功瞞過了所有人。

／

七年後，我對自己的認識深刻了許多，這時我真誠地對羅瑪與蘿拉致歉，她們也都接受了我的道歉。我說了你可能不信，不過我們三人現在都是朋友了，蘿拉和一個名叫喬丹（Jordon）的好男人結了婚，羅瑪也和好男人艾瑞克（Eric）同居了。

我們五人不久前剛在我家共進晚餐，相處得十分愉快。然後，大約到了晚間十點，兩對情侶分別駕車離去，我聽著引擎聲沿山谷朝城市的方向遠去。

我從後門走到屋外，靜靜等著靈光乍現，等待任何可能讓情況好轉起來的事物。

然而，我沒等到靈光，只再次聽見了郊狼的呼號聲。

不對，那是我又一次在夜裡獨自對抗心魔的聲音。它們贏了。上樓回到孤孤單單的臥房裡，再次獨力和心魔相抗、再次和睡眠討價還價時，我就知道，自己還是輸了。

Friends, Lovers, and the Big Terrible Thing

插曲／好萊塢的暴力事件
Violence in Hollywood

我這個人並不暴力，這輩子卻一度成為暴力事件的受害者，另一次則是成為暴力事件的加害者。

多年前，在卡麥蓉．狄亞（Cameron Diaz）和賈斯汀．提姆布萊克（Justin Timberlake）分手後，有人幫我和她安排了一場約會。

當時我經常健身，手臂長得很粗壯。我為了和卡麥蓉約會做了精心準備，把袖子捲到肩頭之後出去散步很久，把臂膀晒黑（偷偷告訴你：晒黑了以後，手臂看起來會更粗更壯喔）。沒錯，我為了這次約會，特地去晒了手臂。

這次約會其實是一場晚餐會，除了我們兩個以外還有很多人，但卡麥蓉看到我之後，幾乎是立刻就喝得酩酊大醉——她顯然對我毫無興趣。儘管如此，派對還是得進行下去，後來大家玩起了派對遊戲——印象中是猜猜畫畫。卡麥蓉畫圖時，我對她說了句搞笑的話，她回道：「真是的！」然後打了我肩膀一拳。

至少，她的本意是打我肩膀，沒想到她打偏了，拳頭直接命中我側臉。

「妳他媽在跟我開玩笑吧？」我說。我赫然意識到自己被卡麥蓉．狄亞一拳揍在臉上，好不容易練壯的手臂根本就毫無幫助。

那已經是大概十五年前的事了，不過她總有一天會打電話再邀我去約會吧？應該會吧？

另一樁暴力事件是這樣的。

二〇〇四年，我飛到克里斯．艾芙特（Chris Evert）遠在佛州的網球學院，參加克里斯．艾芙特／美國銀行職業明星網球會（Chris Evert / Bank of America Pro-Celebrity Tennis Classic）慈善活動。這可說是好萊塢名流的點名現場，到處都是演藝界名人，其中我最景仰的人是吉維．蔡斯（Chevy Chase）。

我從以前就很仰慕吉維，他在電影《古靈偵探》（*Fletch*）裡的演出，甚至可說是改變了我的人生軌跡。洛杉磯一個寒涼的夜晚，我和好哥們馬特・昂德（Matt Ondre）去了《古靈偵探》試映會，我們兩個一度笑得在走道上打滾。吉維在那部電影裡應該一共搞笑了三百次吧，每一次都演得無可挑剔。事後，我和馬特坐在公車站準備回家，我印象很深刻——當時我轉向他，一本正經地說：「馬特，我下半輩子都要那樣講話。」我還真做到了。結果就是，接下來這段故事無論對我或對吉維來說，都再痛苦不過。

可能吉維稍微痛苦一點。

總之，在網球活動前夕的慈善舞會上，吉維走過來對我說：「我只想告訴你，我是你的大粉絲。」太不可思議了吧。

我說：「天啊，我做的這一切都是從你那邊偷偷學來的。」接下來，我們繼續互相讚美，愉快地聊了一陣子。

隔天，到了打網球的時間。

不得不說，我這時候已經技藝生疏了，不僅好幾年沒打球，就連落地球要怎麼打也不太記得了。話雖如此，我的發球技術還是非常好，球速快得驚人——他們那場比賽有架設計速器，我的發球球速竟然高達時速一百一十一英里。唯一的問題是，我不太能控制發球方向。我如果是在尋常的公共球場打球，那也不成問題，但我這是在兩千人面前打球，就連前總統喬治．H．W．布希（George H. W. Bush）也在場……

比賽開始了，我第一個發球。我的隊友站在我們這邊的左側場區，對面的吉維同樣站在他的左側場區，離網子比較近，他的隊友則站在後方底線附近，準備接我發的球。我把球往空中拋，球拍從背後全力揮出、擊中網球，沒想到球沒有穿過場地飛向吉維的隊友，而是在我驚恐的注目下筆直向前飛向了吉維．蔡斯。他就站在發球線上，距離我的擊球點剛剛好六十英尺。六十英尺剛好也是棒球場上投手丘和本壘之間的距離，所以我可以信心十足地告訴你，假如那顆球以時速一百英里的高速被擊出，那就等於是以秒速一四六．七英尺高速飛出，換句話說，蔡斯先生必須要在○．四一二秒內閃開。

蔡斯先生沒來得及閃開。

更確切地說，是他的睪丸沒來得及閃開——我差不多是用職業級選手的高速，一球發到了他的兩顆小吉維・蔡斯上。嗯，你懂的。

接下來發生的事情是：吉維露出了詭異的表情——就像是《古靈偵探》裡，他接受前列腺檢查時的表情——然後倒在地上。（別忘了，這一切都在兩千名觀眾面前上演。）

活動就這麼結束了，四名救護人員飛奔上場，把他固定在輪床上，匆匆趕往最近一家醫院。

如果受我景仰的大人物都會發生這種慘事的話，那米高・基頓和史提夫・馬丁（Steven Martin），你們可得小心了。

就這樣，本書的暴力章節到此為止。

Chapter 10

The Big Terrible Thing

最糟糕的事

請想像一下這樣的情境：幾週前，你幾乎是差那麼一點點就要在片場剉屎了，現在你還得回到那個片場。你前陣子精神恍惚、說出口的台詞都含糊不清，還做了好幾個糟糕的決定。你現在人在紐約市，雖然身邊有戒癮助手陪同——而且不只一個，你可是找了兩個助手——你還是在排毒期間撥打飯店的客房服務電話，用顫抖的聲音說：「麻煩幫我把一瓶伏特加放在房間浴缸裡。是的，就是浴缸。幫我把酒藏在裡面。」

然後，工作一天後，你回到那間該死的飯店房間，喝下那一瓶伏特加，終於感到安好了，但這種感覺只維持了三小時左右，你明天又得全部重來一遍了。你全身發抖，每次和別人說話，都得假裝自己問題不大。你再次用那顫抖的聲音，在電話上請飯店重複昨日的伏特加放浴缸服務。

「常人」——也就是我們癮君子對你們這些幸運的非酗酒者的稱呼——可能無法理解我說的這種狀況，那我試著解釋給你聽好了：當你一次喝完一整瓶伏特加，隔天就會感到非常不舒服，雖然早上喝個幾杯會有點幫助，但我可是一部製片廠電影的主演，所以不能一大早就開喝。你渾身不適、顫抖不停，感覺五臟六腑都想從體內擠出來，這種感覺會持續一整天——整整十四小時的工作天。

當你感到這麼不舒服，唯一的解決方法就是隔天晚上再喝下等量的酒，甚至是多喝一些些。「那你不要喝就好啦。」常人可能會說。但我們酗酒者要是不喝酒，就會感覺自己要瘋掉了——況且，酗酒者如果不喝酒，就會更不舒服，看上去氣色也會更差。

「那你的電影怎麼辦？」

不重要——我就是得喝酒。

「那不然今晚暫停不喝，可以嗎？」

沒可能。

還有什麼問題嗎？

總之，我人在達拉斯——除了用美沙冬以外，我還一天灌下一夸脫伏特加，還有用古柯鹼和贊安諾。我每天去了片場就會睡死在椅子上，醒來拍片，跌跌撞撞地走進攝影棚，然後基本上就是對著鏡頭尖叫個兩分鐘，然後又回椅子上睡午覺。

這時候的我已經是全世界最知名的人物之一了——老實說，我可是時時被名聲的白熾烈焰灼燒——因此我這糟糕的行徑被大家看在眼裡，還是沒有人敢提出意見來。拍電影的人們只想把電影拍完，把我的名字放上海報，然後賺個六千萬美元。至於《六人行》……《六人行》的情況更糟——沒有人想動那棵搖錢樹。

拍《拜金妙搭檔》期間，有天我想說可以服用煩寧（Valium）試試看，也許能改善我的狀況。醫師來到我的雙層飯店套房，給了我一些煩寧藥丸。在醫師來訪的前一晚，我剛喝了一整瓶歡樂分享瓶伏特加，就是有提把的那種大瓶子。醫師環顧我的房間，看到那個酒瓶時，用緊張的語氣說：「那全都被你喝掉了嗎？」

「是啊，」我說，「可不可以不要每六個小時吃一次煩寧，改成每四個小時一次？」

我的話才剛說出口，他就轉身拔腿衝下螺旋樓梯出了大門。大概是怕馬修．派瑞暴斃時自己不幸在場吧。

但是當潔米．塔塞斯說我彷彿要消失不見時，我離開片場、去了康復中心，後來才回來把電影拍完。

這是拍《拜金妙搭檔》時的我，當時我的生活一團亂。我真的非常愧疚，對所有人道歉，我也覺得回來拍片的那最後十三天，我應該表現得很不錯。大家都儘量包容我，他們真的很努力了，但他們也很火大；導演很火——我毀了他的電影；同為主演的伊莉莎白．赫莉（Elizabeth Hurley）也很火（她後來就再也沒機會拍電影了）。

我必須真心誠意彌補他們——這是我從匿名戒酒會學來的道理。於是，我把整部電影裡被我含糊帶過的台詞都重錄了一遍——基本上就是把整部電影都重演了幾輪

——在錄音室裡關了好幾天才錄完。錄音室裡，連續三聲「嗶」後，我就會對著畫面中自己的嘴型重新唸一次台詞。這方面我相當在行，我們至少把電影裡不清不楚的台詞都替換掉了。接下來，我費盡力氣參加了一大堆媒體活動，想必是創下了媒體界的新紀錄，反正就是想盡辦法要改正錯誤。我登上了各種刊物雜誌的封面，上了你想得到的所有談話節目。

結果呢，電影當然還是表現極差。我拍那部片的片酬是三百五十萬美元，中間停工雖然是健康問題所致，我還是因為那次事件吃了官司。在調解會議上，保險公司團隊和我正面交鋒，我乾脆寫了一張六十五萬美元的支票給他們。

還記得我當時心想：**真是的，怎麼都沒人教我這些人生規則？**我整個人慘不忍睹——我自私又自戀，萬事都必須以我為中心，但我好巧不巧還有自卑情結，兩者根本就是致命的組合。我從十歲左右就很自我中心，在某一刻，我環顧四周，說道：**大家都得自生自滅**。我只能把所有精力和焦點都放在自己身上，才不會崩潰。

可是匿名戒酒會告訴我們，人是沒辦法這樣生活的。

在進行匿名戒酒會的十二步戒癮時，其中一個步驟（第四步）是自我品格檢討（moral inventory）。在這個步驟，你會寫下讓你生氣的所有人，還有你氣他們的理由。（我的清單上寫了六十八個名字——六十八個耶！）接下來，你要寫下這對你造成的影響，然後把你寫下的文字讀給別人聽（這是第五個步驟）。

在上述過程中——還有聆聽我讀這份清單的助幫人的關懷與愛之下——我學到了一件事：我並不是宇宙中心。其實在學到這件事時，我稍微鬆了一口氣。世界上還有其他人，他們都有自己的需求、有自己關心的事物，這些人都和我同等重要。

（如果你讀著讀著開始連連搖頭，那就開罵吧，只有完人才有資格評判他人。）

在這段時期，保持清醒成了我人生中的第一要務。我學到的教訓是，如果你把任何事物看得比清醒更重要，那你一旦開喝，終究還是會失去那更加重要的事物。

一個風光明媚的春日，在洛杉磯一間很好的冥想中心——聖殿湖悟真會（Self-Realization Fellowship Lake Shrine）——我對助幫人讀出了清單的內容。這間冥想中心坐落在瞭望太平洋的山丘上，環境寧靜祥和——園區裡有湖泊、有花園、有廟宇，甚至還有一小罐聖雄甘地（Mahatma Gandhi）的骨灰，他餘下的骨灰都存放在印度。

我把清單讀完後，我們發覺花園裡有人開始辦婚禮了。我看著新人互相露出燦爛的笑容，看著穿得漂漂亮亮的親友團，看著面帶微笑的主婚人在那裡等著說些關於疾病、健康、至死不渝之類的話。我已經好久沒有認真為任何人付出了，近來成癮症就是我最好的朋友、我的損友、我的懲罰者，同時也是我的愛人，身兼好幾個角色。它是我最糟糕的事。可是那一天，面對那片美景——怎麼可以沒有美景呢——看著那對即將成婚的愛侶，附近還有甘地的骨灰……那一天，我感覺有什麼東西覺醒了，我活在世上不只是為了那最糟糕的事。正因為我曾經跌到最低谷，我可以幫助他人、愛他們，把自己的故事分享給他們，用我的故事幫助其他人。從此以後，幫助他人就成了我種種疑問的解答。

——★——

二〇一九年七月十九日，《紐約時報》頭版新聞都是關於唐納・川普（Donald

Trump）、斯托米・丹尼爾斯（Stormy Daniels）、京都一間動畫公司被惡意縱火所造成的死亡事件，還有根據頭條所述，一些覺得「真的夠了」的波多黎各人。

這些我都毫不知情，接下來兩週發生的事我也都沒聽說：我不知道毒梟矮子（El Chapo）被判終身監禁外加三十年有期徒刑；不知道加州吉爾羅伊市大蒜節會場，有個十九歲年輕人持槍射殺三人（還有他自己）；不知道波里斯・強森（Boris Johnson）當上了英國首相。

從昏迷狀態甦醒過來時，我不住尖叫。母親就在我身旁，我問她發生了什麼事，她說我的結腸炸裂了。

「你能活下來真的是奇蹟。」她說。「你的生命力實在不可思議，以後只要改變一些生活習慣，你就沒事了。再過大概九個月，他們就可以移除結腸造口了。」

我心想：**我有結腸造口？棒喔。女孩子一定會被它吸引到我身邊。**

我說：「真的很謝謝妳。」

說罷，我翻了身，接下來兩週都沒怎麼說話，也沒怎麼動。我因為自己幹的蠢事和死亡擦身而過，不僅身體和五十台機器相連，我還得重新學走路。

我好恨自己。我差點把自己給弄死了。我無法承受這份愧疚、孤獨與懊悔，只能默默躺在那裡，試圖處理這些情緒，卻處理不了它們。事情已經發生了。我怕死，卻做了可能導致死亡的行為。

可是這已經結束了。「馬修．派瑞秀」因阿片劑而腰斬了。

我有時可以稍微注意房裡的動靜，但也僅此而已，我完全沒參與任何互動。我最好的朋友，克利斯與布萊恩．穆瑞來探望過我。住院大約三週後，我妹妹瑪麗亞——我同父異母的妹妹——也來看我了。

「準備好了嗎？要聽事情的經過了嗎？」她說。

我（很勉強地）點點頭。

「在你的結腸炸裂後，他們幫你裝了呼吸器，結果你吐在呼吸器裡。所有的膽汁和膿毒都跑進你的肺裡，他們給你用了葉克膜——你竟然活下來了。那之後，你昏迷了十四天。」

聽完這些，我又沉默了一週左右，因為我發現自己最怕的事情終究還是成真了——是我對自己造成了這一切。不過，事情還是有一點點好處，在昏迷十四天以後，我輕輕鬆鬆就戒了菸。

過去數十年，我斷斷續續使用各種不同的阿片劑，造就一種只有少數人才會遇到的情況。阿片劑會使人便祕。這件事其實很諷刺，我這個人滿肚子屎話，還真的差點被滿肚子屎給弄死了。

另外，我現在還得面對腸胃問題。

在昏迷前，我痛得在地上打滾，失去意識前一秒對艾琳說：「拜託別走。」我的意思是請她別在那一刻離開我，然而她和我其他的家人朋友一樣，非常認真看待我的請求。我住院那五個月，艾琳一直在夜間照顧與陪伴我。

當我回顧那段時期，我常常會慶幸那件事發生在Covid疫情之前，否則我那五個月就得獨自關在病房裡了。還好住院時親友們片刻也沒讓我獨處，這就是上帝的愛，是這份慈愛所化的人形。

／

到現在，我和我媽都已經是危機應對的專家了。我一直很想告訴她，《六人行》那部小小的電視劇，還有其他電視劇、還有我拍過的每一部電影，基本上都是我為了博取她的關注而做的努力。可是我認識的所有人之中，唯獨她沒有因為《六人行》而特別關注我。她偶爾會提到《六人行》，卻從不把這部劇當成兒子的偉大成就，也從不以此為傲。

但話說回來，她再怎麼引以為傲，也無法滿足我的需求。而且，你如果要把不好的事怪罪於父母，那你也得在發生好事時歸功給父母，所有好事都有他們的功勞。如果我媽不是我媽，那我就永遠不可能去演錢德。如果我媽不是我媽，我就永遠不可能賺到八千萬美元。因為錢德不過是個善於隱藏內心痛苦的人而已，還有比他更適合情境喜劇的角色嗎！我遇到什麼事都會拿來開玩笑，這樣就不必談論任何有實質內容的事情了——這就是錢德的原型。在最初構思《六人行》時，錢德的定位是「他人生活的觀察者」，也就是那個在鏡頭最末開個玩笑、對剛才發生的事情下個評論的人——他就是《李爾王》（*King Lear*）裡的小丑，在不存在真相之處道出真相。沒想到後來大家都太喜歡錢德了，他自己發展成了主要角色。後來，他的成就甚至超越了現實世界的我——他結了婚、生了小孩——嗯……有些事情我還是不太有辦法談。

重點是，我十五歲時拋棄了母親，就如當初我父親拋棄她那樣。小時候的我不好應付，而從前的她也還只是個大孩子而已，但她還是一直盡全力照顧我，我昏迷後她也在病房裡照顧了我五個月。

／

當你因為嗑了過量阿片劑導致結腸炸裂，那就不該再請人給你這類藥物，不該再想著要用它們解決問題……結果呢，我當然還是這麼幹了。

然後，他們把藥給了我。

我憂鬱難耐，總想讓自己好受一些。而且，我腹部還開了一個塞得下保齡球的大洞，有藉口跟他們要止痛藥。我們先暫停一下，稍微整理事情的來龍去脈：我因為用了阿片劑而差點翹辮子，所以為了解決問題，我請醫師給我……更多阿片劑！可見在發生大災難之後，我還是沒消停，什麼教訓也沒學到。我還是想用藥。

炸裂過後，我終於可以出院時，看上去其實非常健康。我的體重減輕了不少，但我的傷真的很嚴重，所以得再等至少九個月，醫師才有辦法幫我動手術復原腸造口。我回到自己的公寓，對所有人撒謊說自己痛得要死要活，以便把止痛藥弄到手。實際上我並不痛，比起疼痛，那更像是一種煩擾。儘管如此，醫師們還是聽信了我的謊言，給了我一大堆阿片類藥物，而我當然又抽起了菸。

我的生活大概就是長這樣。

還有，別忘了，我的結腸造口便袋動不動就會破裂——前前後後至少破了五十次吧——每次都害我淋得滿身是屎。

親愛的便袋製造者們：媽的，你們這群白痴，就不能做不會破的袋子嗎？我演《六人行》的時候難道沒逗你們笑過嗎？有的話，就拜託別讓我頂著滿臉的屎過活，可以嗎？

當癮君子吃下藥丸，他會喜不自禁，可是過一小段時間，藥丸就無法再讓他感到喜悅了，因為他對藥物的耐受性提高了。問題是，這位癮君子還是非常、非常想再體驗那種狂喜的感覺，於是他改而一次吃兩顆，想再尋回當初一顆藥丸就能帶來的喜悅。

接下來，兩顆也不夠了，他就會接著吃三顆。

過去，我就是一直在玩這個小遊戲，直到最後變成一天嗑五十五顆藥丸。（你看看《六人行》第三季後半就知道了，那時候的我骨瘦如柴、病弱憔悴，絕對看得出是用了藥，卻沒有人對我提這件事。）

我假裝腹痛，請UCLA醫療中心幫我開類阿片，但他們給的量不夠，於是我打了電話給毒販。問題是，我住在世紀城那棟知名建築的四十樓，這下我得想辦法從四十樓下到一樓，把錢塞在空菸盒裡交給毒販，然後取得藥丸。那之後，我還得神不知、鬼不覺地回到四十樓，把藥丸吃下肚，這才能在一小段時間內感覺好受一些。

我除了完成上述任務以外，還得巧妙地避開和我一起住在公寓裡的戒癮助手、看護與艾琳。從結果看來，我在這方面真的很不在行——我嘗試了四次，四次都被逮個正著。UCLA醫療中心的醫師得知此事後頗不高興，說我得去康復中心療養。

我別無選擇——他們給我的每一種藥，我都用上癮了。我如果直接說「幹你去死，我不要」，那也許可以換來一時的爽快，但醫院就不會再提供藥物給我了，到時我會病得天昏地暗。現在，我只剩下一件很詭異的事情可做，那就是決定自己接下來幾個月要關在什麼地方——我有紐約和休士頓兩個選項。這個決定，是不是該交給比我能幹的人去做啊？我這個最沒資格做決定的人，最後選擇了紐約。

我嗨翻了天，當我們走進紐約那間康復中心時，我還裝模作樣地抱著肚子。雖然這地方看上去跟監獄沒兩樣，所有工作人員卻都面帶笑容。

「你們他媽在開心什麼啊？」我說。（我的脾氣總是有點暴躁。）我這時一天使用十四毫克安定文、六十毫克疼始康定。我的肚子上開了個結腸造口，還貼了便袋。我問他們，我可以去哪裡抽菸，他們竟然說這裡禁菸。

「不可以抽菸的話，那我沒辦法住這裡。」我說。

「總之，你不能在這裡抽菸。」

「是啦，我剛剛就聽你說過了。我現在問題已經這麼多了，還要戒菸，那不是要我的命嗎？」

「我們會給你貼片。」

「那要是我他媽把貼片點火抽了，你們可別怪我。」

討論結果是，他們會繼續讓我用安定文，給我舒倍生，然後讓我在排毒期間抽菸，但不能在主院區抽菸。換句話說，我還可以抽四天菸，在我想抽菸時，職員會陪同我到戶外，站在旁邊看著我噴雲吐霧。

聽起來就好放鬆好悠哉呢。

三個夜晚過去了，然後，我遇到一個非常漂亮又聰明絕頂的女護士。她把我照顧得很好，我也盡可能和她調情，不過對方是一個經常幫你換便袋的人，你和她調情的機會也是有限。我不得不戒菸的恐怖日子即將到來，他們讓我在那位好護士的陪同下出門買咖啡。我的心情稍微好了些，說了幾個笑話，用那種「我們大家都在康復中心所以也不可能真的發生什麼事」的態度和她調情，然後我們回到了康復中心。

回到中心後，護士說：「我需要請你幫我做一件事。」

「妳儘管說，我都會幫妳。」我說。

「我想請你別再想方設法跟那個很正的護士上床了。」

她說的就是她自己。

老天啊。

「我還以為我們是用『不可能真的發生什麼事情』的安全模式調情。」我說。

我在那間康復中心又住了四個月，那次事件過後，我就再也沒對她說過什麼暗示性的話語了。面對不再暗示她的我，她也沒有要跟我調情的意思，也許是因為她已經多次看到我全身沾滿了自己的屎吧。

我搬到樓上的個人房，認識了幾個諮商師——布魯斯（Bruce）、溫蒂（Wendy），等等等——我完全不想跟那些人扯上關係，滿腦子只想著要抽菸。或是和別人聊抽菸。或是邊抽菸邊聊抽菸的事。

映入眼簾的每一個人，看起來都像是巨大的香菸。

我極少離開房間。便袋一再破裂。我打給母親，請她來救我。她說我要是離開康復中心就會開始抽菸，那會對後續的手術造成非常不良的影響。我打給諮商師，求她帶我離開這裡。她和我媽說了一樣的話。

我沒救了，困死了。

驚慌的情緒在我心中扎根。便袋滿了，我不嗨，沒有任何事物阻隔在我和我自己之間。我感覺像個小孩子，懼怕著黑暗中的怪物。問題是，那個怪物會不會就是我？

我找到了那道樓梯。至於護士呢？不知所蹤。諮商呢？幹他媽的諮商。我用腦袋大力撞牆，就和吉米·康諾斯從前揮出的直線行進正拍球一樣強勁。高速旋轉前進。幹他媽的剛好落在線上。

樓梯啊。

／

我每天都瀕臨死亡。

我已經不剩任何恢復清醒的力氣了，如果出去了，就再也回不來了。而且如果要去，我一定會拚盡全力。我是不得不拚盡全力，因為我對藥物的耐受性已經高得太誇張了。

這不像艾美・懷絲（Amy Winehouse）的故事——她那是清醒了一陣子之後，又開始喝酒，結果才剛喝幾杯就死人了。在那部紀錄片裡，她說過一句話，那句話在我身上同樣適用。當時她剛得了一座葛萊美獎，對朋友說：「不喝醉的話，我是沒辦法享受這個的。」

名聲、財富，以及作為自己的我——在不嗨的情況下，我是無法享受這些事情的。而我一想到愛情，就會想要嗨起來。我缺乏靈性上的連結，無法憑著靈性連結抵禦這些感受。所以，我才會成為追尋者。

第一次到達每天五十五顆的新高時，我彷彿《毒疫》（*Dopesick*）中的貝西・馬盧姆（Betsy Mallum）這個角色，根本搞不清楚狀況。我並不知道自己成癮了。進了康復中心、鬧得眾所周知的名人當中，我算是頭幾個案例之一。一九九七年，我作為美國最紅電視劇的演員進了康復中心，新聞很快就登上了雜誌封面，我卻不明白自己發生了什麼事。《毒疫》中的貝西．馬盧姆，後來又進了一階，開始用起海洛因，從此說了再見——你看著她，就會看到她點著頭失去意識、微微一笑，然後死去。可是我時時刻刻追求的感覺，就是她臉上那抹笑容。她想必是感到非常愉悅吧，可是那東西殺了她。儘管如此，我還是一直追求那幸福完美的瞬間，只有死亡的部分除外。我想得到連結，想要和比自己更宏大的事物產生連結，因為我深信只有那份連結能真正救我一命。

我不想死。我怕死。

我甚至不擅長把藥品弄到手。以前有個一度和我共事的人，幫我介紹了個不老實的醫師。我有時候會聲稱自己偏頭痛發作——其實我找了七、八個醫師治療這虛構的偏頭痛——但還是得花四十五分鐘做MRI磁振造影，才拿得到我要的藥。有時候，在情況真的很糟的時候，我還會去毒販屋。後來那位不老實的醫師去世了，護士接手了他的生意，藥丸都在她那裡，她人就住在聖費爾南多谷，我隨時可以去找她買藥丸。每次去找她，我都驚恐得要命。

她對我說：「請進！」

「不要！」我大喊。「我們會被警察逮捕。妳趕快把錢拿走，我要閃人了。」

到後來，她邀請我坐下來和她一起用古柯鹼。我拿到藥丸後會驚恐地直接吃下三顆，然後開車回家，用嗑藥的恍惚來消弭恐懼，這下我又更有可能被警察抓走了。

又過了很久，我搬到世紀城住以後，我會試圖找藉口從四十樓下到一樓，絞盡腦汁把藥物弄到手。那時的我傷得很重也病得很重——我腹部的傷還沒癒合，在Covid疫情期間我只能一人獨處……我僱用的一位護士會給我藥品，但這些藥已經無法讓我嗨起來了。所以，我會打給毒販，想辦法買到更多疼始康定。如此一來，我除了處方的劑量以外，還有額外的藥，這樣我才能確實感覺到藥效。跟毒販買的藥丸一顆七十五美元左右，所以我是一次給他三千元，一週好幾次。

不過呢，我被抓到的次數，比成功買到藥物的次數來得多。UCLA醫療中心那位負責診治我的醫師後來受夠了，說他再也不想幫我了。其實真的不怪他——大家都懼怕藥丸含有的吩坦尼（fentanyl），生怕我因它而死。（我到康復中心時，吩坦尼檢驗的結果果然是陽性。）

這種疾病……真的是最糟糕的事。成癮症已經毀了我大半人生，這真的已經不好笑了。它毀了我的人際關係，毀了我作為自己的日常生活。我有個朋友，他身無分文、住在租金受管制的公寓，演藝事業一直沒發展起來，不僅無業、時時為錢而憂心，還罹患了糖尿病。但即使考慮到這一切，我還是非常樂意和他互換人生。我願意放棄所有金錢、所有名聲、所有的一切，去住在租金管制的公寓裡——我願意時時刻刻為金錢問題煩惱，只要能擺脫成癮症這種疾病就好。

而且，我不但罹患這種疾病，還病得很嚴重。我的病已經是最嚴重的程度了，隨時隨地都在背水一戰，隨時都可能被這疾病奪去性命（好吧，最終總會有什麼東西奪去我這條命的）。小勞勃．道尼（Robert Downey Jr.）在談論自己的成癮症時，曾說：「我像是把槍口塞進嘴巴，手指按著扳機。可是，我喜歡槍的金屬味。」我懂他的意思，我真的明白。即使在狀態不錯的日子，即使當我清醒著、把注意力放在未來，那東西還是陰魂不散，槍還是塞在我嘴裡。

可能是我運氣好吧，總之世界上的阿片劑已經不夠讓我嗨了。我跌到了非常、非常、非常深的谷底，事情必須糟糕透頂——一直到了最糟糕的地步，我才有可能戒除任何成癮症。拍《陽光先生》電視劇時，我基本上就是整部劇的老大——我負責編劇，也是主演。然後我回到家，還會幫另一個編劇試閱他寫的腳本，提供一些意見。這時候，我就會在身旁放一瓶伏特加。我幫自己調了十三、四杯飲料——但這是自製調酒，所以酒量是平常的三倍。第十四杯過後，我已經醉不了了。所以，我不再喝酒了。

現在想來，我的阿片劑癮可能也遇到了相同狀況，藥已經不夠我用了。在瑞士，我一天服用一千八百毫克的類阿片藥物，卻沒有嗨起來。那我還能怎麼辦？難道要打給毒販，叫他把所有的藥都賣給我？現在每當我想到疼始康定，腦中第一個想法就是要貼一輩子的腸造口便袋。這我可受不了。所以，我覺得自己應該可以輕易地繼續和阿片劑保持距離——反正它們都已經沒效了。而且再下一次動手術——從那第一次開刀過後，我又接連動了十四次手術——我一覺醒來，可能會發現自己身上多了個再也無法復原的結腸造口。

是時候想想別的辦法了。（前面也說過，下一個等級的藥物是海洛因，我是不會去碰海洛因的。）順帶一提，我戒酒、戒類阿片，和我個人意志力的強弱無關——之所以不再喝酒或用類阿片，純粹是因為它們對我沒效了。假如今天有人走進我家，跟我說：「來，給你一百毫克的疼始康定。」我會跟他說：「這樣不夠。」

話雖這麼說，我的問題還是沒有解決：無論我去哪，我都得時時刻刻和我自己相處。所有的問題、所有的黑暗、所有亂七八糟的破事，都會被我隨身帶著走，所以每次我離開康復中心，都會來一次地理遷移，再他媽買一間新房子。然後住進那間新房子。

從前去看房子——這是我的興趣——我第一件事就是打開屋主的藥櫃，看看有沒有機會偷走幾顆藥丸。但就算要順手牽羊，你也不能做得太過分，拿剛剛好的量就好。你要是一口氣偷了太多顆，一定會被他們發現。在偷藥時，得先看看藥罐上的日期——最好選稍微過期的；而如果你看到過期非常久的藥，那就可以一次拿一大把了。如果是全新的藥罐，則頂多拿個兩顆就好。我可能一個週日會去參觀五間房子——一整天時間就這麼過去了。

在我每天吃五十五顆藥那陣子，有時我一覺醒來，還得設法弄到當天那五十五顆藥丸。這簡直是一份全職工作，我的生活完全被數學占據了：我回家前得先吃八顆，我會在家裡待三個鐘頭，所以再來四顆，之後要去參加晚餐派對，那還需要七顆……而且我吃這麼多不是為了體驗快感，而是要避免令人難受的戒斷症狀，還有逃避在未來等著我的痛苦排毒。

在我的想像中，那些屋主在開放潛在買家進屋參觀後，哪天打開藥櫃一看。

「該不會是那個錢德……不會的，怎麼可能是錢德呢。不可能是那個錢德．賓吧！」

現在我不去參觀別人的房子了，而是自己請人蓋一棟新屋。之所以蓋房子，是因為大約十八個月前，我連一句完整的話都說不出來，我生活中的一切都好單調、好痛苦。醫師們來了，母親來了，大家見我不能說話都趕來照顧我。我的狀況真的非常差，不得不想想辦法。

我名下有世紀城那間價值兩千萬美元的頂樓豪華公寓，我都在那邊嗑藥、看電視，還有和交往幾個月的女友做愛。

一天夜裡，我昏睡過去，她也昏睡了，我們醒來就看見我媽和基思·莫里森站在床尾。我心想：**我這是在《日界線》節目裡嗎？如果真的是在節目裡，那我媽怎麼也在？**

母親看了看我女友，說道：「我覺得妳該走了。」

她這句話救了我一命。

／

我爸也多次拯救過我的小命。

（在潔米·塔塞斯說我似乎快從她眼前消失了之後，）我爸幫助我去馬麗娜德爾雷伊療養，那時我生怕自己這輩子再也不能玩樂了。過了大概三個禮拜，我打電話給瑪塔．考夫曼和大衛．克雷恩，跟他們說我已經恢復清醒，可以回去繼續拍《六人行》了。

「你什麼時候回來啊？」他們說。「我們需要你趕快回來，之後的工期非常緊湊，如果不在兩週內開工，那就沒辦法拍戲了。」

問題是，這時的我還是病得很嚴重。我父親聽出了我們對話的大致方向，他自己也撥了電話給瑪塔和大衛。

「你們要是繼續這樣對他，」我爸說，「我就叫他退出你們的電視劇。」

我爸做了父親會做的事，我真的非常感激，但我也不想讓其他人困擾。他們不過是在做份內的工作而已，畢竟他們還得拍這部最紅的電視劇，劇中兩個主角還即將成婚，總不能讓我人間蒸發吧。我就只是想讓一切順利完成而已。總之，我從馬麗娜德爾雷伊搬到了馬里布的承諾康復中心，他們說我的康復期可不只二十八天——我病得這麼嚴重，必須花好幾個月慢慢療養。

兩週後，馬里布一名技師開車載我前往《六人行》片場。我到場時，珍・安妮斯頓說：「我一直在生你的氣。」

「親愛的，」我說，「妳要是知道我這陣子經歷過什麼，那就不會生我的氣了。」

說完，我們互相擁抱，我也好好完成了我的工作。我和莫妮卡結完婚——這是我在《六人行》劇中的高潮劇情，是我事業的巔峰期，是這部名作中的名場面——以後，我坐上由戒癮技師駕駛的小貨車，回治療中心去。

我告訴你，那晚的日落大道上，並不是一路綠燈。

／

我在談戀愛時真的很不中用，因為我除了要努力維持正常生活以外，還一直害怕自己被對方拋棄。這份恐懼根本就是無中生有，因為我從出生到現在這五十三年來，交過很多個非常好的女朋友，被對方分手的經驗也就只有多年前那麼一次而已。你可能會覺得，我提分手的次數遠遠多過我被分手的次數，所以我心裡應該要很平衡才對……然而，那位離我而去的女性，在我心目中無比重要。儘管如此，我心中聰明的那一部分還是把事情看得很清楚：她當時才二十五歲，只是想談個戀愛玩玩而已；我們交往了幾個月，那時我卸下所有心防，決定從此以後都要做自己。

然後，她甩了我。

她從沒對我許下什麼承諾，而且我那時候根本是個酒鬼，所以她絕對有和我分手的理由。

兩、三年前，我參加某一部舞台劇的讀劇會，不得不和她打照面——她演的是我太太。

「你最近過得怎麼樣？」讀劇會開始前，她問我。我假裝自己都很好，但實際上我彷彿身陷地獄。**快逃，別和她互動。**我心想。**假裝你都沒事。**

「我現在有另一半，生了兩個孩子，」她說，「我們過得很好。你現在有對象嗎？」

「沒有，」我說，「我還在找。」

可以的話，我很想收回那句話，因為她聽了可能會覺得我自從被她甩了，就一直在尋覓對象，卻一直找不著。但那也是真話。我的確還在尋覓對象。

然後讀劇會結束了，她不再是我太太，我也得以拔腿逃離那個地方。她看上去仍和從前毫無二致。

／

近年來，我雖然信仰上帝，可是很多時候，我對上帝的信仰似乎……呃，似乎受到了阻礙。不過話說回來，無論是什麼東西，都會被我用的這些藥物阻礙。

另外，我近幾年也在思考一個問題：我服用舒倍生，是不是阻礙了自己和更高力量之間的連結？

我遇到了一個大問題，它同時也是我多年來一直無法成功戒癮的理由：從過去到現在，即使我感到不自在，我也不會讓那種不自在的感覺維持太久，因此一直沒機會建立靈性上的連結。我會試圖用藥丸和酒精修復問題，以致上帝都沒有機會出力修復我。

我最近上了一堂呼吸法課程，上課時你會先花半個小時，用一種非常極端、非常不舒服的方法呼吸。在這半小時內，你會哭泣，你會看到一些畫面，還會感到有點嗨。對我來說，這是免費的嗨，也就是最理想的嗨。可是就連這種感覺也會受舒倍生阻礙……我和很多醫師談過，其中半數人認為我短期內不能停用舒倍生，至少還得再用一年，甚至可能下半輩子都離不開舒倍生了。也有其他醫師告訴我，在繼續用舒倍生這段期間，技術上而言，我並不處於清醒狀態。（無論如何，要完全停用舒倍生就是非常困難，這點真的很諷刺，因為這種藥就是用來幫助你戒掉其他藥物用的。不久前，我吊著舒倍生點滴，那時的劑量比我理應使用的劑量少了〇．五，結果我難受至極、怕得要命，不得不調回原本較高的劑量。當你停用舒倍生時，那種感覺真的很恐怖。）

施用海洛因的時候，這種藥會影響你的阿片類受體（opiate receptor），讓你嗨起來；當藥效退去，你的阿片類受體不再受藥物影響，就會清醒一陣子。你可能隔天又會去刺激阿片類受體，讓自己再次嗨起來；同樣的循環會一再重複下去。可是舒倍生的作用機制和海洛因不同，它會包住受體，包住以後就不會離開了，所以它基本上就是一週七天、一天二十四小時都在傷害你的受體。

對於自己一直無法好好享受幸福這個問題，我想出了好幾個不同的理論，其中一個理論，是我把自己的受體弄傷了，我的多巴胺被舒倍生取代了。你平常享受事物時體驗到的快感，就是多巴胺帶來的。例如當你欣賞夕陽、打網球時揮出一記好球，或是聽見你喜歡的歌曲，都可以感受到多巴胺所致的愉悅。但我的阿片類受體應該都嚴重受損了，可能再也救不回來，所以我總是不太開心。

也許我的受體問題就和胰臟炎一樣，只要讓它們休息一陣子、不要去打擾它們，受體就可以自己恢復原樣，到時我又能感受到幸福與快樂了。

／

上帝明明可以出現在任何地方，卻偏偏要出現在我家廚房，可見世上存在遠大於我的力量。（舉例而言，我知道自己絕不可能造出植物。）我知道那是一種無所不在的愛與包容，表示一切都會好轉的。我知道人死的時候，會發生某種事情，我們將會去往某個美好的所在。

我這樣的酗酒者和成癮者之所以想喝酒，完全是為了讓自己好受一些。至少，這是我喝酒的動力：我就只是想讓自己感覺好一點而已，沒別的理由了。當我感覺不太好時——兩杯黃湯下肚，我就覺得好一點了。但隨著病情加重，我得喝下更多、更多、更多、更多、更多、更多、更多，才有可能感覺好一點點。你如果刺穿清醒的薄膜，酒精成癮症就會發作，對你說：「嗨，還記得我嗎？我們又見面了，真好啊。你快把和上次一樣的量給我，否則我就殺了你，或是讓你發瘋。」這時我腦中的執著就會啟動，我滿腦子想著要讓自己好受一點，滿腦子都是對酒精的渴望，最後就只剩下一片永遠不會消退的瘀痕。一個酗酒者停止喝酒後，是不可能回到只在交際時小酌幾杯的正常程度的，成癮症只會復發而已。

《匿名戒酒會大書》寫道，酒精它狡詐、捉摸不定又強大有力……我還想在這裡補充一點：酒精它很有耐心。一旦你舉手說：「我出了問題。」成癮症似乎就會說：

「好啊，既然你蠢到把事情說出去，那我就暫且離開一陣子……」我在康復中心住三個月以後，就會心想：嗯，等我出了康復中心我就要繼續喝酒用藥，不過我可以再等九天。成癮症不過是靜靜在一旁敲著手指等待時機；在匿名戒酒會，常有人說：當你在室內參加聚會時，你的疾病正在屋外做單手伏地挺身，等著你走出去。

我有幾次差點死亡，而你摔得越慘，能幫助到的人就越多。（順帶一提，摔得最慘就是直接一命嗚呼。）所以說，當我的生活狀態良好時，我會擔任其他匿名戒酒會成員的助幫人，有好幾個人都打來請我幫助他們矯正生活。二〇〇一年到二〇〇三年那兩年，是我這輩子最快樂的兩年時光——我不僅堅強地保持清醒，還在努力幫助他人。

清醒還有一些其他的正面副作用。在那段清醒時期，我有一陣子是單身，但上了夜店也不會想喝酒——奇蹟降臨到我身上了。我告訴你，在凌晨兩點的夜店裡，沒有比對女人說「嗨，妳好嗎？」的清醒男人更受歡迎了，那兩年應該是我性生活最豐富的時期。

然而，成癮症這種疾病很耐得住性子，你清醒一段時間後，就漸漸不再去參加戒酒聚會了。**禮拜五晚上的聚會，我也不是真的非去不可吧……！**然後當你深深陷入這種思維模式，耐心、強大又捉摸不定的酒精成癮症就會猛然來襲，你突然連一場聚會都不去了，甚至認定自己該瞭解的一切都已瞭然於胸。**我現在不必再做這些了。我已經懂了。**

成癮者不是壞人，我們就只是想讓自己好受一些而已，可是我們患了成癮症這種疾病。當我感到難受時，心裡就會想：**給我一些能讓我開心點的東西吧。**事情就是這麼簡單。我還是很樂意喝酒用藥，但想到可能的後果，我就不再喝酒用藥了——我現在已經是成癮症末期，再繼續下去可能就沒命了。

／

不久前，我媽跟我說她以我為傲。我寫了一部電影，把腳本拿給她讀。我從小到大都在等她對我說這句話。

我這麼告訴她，她聽了之後對我說：「就不能稍微諒解我嗎？」

「我有原諒妳啊。」我說。「我真的有。」

我讓她留下了這麼多難過的回憶，不知道她能不能原諒我……

／

假如連我這麼自私懶惰的混蛋都能改變了，那無論是誰，都有機會改變自我。祕密就是祕密，不會因為你把它說出去而變得更糟糕。我走到這步田地，感激的言語總會不由自主地脫口而出，因為我早就該死去了，卻不知為何存活到了今天。這之中必然存在某種原因，如果沒有原因，那我真的是無法理解命運的安排了。

現在的我，不再像從前那樣半吊子做事了。阻力最小的路太無趣了，傷疤則非常有趣——一個人身心的傷疤，都是在誠實地訴說一段往事，證明了那個人曾經奮戰過，也證明我在拚命奮鬥之後獲勝了。

現在，我有了很多傷疤。

第一次手術完成後，我出院回家，首次在浴室裡脫下上衣，這時我忍不住號啕大哭。身上的傷疤令我心亂如麻，感覺我的人生就這樣結束了。哭了大概半個小時以後，我稍微恢復鎮定，撥了通電話給平常合作的毒販，對方竟然像社工或神父、牧師那樣，問我出了什麼問題，這怎麼想都不像是毒販該說出口的話吧。

三天前，我經歷了第十四次手術——從第一次手術到現在，已經過了四年。我又哭了。我該學著習慣這件事了，因為未來還會有更多場手術——我永遠不會有痊癒的一天，我的腸胃功能永遠都會和九十歲老頭子一樣差。我做過這麼多次手術，每一次術後都會大哭，沒有一次例外。

但是，我沒再打電話給毒販了。

我的腹部有好多道傷疤，低頭一看就知道我經歷過一場惡戰，而且是自己招致的戰爭。有一次，我在好萊塢參加某個社交活動——幸好他們讓我穿上衣，不對，是堅持要大家穿上衣——馬丁・辛（Martin Sheen）轉過來對我說：「你知道聖彼得遇到想要上天堂的人，會跟他們說什麼嗎？」見我一臉茫然，這位曾任《白宮風雲》總統的男人說道：「彼得會對他們說：『你沒有任何傷疤嗎？』大多數人都會得意地回說：『沒有啊，我沒有傷疤。』這時候彼得就說：『怎麼沒有？你一生中難道就沒有任何值得為之一戰的事物嗎？』」

（馬丁・辛、帕西諾、西恩・潘、艾倫・狄珍妮〔Ellen DeGeneres〕、凱文・貝肯〔Kevin Bacon〕、吉維・蔡斯、勞勃・狄尼洛〔Robert De Niro〕等人，和我同屬一個「名人俱樂部」。這是一種非正式的小圈子，當你在機場或出席什麼活動，看到另一個名人走過來，你們一副互相認識的模樣跟對方寒暄，這時你就是加入了這個名人俱樂部。）

可是那些傷疤，那些傷疤……我的肚子看上去就像中國錯縱複雜的地形圖，而且他媽痛得要命。可惜最近這段時間，我即使吃下三十毫克的疼始康定，身體還是不屑一顧。口服藥物已經完全失效了，現在只有用靜脈注射的方式把藥物打到體內，才能稍微改善狀況。我當然不可能把點滴帶回家，所以只能去醫院了。

二〇二二年一月，我身上多了一道六英寸長的切口，被金屬吻合釘固定著。一個受到最糟糕的事「祝福」的人，就是得過這樣的生活。更要命的是，醫院還不讓我抽菸。要我一整天不抽菸，那我不幹出什麼瘋癲的事就很了不起了。不抽菸的時候，我還會增重——我最近胖了太多，照鏡子還以為身後站著另一個人。

當你清醒時，體重就會增加。當你戒菸時，體重就會增加。這就是規則。

至於我呢，我非常樂意和任何一個朋友交換人生——普萊斯曼、比爾科、無論是誰都好——因為他們都不受最糟糕的事折磨。他們的大腦並不想奪去他們的性命，他們也不必花一輩子時間和自己的腦子搏鬥。如果能免去這些煎熬，那我願意放棄自己擁有的一切。我說這些應該沒有人會信，但這就是我的真話。

還好我現在的生活不再如火如荼。我甚至想大著膽子說，在經歷這所有的磨難之後，我成長了。現在的我更真誠、更真摯，不需要在離開房間前絞盡腦汁，惹得身邊所有人捧腹大笑，只需要直挺挺地站起身、走出房間就好。

也希望自己走出房間以後，不會直接走入壁櫥。

現在的我比從前鎮靜，比從前真實，也比從前能幹。雖然我現在要想在電影裡演個好角色，可能得自己寫了，但我現在也會寫腳本了。我夠好了。我已經超越了「夠好」。另外，我也不必再對著人們作戲了；我已經有所成就，現在是時候好好享受成果了。是時候尋找真愛，還有放下被恐懼追趕的人生，尋找真實的人生了。

我就是我。這樣應該就夠了，其實在從前，這樣也夠了。是我自己不明白這點，現在我懂了。我是演員，是作家。我是人，還是個好人，想帶給自己和別人美好的事物，我也可以繼續為這個目標努力。我仍然存活在這世上，這之中必然有某種原因，而我現在的任務，就是找出這個原因。

那個原因終有一天會揭曉。我不必驚慌、不必緊張。我存在於此，我關心他人，這就已經是答案了。如今，我每天醒來總是感到好奇，我想知道世界會帶給我怎樣的一天，也想知道自己今天會為世界做些什麼。這就足以支撐我走下去了。

我想繼續學習、繼續教學，這是我對自己遠大的期許。而在達成那些目標之前，我也想歡笑，想和朋友歡樂共處，想和自己瘋狂愛著的女人做愛，想要成為父親、讓父母為我感到驕傲。

現在的我還熱愛藝術，開始收藏藝術品了。我在紐約一場拍賣會買到一幅班克西畫作，當時是透過電話將它買下的。我從沒見過班克西本人，不過我希望能讓他知道，假如我家不幸失火，我一定會先去搶救那幅班克西畫作。也不知道他會不會在乎這些。（不對，他可能會想要親自點火燒了那幅畫吧。）

我這輩子達成了許多成就，可是前頭還有好多事情等著我去做，每天想到這些，我就躍躍欲試。我是個來自加拿大的孩子，童年所有的美夢都成真了——只不過，那些夢想都錯了。我沒有放棄，而是改變方向，找到了新的夢想。

我隨時隨地都在發掘新的夢想，它們就存在美景之中、谷地之中、陽光灑落時海浪閃爍不定的金邊之中……正是如此。

當一個人為另一人做了善事，我就能看見上帝的存在。可是啊，你自己都沒能擁有的東西，又怎麼可能送給別人呢？所以我每天都努力精進自我，當別人需要我幫忙時，我就已經把自己打理好了，可以完成我們所有人降生於世上的使命——我們的使命很簡單，那就是幫助他人。

Friends, Lovers, and the Big Terrible Thing

插曲／吸菸區
The Smoking Section

一個風光明媚的好日子，上帝和我的諮商師商量好了，決定要降下奇蹟，移除我用藥的慾望。這可是從一九九六年起就一直糾纏著我的恐怖慾望。

諮商師對我說：「你下次想到疼始康定時，我要你想像自己下半輩子都貼著結腸造口便袋生活。」

上帝並未發言，但祂也不必說什麼，畢竟祂是上帝。儘管祂沒說話，還是在那裡看著我們。

當時我肚子上開了個結腸造口，已經這樣過了九個月，聽到諮商師那句話，我彷彿遭到當頭棒喝。當這個男人對我當頭棒喝時，最好的做法就是立即展開行動。他的話語為我開啟了一扇很小很小的窗，我趕緊從窗口爬了出去，來到另一邊——我來到了沒有疼始康定的生活這一邊。

如果用了疼始康定還想再進一步用藥，那下一步就是海洛因了。這名字從以前就令我畏懼，那份恐懼無疑救了我的小命。我當然是怕自己太喜歡海洛因，一旦開始用海洛因就再也停不下來，最後把自己弄死了。我不知道海洛因的用法，也不想知道。即使在人生中最黑暗的日子，我也從沒考慮過要用海洛因。

那麼，既然不能用海洛因，而我想用的藥物只有疼始康定一種，那結論就是，我用藥的慾望消失了——就算我努力去找，也找不到那份慾望了，況且我也不想去找它。我走路時感覺輕盈許多，感受到了某種自由。附骨之蛆終於除去，我腦中那個一直想把自己弄死的部分已然消失——不對，還沒那麼快。

不久前，我剛動過第十四次腹部手術，這回是為了移除凸出前腹壁的疝。這次疝氣非常痛，醫師開了疼始康定給我。我們癮君子可不是殉道者——如果真的發生嚴重的疼痛，那還是可以用止痛藥，只是得小心一點。這就表示藥罐從不交到我手裡，藥也都是由他人施用，而且必須照著處方施用。另外，這次手術過後，我肚子上多了一道全新的傷疤，這次的傷口有六英寸長。喂，這是怎麼回事啊？之前我結腸爆了，你們在我肚子上開了個足以塞下保齡球的大洞，怎麼這次疝氣手術的傷疤反而比較大條？

術後，我一用止痛藥，痛楚就消失了，但同時還發生了另一件事：我感覺消化道又一次僵住不動了。是不是創傷後壓力症候群要發作啦？一感覺到腸胃停止蠕動，我馬上就被送進急診室，他們可能會用藥物幫助我排便，也可能告訴我，我得立刻再進一次手術室。每一次動刀，我醒來時都有機會發現自己又開了個結腸造口、貼上了便袋。這種事情已經發生過兩次了，再來一次也不奇怪。

那麼，我該怎麼做，才能避免自己被送進手術室，從此再也擺脫不了結腸造口和便袋呢？別再用疼始康定就行。我已經停藥了，我自由了。我無法用言語描述這新聞的震撼程度；那之後，我就對用藥失去了興趣。在這裡，我想剽竊艾爾・麥克爾斯（Al Michaels）在一九八〇年說的話；當時，一群大學生在寧靜湖打冰上曲棍球，擊敗了該死的俄國人，那時麥克爾斯就說：

「你們相信奇蹟嗎？我信！！！！！！！」

現在回去看那場球賽，我還是能感覺到一陣戰慄竄上背脊。嗯，我的時刻來臨了，這就是我的奇蹟。

我從以前就相信一種說法：上帝擺在你面前的，必定是你能夠克服的難關。這回，上帝給了我三週，三週的自由，然後祂接著給了我全新的大挑戰。

我之前都選擇無視，假裝這件事沒發生，或者當它會自己突然消失。

那段時期，我躺下來準備入睡時，就會聽見一種氣喘聲。那個聲音有時吵得我睡不著，有時比較輕柔綿長，但是當上帝認為我做好了面對挑戰的準備時，我還是憂心忡忡地下定了決心，要去找出問題的根源。我只希望這是支氣管炎，或是能用抗生素治好的疾病，不過我還是生怕最糟的可能性找上門來。

我的胸腔科醫師非常熱門，有很多人在排隊等著，我得等一個禮拜才見得到他。在等待的這七天，每到夜裡最脆弱、最孤獨的時刻，我躺下來就會聽見那可怕的氣喘聲。一週的時間過得很慢、很慢，有時我會在夜裡坐起來抽根菸，滿心希望抽菸能讓氣喘聲消失。我就不是科學家嘛。

最終，看診的日子到了，我上午跟著總是陪在我身邊的艾琳去看醫生，做了呼吸測試。我全力對著一根管子吹氣，吹了兩三分鐘，然後他們請我在醫師辦公室裡等測驗結果。我拉著艾琳陪我等結果，生怕聽到最糟糕的壞消息。各位讀者可別忘了，我們最想聽到的結果是支氣管感染。而且因為三週前發生了奇蹟，這次如果聽到壞消息，我就無可遁逃了。

等了好長一段時間，醫師大步流星地走進辦公室，坐了下來，然後（在這種高風險情況下，有點漫不在乎地）宣布結果：我因為長年抽菸，肺部嚴重受損，如果現在不戒菸——現在，就是指今天——那我就不可能活超過六十歲了。換句話說，我的支氣管有沒有被感染，都他媽的無所謂了。

「不是，這個嚴重非常非常多。」他說。「不過我們還算早發現問題，只要你現在戒菸，那完全可以活到八十幾歲。」

我震驚又恐懼，怕得僵在了原地，但也很感激問題被及時找出來了——我們離開辦公室、回到車上時，這些想法在我腦子裡盤旋不散。我們在車上靜靜坐了一會兒，只可惜這輛車不是《回到未來》的迪羅倫車（DeLorean），不然我們就能乘著它回到一九八八年，從一開始就阻止我拿起香菸這種毀人生命的毒物。

我竟然還有辦法說出樂觀的話來。

「那麼，」一段時間過後，我開口說，「現在的情況其實很簡單，我今天剩下幾個小時繼續抽菸，然後從明早七點開始，我下半輩子就再也不抽菸了。」

我以前也戒過菸，那次停了九個月，可是上一次戒菸的過程堪稱災難。艾琳仍舊是全世界最善良的人，她說要陪我一起戒菸。

他們打算一開始讓我吸電子菸，過一陣子我連電子菸也得停用了。

隔天上午七點來得太快太快了。我家中每一根菸都被清了出去，我只能緊抓著僅剩的電子菸不放。還記得過去幾次試著戒菸時，第三、四天總是最痛苦，但只要能熬到第七天，前途就一片光明了。

這次戒菸果然苦不堪言，我基本上就是整天關在房間裡吸電子菸，等待種種糟糕至極的感覺消失不見。儘管如此，我還是很勇敢。一定可以成功的。

然而，第七天來了又去了，糟糕的感覺卻沒有消失。我深深渴望抽菸，這種渴望已經超出我的想像。到第九天，我忍無可忍——我走出家中臥房，說：「我要抽菸。」看護人員是請來防止我嗑藥的，沒有要阻止我抽菸，於是他們給了我一根菸。我告訴你，那根菸讓我嗨到了極點——堪比多年前駕駛紅色福特野馬，奔馳回到拉斯維加斯家中的嗨。

我當晚又抽了八根菸，那八根菸都沒帶來同等的嗨，只讓我感覺比屎還不如，同時還害我嚇「屎」了。（這邊用了兩次屎〔shit〕，雖然從寫作角度來看並不高明，卻是我這個作者故意為之。）

我是個五十二歲的男人了，只要你不是一翻開這本書就看到這一頁，那你想必知道，我是打算要走長壽路線的，且不僅長壽，我還要活得很好，反正我魚與熊掌都想要。怎樣，我不是嘗試過了嘛！我都已經躺在床上九天沒抽菸了，你還要我怎樣？

毒品清單上每一種藥我都已經戒了，怎麼戒菸就這麼難？你們在跟我開玩笑吧？

經過這一遭，我們認為一口氣從每天六十根菸減少到零，對我來說真的太極端了。我們必須制定新的戒菸計畫，而在想出新的方法以前，我得儘量少抽菸。接下來幾天，我設法把每天抽的香菸數量從六十根減少到十根，聽起來是不是很了不起啊？不過你別忘了：我可是有性命之憂，必須盡快把那個數字降到零。我們下了不少功夫，想再把數字從一天十根降到更低，卻徒勞無功。

這時候，輪到大催眠師凱利・蓋諾（Kerry Gaynor）粉墨登場了。我之前曾試著請他幫我戒菸，卻沒有效果，這回情況就很不一樣了。坐在凱利・蓋諾面前的我，完全是個迫切想戒菸的可憐男人。我是真心想戒菸——幹，我不只是想戒菸，我還必須戒菸。我還沒體驗過真愛，還沒凝視孩子們的藍色眼眸。況且，肺氣腫絕對是悽慘無比的死法，到時我得用氧氣筒和管子才能呼吸了：「嗨，我是馬修・派瑞，你想必已經和我的呼吸管打過照面了吧。」

問題是，我這樣的心神有沒有辦法接受催眠呢？我的腦筋平時都轉個不停，有時還會幻聽……如果連我都控制不了自己的腦子，那催眠師要怎麼控制我的心智呢？我很愛抽菸——有些時候，我活著就是為了抽菸——我甚至會為了多抽幾根菸熬夜。而且，抽菸已經是我的最後一道防線了，沒了香菸，就再也沒有東西阻隔在我和我自己之間了。當初上帝造訪我家廚房，我就永遠戒了酒。不久前，我被結腸造口和便袋嚇得六神無主，於是戒了藥。我是真的說了前面這幾句話嗎？我怎麼可能成功戒癮？如果連菸都不能抽的話，我是不是乾脆什麼都別做算了？做這些事情還有意義嗎？

催眠計畫起初進行得不順利。我來到指定地點，按了門鈴，一個友善的人前來應門，我對對方說：「嗨，凱利在嗎？我和他約好要見面。」

凱利並不在，因為我走錯地方了。不知道那人看見錢德．賓來按門鈴，心裡作何感想……

我看見離我五棟房子遠的位置，凱利就站在他的房子前，等著迎接我。我怕得要命——他是我最後的希望，我這條命得靠他保住了。

凱利明明是全世界費用最高昂的催眠師，他的辦公室卻和我想像中的模樣相差甚遠——房間裡到處散落著紙張和照片，還有一些反尼古丁標示。我們坐了下來，他開始對我說那套「抽菸很糟糕」言論——好啦好啦，我知道，我們趕快進入正題吧。

我對他說明事態的嚴重性，他聽了之後告訴我，我們必須分三次催眠——我顯然是個特殊案例。聊完以後，我躺了下來，他花十分鐘催眠我。

我當然沒有任何感覺。

在三次催眠結束之前，我理論上可以抽菸，我得知這件事的時候自然是感激不已。但為了儘量減少肺部負擔，還有凱利催眠時的負擔，我還是每天只抽十根菸。（任誰都有辦法像從前的我那樣，每天抽三包菸，不過你其實只需要抽十根菸，就能夠滿足身體對尼古丁的需求，剩下五十根不過是習慣罷了。）

第二次去給凱利催眠時，他把他想得到的恐嚇戰術都用了一遍。我怎麼會這麼天真，以為下一根菸不會害我喪命？（我並不這麼認為。）我要是現在抽菸，然後心臟病發作，身邊又剛好沒有人，沒人幫我叫救護車，那我就必死無疑。我抽的下一根菸可能會讓肺臟永遠喪失功能，我下半輩子就得扛著氧氣筒到處跑，要呼吸也只能用鼻子呼吸了。（我暗想：**聽起來比結腸造口跟便袋還要恐怖**。但我沒有把話說出口。）我是想抽根菸呢，還是想呼吸明早的空氣？（我已經知道這個問題的答案了。）

第二次見面，在他開始催眠之前，我試著對他解釋自己腦筋轉得飛快這個問題。

「你可能沒辦法催眠我。」我說。

凱利只露出會意的微笑——這句話他想必聽過不下一千次了——然後又請我躺下來。

我是站在他這一邊的，我真的很希望催眠可以成功，卻還是沒感覺到催眠的功效。第二次離開他的辦公室時，我還是每天抽十根菸，不過情況變了：現在我每抽一根菸，心裡就更害怕一分。就算沒達到原本的目的，凱利也成功讓我對每一口菸產生了深深的恐懼，抽菸的感覺真的變得不一樣了。

然後，是時候做最後一次催眠了。這就是最後一次了——理論上在這次催眠過後，我就再也不會抽菸了。我對他解釋過，以前每一次嘗試戒菸，我都非常痛苦——菸癮竟然比藥癮還難根除。以往在戒菸過程中，我還幹過不少瘋狂的事情（請見：腦袋、牆壁），我是真心害怕戒菸的戒斷症狀。

凱利耐心地聽我說完，然後冷靜地指出，他有幫助數千人戒菸的經驗，所有人的回饋都一樣：頭兩天有點不舒服，那之後就沒感覺了，但在戒菸以後你就不能碰尼古丁——連電子菸也不能用了。

但這和我過往的經驗迥然不同，我也這麼告訴了他。

「你以前都不是真正想要戒菸，而且你也沒有跟著我，用正確的方法戒菸。」他說。他說得沒錯，我這次是真的想戒菸了，這點絕對無庸置疑。

說罷，我又躺了下來，讓他催眠我。這次的感覺很不一樣——我感到非常放鬆、很想睡覺。凱利這是直接對我的潛意識說話，過程中，我發現自己的腦子竟然沒有拚命運轉。

然後，結束了。

我站起身來，問他可不可以擁抱，他和我相擁。然後我作為不抽菸的人，走出了他的辦公室。無論如何——我這輩子是再也不會抽菸了。回到家，我看到家中所有尼古丁產品和電子菸都被清除乾淨了（根據凱利的說法，電子菸跟香菸一樣，都可以把你弄死。）

現在差不多是晚間六點鐘，我的任務是堅持到九點半，這三個半小時都不能抽菸。

可是我似乎變了——我不想抽菸了。

第一天感覺有點不舒服，第二天也一樣。那之後，負面感受果真如凱利所說，到了第三天就消失無蹤了。我沒有任何戒斷症狀，什麼感覺都沒有，而且我根本就不想抽菸。

成功了。我不知道他是怎麼移除戒斷症狀的，也不曉得催眠的效果要如何以醫學來解釋，但我也不打算多問。

我當然還是會想伸手想拿根菸，這種情況一天至少發生五十次，但那單純是習慣動作而已。我還注意到另一件事——我呼吸時的氣喘聲消失了。凱利・蓋諾救了我一命，從今以後我就能加入不抽菸族群了。

這也是一大奇蹟。奇蹟如亂石般飛來——不低頭閃躲的話，你馬上又會被奇蹟命中腦袋。我不想再用藥，也不再抽菸了。

我戒菸十五天了，看上去神清氣爽、感覺比以前好很多，玩匹克球也不用頻頻停下來休息了。我的眼中恢復了生命的神采。

但這時候又發生了一件事：我一口咬在塗了花生醬的吐司上，結果上排牙齒全掉光了。你沒看錯，它們全都掉光了。我得趕快去一趟牙醫診所——我畢竟是演員，牙齒應該安安分分地待在嘴裡，不該出現在小袋子裡，被我塞進牛仔褲口袋。可是災難已然降臨，這下我得大規模整頓口腔了。牙醫必須移除我所有的牙齒——包括釘死在我顎骨上的植牙——全部用新的牙齒取而代之。牙醫說我會痛個一兩天，吃安舒疼和普拿疼就可以止痛。幹，他這是在模仿《異形奇花》裡，由史提夫・馬丁完美演繹的那位虐待狂牙醫吧？

那麼，我實際上痛了多久呢？

十七天。

這是吃安舒疼和普拿疼就能阻絕的疼痛嗎？

絕對不是。

我在經受多少痛苦之後，終於受不了，又開始抽菸了？

三天。

我實在無法承受那種程度的痛苦，如果不能抽菸，那就是要了我的命。這種感覺就像是有人送我一份奇蹟，我卻輕輕把奇蹟拋了回去，說：「不用，謝謝，我不喜歡。」

我想藉著這個機會，對那位負責這項大工程的口腔外科醫師說幾句話：「幹，你這個大廢物，去死吧。幹他媽的混蛋魯蛇垃圾，幹。」

嗯，我感覺好一些了。

在那之後，我做的事基本上就是跟蹤騷擾凱利・蓋諾。我一有機會就去找他，然後去買一包菸、抽一根，然後把那包菸剩下幾根都拿去水龍頭沖水。我從不對凱利說謊——我把這些都誠實告訴他了，幸好他沒有責罵愧疚自責的我。該唸的真言我都唸了，我還對抽菸這件事產生了嚴重的恐懼——每吸一口，我的恐懼就會加劇一些。

但我還是在抽菸。

我一直沒恢復不想抽菸的狀態，這下只能下猛藥了。每一次產生抽菸的念頭，我就把結凍的葡萄拿出來吃，然後走二十分鐘的跑步機。我想像一個走跑步機走到體重只剩一百磅的男人，邊走路邊用高亢的聲音說：「老天啊，我好想抽一根喔！」

我不可能吸電子菸，不可能用尼古丁貼片，也不可能撒謊。（說謊哪有什麼幫助？）我用上述方法熬過四天，然後破了戒，又得從頭來過，一直困在這樣的死循環裡。

儘管如此，我還是不肯放棄——我不能放棄。**我的人生好苦，我有資格抽菸。我寫了一份腳本，我有資格抽菸。**這類想法一出現就必須消除，因為它們給了癮君子希望。

然後，我想到了一個明智的辦法：連續兩天上午預約和凱利見面——如果知道隔天早上就要去見凱利，我應該就不會抽菸了吧？那晚十分難熬，但我也不是沒經歷過難熬的夜晚，我一整晚都沒抽菸，隔天大搖大擺地走進他那間長得很奇怪的辦公室，準備稍微談一下之後再被他催眠一次。

到現在，我完全可以扮演他這個角色了——我們可以互換位子，改由我拿著長得很奇怪的藍色兒童塑膠杯，請他喝不溫不涼的水。可是，今天其實也只能算戒菸第二天而已（我們還是要循序漸進的啦）。他催眠我，又把我嚇得半死，然後和我約了一週後再來一次，讓我回家去。回到家以後，我故意讓自己忙得喘不過氣來，因為一旦我感到無聊，可能就抗拒不了魔鬼的誘惑了。

不對，除了無聊以外，還有那位在我三十歲時令我心碎的女孩子。

我從前每天吃五十五顆維柯汀，這都可以戒了，現在面對抽菸這種噁心、發臭、令人完全平靜下來、令人通體舒暢的惡習，我怎麼可以輸。我是想抽菸，還是想呼吸呢？呼吸與空氣真的很美妙，我們所有人都忽略了它們的美好。

香菸已經害我病得很嚴重了，而且還對人體有害。我聽起來像在開玩笑，對不對？可是啊，你就是得記住這些事情。我之後還想作為演員復出（從上次意外過後，我就沒再演戲了）；我還得寫書和宣傳新書，總不能手裡拿著香菸做宣傳吧？而且，我也不能用吃東西來解決問題。「戒酒、戒藥、戒菸！這是我的祕訣：每晚吃六個巧克力蛋糕即可！」我可不想對讀者傳達這樣的訊息。

我必須突破上一次的紀錄：十五天。一旦突破十五日大關，我就可以感受到「不想抽菸」的清爽自在了。已經做過一次的事，我當然可以再做一次：從零開始重建一個人。我並不認識自己正在重建的男人，不過他似乎是個好人，而且他似乎終於不再拿球棒痛毆自己了。

我已經迫不及待要看看這個嶄新的男人是誰了！

Chapter 11

Batman

蝙蝠俠

過往在想像五十二歲的自己時，我從沒想過這時的我會是單身。在以往的幻想中，我總是在和矮小可愛的小孩子玩些有趣又傻傻的小遊戲，教他們重複一些莫名其妙的詞語，想方設法逗笑美麗的妻子。

多年來，我一直以為自己不夠好，但我現在不這麼覺得了。我覺得我一切正剛好。儘管如此，每天早上醒來，在睡夢與現實間模糊的邊際地帶，我還不確定自己身在何處時，我就會想起自己的肚子，以及肚子上的傷疤組織。（我終於有了堅如磐石的「腹肌」，卻不是靠仰臥起坐練出來的。）然後我把雙腿甩過床緣，輕手輕腳地走進浴室，以免吵醒……呃，也不會吵醒別人。是的，我到現在還是單身。我看著浴室鏡中的自己，希望能看見什麼東西，希望能從倒影中找出這一切的解答。我儘量不花太多心思去想，從前耗費了太長的時間，才終於弄懂心中的恐懼，結果錯過了許多好女人。我儘量不花太多時間想這些——畢竟你花太多時間盯著後照鏡，車子就會被你開去撞上別的東西了。但我還是很渴望身邊能有個伴侶，希望能和對方談戀愛。我也不挑剔——只要是大概五呎二吋、棕髮、聰明機智、幽默、不太瘋癲的對象就好了。對了，她還要喜歡小孩子，要能夠忍受曲棍球，還得願意學匹克球。

我要的就只有這麼多。

我要的就是個隊友。

盯著鏡子看久了，我會看見自己的臉逐漸消失，這時我就知道，是時候去露台上看看風景了。

我的房子位於峭壁與公路的下坡處，山坡上還有我之前對助幫人讀清單的那間冥想中心。在這裡，加州海鷗在空中盤旋、俯衝，我可以看著一波波海浪，岩灰色波浪的藍邊。我總覺得大海就像人的潛意識，它有美麗的部分——珊瑚礁、豔麗的魚兒、泡沫與折射的陽光——卻也有比較黑暗的部分，有鯊魚、虎魚和無盡深淵，等著吞噬搖搖晃晃的小漁船。

最令我心安的，是海洋的遼闊——它遼闊又蘊藏了無邊的力量。它大得能讓人永遠迷失方向；強得足以支撐龐大的油輪。面對海洋的宏大，我們根本微不足道。你有沒有試過站在水邊，試圖阻攔朝岸邊沖來的海浪？無論我們做了什麼，大海的浪濤還是會一波波捲來；無論我們多麼努力嘗試，海洋還是會提醒我們，和它相比，我們的力量不足掛齒。

大部分時日，我眺望大海，會發現自己心中不只盈滿了渴望，還充溢著安寧與感激，以及一種更深層次的認知。我理解了自己過往的種種經歷，也理解了自己如今的心境。

舉例來說，我已經舉雙手投降了，但我是對勢在必得的那一方投降，而不是對即將敗下陣來的那一方俯首稱臣。我不再受困於對藥物與酒精的絕望戰鬥，早上喝咖啡時，我也不再不由自主地想要點根菸。我發現自己感覺乾淨許多，清新許多。我的家人朋友也都這麼說——我身上多了某種他們未曾見過的明澈。

在《匿名戒酒會大書》最末的附錄〈靈性體驗〉中，有這麼一段文字：

很多時候，早在新來者注意到差異之前，他的朋友會先注意到不同之處。

今早，還有我在露台上度過的每一天早上，我都像書中所說的新來者一樣。不喝酒、不嗑藥、不抽菸的這些「差異」充滿著我的身心，給了我能量……我站在那裡，一手拿著咖啡，另一隻手什麼都沒拿，眺望著遙遠的大海與波浪，這時，我發覺自己心中也湧起了一波水浪。

那是感激的水浪。

／

隨著白晝的日光顏色加深，海洋從銀白轉變為極淺的水藍，我心中的感激之浪也逐漸增長，直到我在波浪中看見了一張張面孔、一次次事件、一點點漂流物，這些都是我這多采多姿的一生中曾經出現的事物。

我很感激自己能活到現在，也感激自己擁有充滿關愛的家庭——讓我感激的事物很多，其中家人很可能居於首位。在波浪細碎的水花中，我看見母親的臉，想到她面對危機時那種難以形容的處事能力，她總是能掌控情勢，讓事情都好轉起來。（基思．莫里森曾對我說：「我和你媽媽在一起這四十年，她一直深深愛著你，這份感情就是她生活的中心。她時時刻刻都念著你。想當初在一九八〇年，我們兩個開始認真交往時，她說了一段話，我到現在還記得清清楚楚：『我永遠不會讓任何男人損害我和馬修之間的關係——他永遠都會是我生命中最重要的人，你只能接受這一點了。』」這完全沒有說錯——從過去到現在，我時時刻刻都能感受到那份愛。即使在我們關係最差的時候，我如果真遇上什麼麻煩，還是會第一個打給我媽。）我同樣在波浪中看見了父親帥得莫名其妙的臉，他在我眼裡是父親，同時也是那個歐仕派水手，這也莫名地合適，只不過水手的畫面早已淡去，化為遙遠天邊的一個點了。我想到當我病得很嚴重時，父母忍著對彼此的不悅，在同一個房間裡陪伴我。這不正展現出他們對我的愛嗎？我現在明白了，他們兩人不適合在一起；我從前拋進許願池、用來祈求他們復合的硬幣，是不是可以還給我了？我的父母後來運氣都很好，和應該結婚的對象結了婚。

父母的臉旁邊，還有幾個妹妹的臉，以及弟弟的臉，他們每個人都對著我燦笑著——不只是在醫院陪伴我的時候，還有在加拿大、在洛杉磯，我試著用連珠炮的笑話逗他們笑的時候。他們沒有任何一人辜負我，沒有任何一人背棄我，一次也沒有。你能想像這樣的愛嗎？

翻騰的水中，還浮現了一些不那麼深刻，但同樣令人心潮澎湃的畫面：洛杉磯國王隊在二〇一二年贏得史坦利盃時，我就坐在第七排，吶喊著叫第二線繼續朝護板方向施壓。我有點自私地心想，上帝非要他們花一年時間一路打到決賽，可是他們到最後幾天才終於打入錦標賽，一定是為了我。當時我才剛結束一段持續了很久的感情關係，我確信國王隊之所以能進入總決賽，是因為上帝說：「喂，馬蒂，我知道你最近會過得很辛苦，所以給你看看國王隊長達三個月的苦戰，讓你好好娛樂一下、分心一下，這樣你會好受一些。」上帝果然成功了——國王隊就如復仇的死亡天使般，打進錦標賽，最後一場比賽在史坦波中心進行，國王隊在第六場球賽中勝過了新澤西魔鬼隊。那是場近二十年難得一見的精采球賽，第二局剛開始一分鐘，洛杉磯國王隊就以四比零分占上風。我每一場比賽都有去看，甚至帶著幾個朋友飛去看了外地的幾場比賽。

我對體育的熱愛，與心中那座冰球場地又靜靜沉到了水下。此時波浪中出現更多面孔：和我認識最久的好朋友——穆瑞兄弟——我們三人自創了一種搞笑的說話方式，後來觸及了數百萬觀眾的心。克雷格．比爾科、漢克．阿扎里亞、大衛．普萊斯曼……從前的我只需要一種藥，那就是他們的歡笑聲。不過，若不是第一次被葛瑞．辛普森選去演舞台劇，我可能永遠都不會認識他們三個，我的演藝事業也可能永遠都發展不起來。一件小事，後來可能會導向不平凡的結果呢……那麼，我們學到的教訓可能是：把握每一次機會，因為你可能會得到意想不到的結果。

我呢，我達成了不可思議的大成就。現在我閉上眼睛，深深吸一口氣，再度睜眼時，《六人行》那幾個朋友已經圍繞在我身邊了（如果沒有他們，我演的劇只能稱作《沒朋友》了）。史威默本可獨享高於我們其他人的酬勞，卻選擇和我們共進退，讓我們幾個作為隊友去和資方談判，最後讓我們每週拿到一百萬美元的片酬。麗莎．庫卓——全世界所有女人之中，讓我笑得最多的人絕對是她。寇特妮．考克絲實在了不起，她讓全美國相信如她這麼美麗的人，會願意和我這樣的傢伙結婚。珍妮，她每天都讓我盯著她那張臉多看兩秒鐘。麥特・勒布郎，他把一個有點呆版的角色，變成了整部劇最搞笑的角色。即使《六人行》已經完結好幾年了，我們還是很樂意互通電話。在《六人行：當我們又在一起》的特別節目上，我哭得比其他人都慘，因為我知道自己曾經擁有這一切，而我當時內心的感激，和我此時的感激之情不相上下。除了幾個主演，還有所有的劇組人員、製作人、編劇、演員、觀眾，好多張臉一起拼組成了一張歡喜的臉。瑪塔・考夫曼、大衛・克雷恩、凱文・布萊特，要是少了他們，《六人行》只會是一部無聲電影。（「這部電影還能更無聲嗎？」）還有劇迷們，這麼多人一路追到了大結局，至今還會重溫《六人行》——現在，他們的臉也回望著我，和上帝同樣沉默無聲，彷彿我還站在柏本克的24號舞台上。過去很長一段時間，他們的笑聲一直給了我努力的方向，此時歡笑聲仍迴盪在峽谷中，幾乎傳到了這許多年後的我耳裡……

我想起過去每一位助幫人、每一位戒癮助手、每一位醫師，他們幫助過我，讓我不至於毀了全世界最好的一份工作。

我凝望那片水浪，很靜、很靜地說：「也許，我真的沒那麼糟。」然後我回到屋裡，再去倒一杯咖啡。

——★——

回到屋裡，我看見艾琳——當我需要她時，她總是陪在我身邊。我沒把自己在露台上想的事情說出口，不過從她的眼神看來，她似乎多少猜到了我的心思。她沒有說什麼，因為最好的朋友就是這樣。艾琳，艾琳，艾琳……之前在康復中心，我的內臟炸開了，當時就是她救了我這條命，那之後她也天天在救我的命。要是沒有她，誰知道我還能怎麼生活呢？我可不打算去找這個問題的答案。我看得出她恨不得抽根菸，但她沒有對菸癮屈服。你去找個願意為了你戒癮的朋友——這對友情的影響，真的很不可思議。

此時，太陽升得更高了，南加州這個完美的日子幾乎到了正午。我望見遠方的船隻，瞇起眼睛甚至還隱隱約約看見在和緩海水中悠游的衝浪者。直至現在，感激的情緒仍然環繞我周身，變得更加濃烈了。我看見更多張臉：我愛看的那幾部伍迪·艾倫電影裡的角色、《LOST檔案》（*Lost*）、彼得．蓋伯瑞、米高．基頓、約翰．葛里遜（John Grisham）、史提夫．馬丁、史汀（Sting）、第一次邀我上談話節目的大衛．賴特曼；還有巴拉克．歐巴馬，我還沒遇過比他更聰明的男人。微風捎來了一首曲子，是萊恩．亞當斯（Ryan Adams）的那首〈紐約，紐約〉（New York, New York），二〇一四年十一月十七日在卡內基廳錄下的鋼琴演奏版。我又一次意識到，自己能加入演藝圈真的很幸運，我不但有機會認識這麼多了不起的人物，還能像彼得．蓋伯瑞那首〈別放棄〉一樣影響別人。（我們還是別提他擁抱凱特．布希的影片吧，我會受不了。）想到每一位大膽冒險的演員，我腦中就會閃過厄爾．海陶瓦的臉——是好的版本，不是壞的版本；然後他的臉很快就被我目前的助幫人——克雷（Clay）——的臉取而代之。在我遇上難關時，克雷曾多次勸說我。我想起UCLA醫療中心裡，所有救過我性命的醫護人員。我上回在醫院抽菸，被他們逮個正著，他們不歡迎我了。我想感謝凱利．蓋諾，是他確保我永遠不會發生「最後一次」。上述所有人背後，還有已故的比爾．威爾遜，他當年創辦匿名戒酒會，這個組織日復一日、持之以恆地努力，拯救了數以百萬計的癮君子。時至今日，當走投無路的人們找上門來，匿名戒酒會還是會儘量救助他們，也總是為我引來光明。

感謝所有牙醫……不對——我最討厭牙醫了。

後方山坡上的某一處，隱隱傳來孩子的笑鬧聲，那是我最愛聽的聲音。我從露台桌上拿起匹克球拍，練習揮了幾下。在不久前，我甚至連匹克球是什麼都沒聽過，還以為自己這輩子不可能恢復健康、不可能再參加任何體育項目了。我從很久以前就不再揮網球拍了，但現在這個嶄新的馬蒂竟然很期待去里維拉鄉村俱樂部（Riviera Country Club）消磨午後時光，對著鮮黃色的塑膠匹克球揮拍。

艾琳打斷了我的遐想。

「喂，馬蒂，」她站在廚房門口說，「道格打給你。」道格・查平（Doug Chapin）從一九九二年就一直擔任我的經理人，他和業界許多人一樣，經常耐心地等著我設法爬出自己當下深陷的坑洞。我是不是終於又可以工作了？是不是終於可以寫作了？我還以為這些事情早已離我而去，再也不可能歸來了。

我眼裡盈滿了淚水，感覺大海離我好遠好遠，宛如一場逐漸遠去的夢。於是，我閉上眼睛，仔細感受心裡的感激，我對我這輩子學到的一切感激不已；我感激肚子上這些傷疤，它們證明我活過了值得為之一戰的一生。我感激自己有機會、有能力幫助受苦受困的同伴，我一直把那份機會當成是贈予我的一份禮物。

許多女性美麗的面孔在我眼皮下一閃而過，她們都是曾經出現在我生命中的好女人，我再次感謝她們賦予我動力、鼓勵我成為最好的自己。我的第一位女友——嘉碧爾・波伯爾（Gabrielle Bober）——當初看出我有了問題，讓我第一次住進了康復中心。美麗又奇妙的潔米・塔塞斯，她沒有讓我消失。

翠莎・費雪，她開始了這一切；瑞秋的臉；紐約那位護士，她照亮了我人生中最黑暗的一段時期。我甚至感謝那位在我對她開啟心扉之後甩了我的女人。我也很感謝所有被我分手的好女人，我和她們分手，純粹是因為我害怕——我很感激，也很對不起她們。

對了，我還單身喔。

我不知道下次談戀愛會是什麼時候，但我絕不會再因為恐懼而犯錯……這點我可以保證。

日上三竿了，是時候回到陰涼的屋內。我真的不想離開美景；可能全世界都沒有人能真正理解美景在我心中的意義吧，但當我飄浮在那樣美麗的世界之上，我就不再是無成人陪同的未成年旅客，我即將得到家長的關愛與照料了。

生命會持續前行；如今，每一天都帶來新的機會，是探索、希望、工作與前進的機會。之前不是有個一流女演員，說她對我的新腳本非常感興趣嗎？不知道她答應了沒有……

我踏進屋，在門口頓了頓腳步。我這輩子都是由這許多門扉串聯起來的，加拿大與洛杉磯之間、媽媽與爸爸之間、《L.A.X. 2194》與《六人行》之間、清醒與成癮之間、絕望與感激之間、愛與失去愛之間。但是，我逐漸學會了耐心等待，緩緩養成了現實的品味。我回廚房餐桌邊坐下來，看了看電話，看是誰來電。不是那位當紅女演員，不過我多的是時間。

這就是我現在的生活，我過得很好。

我望向艾琳，她對我微微一笑。

每當我來到廚房，總是會想到上帝。祂曾在一間廚房裡對我展示祂的存在，救了我一命。現在，上帝無時無刻不陪在我身邊，只要我清空心靈的通道，就能感受到祂的偉大。在發生這許多事件之後，祂竟然還願意幫助我們凡人，這真的很不可思議，但上帝就是會幫助我們，而這就是重點了：愛必然勝出。

愛與勇氣啊——它們是最重要的兩件事。我不再受恐懼驅使了——現在的我，是懷著好奇的心向前走。我身邊有一群願意支持我的親友，他們真的非常好，他們在的每一天，我都能得到救贖，因為我曾經見過地獄的淒慘。地獄可是有清楚的形貌的，我不想和那東西扯上任何關係，不過至少，我有面對它的勇氣。

我將成為什麼樣的人呢？無論將來的我是誰，我都會作為終於培養了生命品味的男人，繼續走下去。兄弟啊，過去的我曾經和生命的滋味相抗，拚了老命去抗拒它，結果到了最後，我承認自己敗北，卻反而贏了。成癮症是最糟糕的事，它太過強大，沒有人能獨力打敗它。但只要齊心協力，我們還是可以一天、一天邁進，終有一天能戰勝它。

有一件事我做對了：我從未放棄，從未舉雙手說：「夠了，我受不了了，算你贏。」正因為我沒有放棄，現在的我才能抬頭挺胸，正面迎接未來的挑戰。

有一天，你可能也必須完成某項重要的任務，所以你要做好準備。

等到事情發生，你只需要問自己：**換作是蝙蝠俠，他會怎麼做**？然後照著做就可以了。

Acknowledgments

Friends, Lovers, and the Big Terrible Thing

謝辭

感謝威廉・理徹特、大衛・克雷恩、瑪塔・考夫曼、凱文・布萊特、梅根・林奇（Megan Lynch）、凱特・霍伊特（Cait Hoyt）、道格・查平、麗莎・卡司泰勒（Lisa Kasteler）、麗莎・庫卓、愛麗・舒斯特（Ally Shuster）、嘉碧爾・艾倫（Gabrielle Allen），更特別感謝傑出的馬克・莫羅醫師（Dr. Mark Morrow）。

還有潔米，溫柔、神奇的潔米，我至死都會思念她、惦記著她。

朋友、戀人與最糟糕的事——馬修・派瑞回憶錄／馬修・派瑞（Matthew Perry）著；朱崇旻譯 . -- 初版 . -- 台北市：時報文化，2024.03；　面；　公分　(PEOPLE；522)
譯自：Friends, Lovers, and the Big Terrible Thing: A Memoir

ISBN 978-626-374-979-5（平裝）

1.CST: 派瑞 (Perry, Matthew, 1969-2023)　2.CST: 回憶錄　3.CST: 美國

785.28　113002023

PEOPLE 522

朋友、戀人與最糟糕的事——馬修・派瑞回憶錄
Friends, Lovers, and the Big Terrible Thing: A Memoir

作者　馬修・派瑞 Matthew Perry｜**譯者**　朱崇旻｜**主編**　陳盈華｜**行銷企劃**　石瑷寧｜**封面構成**　陳文德｜**校對**　簡淑媛｜**董事長**　趙政岷｜**出版者**　時報文化出版企業股份有限公司／108019 台北市和平西路三段 240 號｜**發行專線**—(02)2306-6842｜**讀者服務專線**—0800-231-705 (02)2304-7103｜**讀者服務傳真**—(02)2304-6858｜**郵撥**—19344724 時報文化出版公司｜**信箱**—10899 台北華江橋郵局第 99 信箱｜**時報悅讀網**—www.readingtimes.com.tw｜**創造線** FB—www.facebook.com/fromZerotoHero22｜**法律顧問**　理律法律事務所　陳長文律師、李念祖律師｜**印刷**　勁達印刷有限公司｜**初版一刷**　2024 年 3 月 29 日｜**初版三刷**　2024 年 6 月 14 日｜**定價**　新台幣 620 元｜**版權所有　翻印必究**（缺頁或破損書，請寄回更換）

時報文化出版公司成立於 1975 年，並於 1999 年股票上櫃公開發行，於 2008 年脫離中時集團非屬旺中，以「尊重智慧與創意的文化事業」為信念。

創造線
from zero to hero